初中化学课例研究

——提升有效教学的实用方法

天津市中小学教师继续教育中心　编

天津出版传媒集团

天津科学技术出版社

图书在版编目(CIP)数据

初中化学课例研究：提升有效教学的实用方法 / 天津市中小学教师继续教育中心编. -- 天津：天津科学技术出版社，2021.12

(天津市中小学"学科领航教师培养工程"团队攻坚成果系列丛书)

ISBN 978-7-5576-9807-2

Ⅰ.①初… Ⅱ.①天… Ⅲ.①中学化学课-教学研究-初中 Ⅳ.①G633.82

中国版本图书馆 CIP 数据核字(2021)第 277267 号

初中化学课例研究：提升有效教学的实用方法
CHUZHONG HUAXUE KELI YANJIU：TISHENG YOUXIAO
JIAOXUE DE SHIYONG FANGFA

责任编辑：傅雪莹
责任印制：兰　毅

出版：　　天津出版传媒集团
　　　　　———————————
　　　　　天津科学技术出版社
地址：天津市西康路 35 号
邮编：300051
电话：(022) 23332397 (编辑室)
网址：www.tjkjcbs.com.cn
发行：新华书店经销
印刷：天津印艺通制版印刷股份有限公司

开本 710×1000　1/16　印张 20.125　字数 320 000
2021 年 12 月第 1 版第 1 次印刷
定价：128.00 元

前　言

天津市教委《关于实施天津市中小学"学科领航教师培养工程"的通知》(津教委人〔2017〕2号),确立了"搭建团队合作平台、提升教学科研能力、解决实践真实问题、发挥示范引领作用"工作目标,进一步加强天津市中小学骨干教师队伍建设,研究拟通过课例研究的模式实现以上四个工作目标。

作为学科领航教师,在有效教学和有效教研方面应成为专家,为了提高中小学教师的专业素养,促进有效教学和有效教研,我们一直在不断地努力探索适合我国中小学教师的专业发展范式,但是现有的培训项目和教研活动都存在一定的局限性,如何建立一种将教学和研究融合的教研模式,促进教师的专业发展?课例研究是提升教学和教研能力的一种有效研究方式。课例研究也为教师的专业发展提供了一种有效的培训范式。

天津市中小学"学科领航教师培养工程"初中化学学科领航工程学员由16名初中化学一线教师,和来自天津师范大学副教授霍爱新老师和天津市南开区教师发展中心副主任付强老师两名专家,共18名成员组成攻坚团队。每一位教师都有子课题,都承担一定的项目任务,在专家引领和学员课例研究的基础上顺利完成任务,并形成了代表理论和实践共同提升的研究成果。将研究成果编著形成《初中化学课例研究——提升有效教学的实用方法》。霍爱新完成第一篇,16位一线教师和霍爱新、付强完成第二篇,付强完成第三篇,由霍爱新老师和付强老师统稿并担任执行主编。

16 位一线初中化学教师来自不同的中学,主要完成不同主题的课例研究。

姓名	性别	出生年月	职称	工作单位
杨欣欣	女	1978.02	高级	天津市第二十中学
程颖	女	1975.11	高级	天津市第七中学
毛振芳	女	1977.07	高级	天津市田家炳中学
柴本倩	女	1979.10	一级	南开大学附属中学
赵春华	女	1980.02	高级	天津市第二中学
苏湘	女	1974.07	高级	天津市红桥区泰达实验中学
康永军	男	1979.01	高级	天津市滨海新区渤海石油第二中学
焦文军	男	1985.09	一级	天津市大毕庄中学
刘彤	女	1975.04	高级	天津市西青区杨柳青第二中学
张欣梅	女	1981.06	高级	天津市八里台第二中学
付金泉	男	1980.05	高级	天津市北辰区教学研究室
董佩臣	男	1981.01	高级	天津市武清区杨村第六中学
李荣环	女	1976.12	一级	天津市宝坻区第二中学
刘贺红	女	1976.09	一级	天津市宁河区芦台第一中学
靳宇	女	1977.09	一级	天津市静海区瀛海学校
朱运兴	男	1977.06	一级	天津市蓟州区许家台镇初级中学

目　录

第 1 篇

课例研究

第 **1** 章

教师专业发展与有效教学

教师专业性与教学的有效性,是教育发展的根本,教师专业能力提升是有效教学的保障,有效教学能促进教师专业的不断发展,二者相辅相成,从而实现立德树人的根本目标。促进教师专业发展和落实有效教学,应该有更有效的发展模式,来适应教育的发展、落实教师的培养。课例研究就是提升教师专业发展和提高有效教学的一种有效方法。

第 1 节 　教师专业发展

进入 21 世纪,课程改革和教师专业发展是教育发展的两大主题。教育发展需要优秀的教师,也需要有教师专业发展的有效模式,教师是课程改革的执行者,课程改革需要有效的教学将新的教育理念落实到课堂。

为了提高教育质量,我国在 21 世纪提出了第一个教育规划纲要《国家中长期教育改革和发展规划纲要(2010—2020 年)》,其中明确指出"要完善教师培养培训体系,做好教师培养培训规划,提高教师专业水平和教学能力,严格教师资质,提升教师素质"。由此可见,国家对教师专业发展的注重,也倡导开展科学合理的教师培训。

2018 年 1 月,《中共中央国务院关于全面深化新时代教师队伍建设改革的意见》明确指出,要把教师工作置于教育事业发展的重点支持战略领域,优先谋划教师工作,优先保障教师工作投入,优先满足教师队伍建设需要,确保党和国家关于教师队伍建设重大决策部署落实到位。教师队伍建设作为"优先中的优先",被摆到前所未有的重要位置。落实我国教师专业发展,是促进教育事业发展的前提。

为了提高中小学教师的专业素养,促进有效教学和有效教研,我们一直在不断地努力探索适合中小学教师的专业发展范式。

促进教师专业发展,最常见的就是教师培训,国家大力提倡开展教师持续的培训,有目的的教师培训无疑是有效的,可以使教师获得教育改革的新理念、课程改革的新知识,加深对新课程、新教材的理解。培训的内容和方式是实现培训目标的关键。目前培训最主要的方式是讲座,这种讲座培训,教师缺乏主动性,教师之间缺乏互动性,更缺乏研究层面的学习。教师专业发展应该以终身学习的态度对待事业,而目前更多的培训是被动的、短暂的,缺乏长期的自主学习。教师培训应理论联系实际,结合具体的案例进行实践研究,将讲座中的理论、理念应用到课堂教学,有针对性地解决实际问题。所以课例研究是很好的教师专业发展模式,能够将教师所学理论应用到课堂中,以教学内容为载体,落实课程新理念、教学新理念,形成完整的课例研究,促进教师专业发展。

第2节 有效教学

教学的有效性,是教育质量的保障。有效教学(effective teaching)的理念源于20世纪上半叶的教学科学化运动,特别是在受美国实用主义哲学和行为主义心理学影响的教学效能核定运动之后。

"低效教学"是我国中小学教学当前出现的问题:教师教得辛苦,学生学得很累,一些学生却没有得到应有的进步和发展,教学效果差、效率低,因而,提高教学效率,是教师永远追求的目标,甚至形成了我们今天的高效课堂。导致教学低效的根本原因是教师的专业能力差,教师缺乏专业发展的机会、方式、方法。

21世纪初我国在课程改革中提出,义务教育课程标准应适应普及义务教育的要求,让绝大多数学生经过努力都能够达到,体现国家对公民素质的基本要求,着眼于培养学生终身学习的愿望和能力(基础教育误程改革纲要(试行))。提出的

"有效",主要是指教师在一段时间的教学之后,让学生获得具体的进步或发展,也就是说,学生有无进步或发展是教学有没有效益的唯一指标。教学有没有效益,并不是指教师有没有教完内容或认真不认真,而是指学生有没有学到什么或学生学得好不好。如果学生不想学或者学了没有收获,即使教师教得很辛苦也是无效教学。同样,如果学生学得很辛苦,但没有得到应有的发展,也是无效或低效教学。(《基础教育课程改革纲要(试行)》解读)

为了促进有效教学,教研活动是常见的学习模式。比如说课、听课、评课、议课、观摩课等教研活动,这些教研活动可以很好地促进教师之间的交流、经验共享,促进教师共同成长。但这些教研活动都只是简单的观、听、评,并没有上升到研究课的层面,更没有成为教师专业研修以提升自我专业素养的方法,缺乏研究层面的理论和实践指导。另外,这些活动还缺乏学习层面的意义。

有效教学,应很好地落实国家的教育政策和课程标准以及课程改革理念和课程理念,将立德树人、国家安全、学科思维、STSE、科学观念、科学探究等落实到课堂教学,更应以教学内容为载体研究落实立德树人和学科核心素养的具体教学过程。所以要研究课堂教学,研究具体的课题,通过具体课例提升教学的有效性,一切的教育理想脱离具体的课例都是空谈。提倡以课例研究为基础,进行行动研究。行动研究是在动态形成过程中来研究"课",研究者(包括教师和专业研究者)直接介入"课"的形成或改善过程。行动研究注重实践的改善效果,也强调研究过程的价值和意义。"课例研究"既是一个教学研究的过程,又是一个实践改进的过程。课例研究是提升教育研究能力的一种有效研究方式。

第3节 教师专业发展和有效教学提升面临的挑战

教师专业能力与有效教学是相辅相成的,教师专业能力是有效教学的前提,有效教学也能促进教师专业能力的发展。但是目前教师专业发展和有效教学的提升面临多种挑战。

教师专业能力主要体现在教师的有效教学能力和教学研究能力两个方面,这是有效教学的根本保障,是我国进行教育改革的根本,也是有效地提升教学质量并促进学生发展的重要条件。但是,经过调查发现,当今教师在发展过程中存在着问题,如教师的知识结构单一,研究能力欠缺;一线教师工作压力大,缺乏课余时间进行自我提升;教师忽视教师之间、与行政人员之间的人际交往;教师专业继续教育、教师专业自主权、教师教育体制的落后,导致无法满足教师成长的需求。教师专业化发展的问题迫在眉睫,所以要找出有效的途径并付诸实践。而以上所有的问题,都是因为缺乏教师专业发展的有效手段或模式。寻找一种促进教师专业发展的有效手段是解决教师专业发展的重要课题。

3.1 缺乏有效方法

为了提高中小学教师的专业素养,促进有效教学和有效教研,我们一直在不断地努力探索适合我国中小学教师的专业发展范式。而教师培训和说课、听课、评课、议课、观摩课等教研活动,都有局限性,最重要的弊端就是缺乏具体课例的研究,或者说缺乏具体问题的解决。

以说课为例,说课作为一种教学、教研改革的手段,最早是由河南省新乡市红旗区教研室于 1987 年提出来的。当时说课是针对中小学教师实践经验丰富,理论水平偏低的现状提出来的一种教师专业发展的方式。说课是为了提高教师素质,培养造就研究型教师。但是实践证明,教师的素质现状仍然是实践经验丰富,理论水平偏低,教育教学理论、理念或者缺乏,或者不能指导实践,我们依然缺乏研究型教师,教师的教学研究能力明显不足。说课曾经是我国教师专业发展的重要手段,对于教师的理论水平的提升起到了一定的作用,但是,说课仍然具有以上专业发展存在的不足,短期、缺乏研究层面的提升、缺乏理论的指导等。

再以教师的短期培训为例,培训内容大多数为新课程、新教材、新理念,教师很难理论联系实际,无法将所学内容应用到教学实践中。这种短期培训对促进教师长期发展作用并不见效。缺乏长期计划和合作意识,缺乏行动研究,脱离教学实践的讲座不能解决教师专业发展的现实问题。

3.2 教师专业发展缺乏有效的反思过程

教师的成长=经验+反思,反思对教师的成长具有显著的促进作用。但是教师在长期的教学过程中忽略了自我反思和自我评价。有效的教师专业评价是促进教

师专业发展的重要手段,但是以学校领导和教育行政部门的意见为主要手段的评价缺乏合理性。教师反思对于专业成长具有重要意义。教师反思是指教师把自己的教育教学实践活动以及周围发生的教育现象作为对象,进行审视和分析,从而修正自己的决策、行为,提炼、升华自己的教育理念,进而不断提升自身教育教学效能和素养的过程。反思有利于丰富教师的实践知识。教师的实践知识是指教师在教学活动中,通过完成特定领域内的任务,经过多次的反思总结构建起来的关于课堂情境的知识及与之相关的知识,是对教学实践经验的提炼和升华。反思有助于教师的自知和自我理解。教师只有深入了解自己的教学活动,才有可能不断改进。反思性实践的过程是一个有效的动机激发过程,激励教师不断认识自己改进自己。反思能有效促进教师决策能力的发展。教师的决策能力是影响教学进程重要因素之一。教师的决策能力不是短期培训就能完成的,而是在长期的教学实践中自觉反思的结果。反思是学会教学的最直接、最有效的途径。

3.3 教师专业发展缺乏有效的评价

教师评价影响教师培养和发展过程,目前教师评价缺乏参照标准,缺乏互动,往往是单向的,领导或专家对教师进行评价,缺乏自评,缺乏自我发展的规划。

目前评价的突出问题是单一性,主要是他评。例如前文说的听课、评课、议课等教研活动,都以评价为主要手段,而且更多的是他评,但这些方式都只是简单的听评,并没有上升到研究课的层面,更没有成为教师专业研修以提升自我专业素养的一种方法,缺乏的是研究层面的理论和实践的指导,因此听评课的效果不佳。教师评价缺乏自评的主动性,也缺乏自评的框架和标准。

形成多元化的评价方式和评价体系,对教师专业发展具有重要意义。课例研究为教师的自我发展建立了一个良好的评价系统,也可以说,课例研究是教学评价的一个系统。

3.4 缺乏研究层面和学习层面的发展

教师的展业发展有赖于教师为主体的教学研究,大多数的培训以及听、评都停留在一个描述“教师”的水平,而没有上升为研究“课”的水平,也没有将学习融入其中。导致教师的研究能力和学习能力水平较低。无论是培训还是教研活动,教师都处于被动的地位,内容是既定的,教师不能主动参与到研究和学习中,效率较低。

　　传统的教研及培训不能解决实际问题,要找到一种实用可行的方法,以提升教师的专业能力和有效教学为根本目标。目前的国内外教育研究发现,课例研究为教师的专业发展提供了一种有效的培训范式。课例研究是一种简单有效的校本教研新方式,出现在不同地区的教学研究中,可以被称为教师专业能力发展的助推器。同时课例研究具有较为完整的研究模式,使教师的培养模式和发展模式从接受型转向创造型、从再现型转向研究型、从单一型转向复合型,实现了教师不仅是施教者同时也能参与研究的这一突破,成为促进教师专业发展的有效途径。

第**2**章

课例研究

如何建立一种将教学和研究融合的教研模式,促进教师的专业发展?我们认为,课例研究是提升教学和教研能力的一种有效研究方式,能够将教师专业发展和有效教学融合在课例研究中。

第1节　国内外课例研究现状

1.1 进行课例研究的目的

课例研究是我国目前大力提倡的促进教师专业发展的有效手段与途径。2018世界课例大会举行,由北京师范大学、世界课例研究协会主办,北京师范大学教育学部、教育部普通高校人文社会科学重点研究基地北京师范大学教师教育研究中心承办,中国教育与社会发展研究院、联合国教科文组织国际农村教育研究与培训中心协办的世界课例大会第12届国际年会 WALS2018 于 2018 年 11 月 23日—26 日在北京师范大学顺利召开,并聚焦于"课例研究与教师教育:国际对话"这一主题。

为什么我们如此关注课例研究?课例研究究竟有什么特征?如何促进教师的专业发展?这些是目前关于我国教师专业发展的新课题,将课例研究在中小学教师发展的实践中真正发挥作用,也是具有理论和实践意义的课题。

教师二次成长论理论认为,一位优秀教师至少需要两次成长:要想成为一名心目中的教师,只依靠第一次成长是远远不够的,因为第二次成长起决定性作用。课例研究是实现教师专业突破的重要方式,促使教师再次成长。课例研究的内容包括上课评课,这是关注教师和学生表现;观课评教,这是在关注教师与学生,教师与教材之间的关系;析课评理,使教师达到从经验到意识的飞跃。教师二次成长论与课例研究有一个共同的目标,即促进教师发展。

同伴研修理念认为,同伴研修强调教师要善于利用"资源",肯定每一名教师在知识、能力、经验等方面所拥有的资源价值,强调依靠平等互助、资源互补的人际关系,提高教师资源共享的意识,增强团队学习的能力。改变一个人最好的方式是先去改变他生活的群体,因为人的心理、行为不仅取决于个人的内部需要,同时也受外部环境的影响。教师发展的关注点多为个人发展,但是学校组织和教师群体对教师的个人发展的作用也是值得研究的。提高教师专业水平只依靠个人的力量是不够的,还要依靠一个优秀的教师群体才能促进教师的专业能力发展。

课例研究具有以上两方面的支撑,既能提升教师专业发展也能提升教学有效性。

1.2 国外课例研究现状

1.2.1 日本的课例研究

课例研究起源于日本的授业研究(じゅぎょけんきゅう),也称课例研究,已有一百多年的历史。20 世纪初,课例研究引导日本的教师实现了从"讲授式教学"到"理解式教学"的全面改变,同时促进教师的专业能力和学生学习能力的提高,引起其他国家的广泛关注。从 60 年代开始,由大学和中小学自愿联合的课例研究逐步在中小学广泛开展。虽然开展校内在职培训或者课例研究是学校自行选择的,但还是被很多学校看成是必须的,因此而参与其中。

如今说到日本的课例研究,一定要提的就是在日本中小学学校中悄然兴起的"校内在职培训"或"校本培训"的系统,那个时期,日本教育活动发生的巨大变化也是源于这一系统。校内在职培训的核心形式即授业研究,目的是跟进教师教学行为,将大学教授与教师聚集起来,共同计划研究课程、实施课程、讨论并反思课

程、修改课程并进行再实施的行动循环。

从 20 世纪 60 年代开始,日本政府对中小学的校内教师在职培训提供了大量的经费支持,这就使得大学和中小学自发合作的课例研究可以广泛开展。很多中小学学校在职教师培训已然融入教师们的日常工作,而不是特殊的额外工作,正因如此,日本的课例研究才能取得令世界瞩目的成果,并且得到了许多教育专家的认可和赞赏。

日本的课例研究定义为:教师在课前共同研究、共同设计,上课时共同观察,课后一起讨论,这是提高教师专业能力的一种方式。在发展过程中,该研究得到了教育界及政府各方的支持,取得了巨大成功。日本的课例研究有以下四个特征:

1.2.1.1 需要其他教师共同参与

日本的课例研究,是理论基础与实际教学的完美结合,需要有教育专家和一线教师共同参与,即研究团队的成员一起计划、实施、研讨、反思改进,并再次实施。

1.2.1.2 制定宏观而长远的研究目标

通常,教师在实施课例研究前要先讨论出研究的主题和重点,一般是远大的目标或教育愿景,不再仅仅体现在学分上。所有的研究主题和重点都以当前教育热点为中心,这是因为教育者认为宏观而长远的教育目标有助于动员整个团队进行长久而深入的研究。

1.2.1.3 重视课堂现场观察

最直接提高教师专业水平和改进课堂教学效果的方法是课堂现场观察。只有身处教学现场中,教师才能收集真实有效的教学信息,如学生参与课堂活动的活跃度,小组讨论的特点、分工,等等。

1.2.1.4 注重课后交流

课后进行研讨会。研讨的关键体现在教学观点的相互碰撞,不同教学观点碰撞交融时方能提高教师的专业能力。

综上可以看出日本的课例研究拥有一套完整的课例研究实施环节,得到了校内外各个相关部门的支持,与我国相比更重视校际合作。日本推行了一项教师定期调动制度,从而推动研究资源共享。教师的研究时间十分充足,所以课例研究在日本是教师的常规活动。但是也有不足,如在研究的过程中过于关注学生的发展,而忽视了教师的成长需求。

1.2.2 美国的课例研究

20 世纪 90 年代初课例研究在美国兴起,特别是詹姆斯.斯蒂格勒(Jam esW. Stigler)和黑巴特(James H.iebart)二人的著作《教学的差距》于 1999 年出版后更引起美国人对课例研究的兴趣,《教学的差距》(Yoshida)起到了超出一般想像的传播作用,使关于课例研究的报告走向了更广的读者。接下来,课堂研究风靡美国,激起了美国的研究人员、教师和教育政策制定者对课例研究的兴趣。近年来,美国许多研究人员和学者认为,课例研究可能是审视美国教师课堂实践的有效方法。

因为日本是一个集权制国家,教育也由国家统一管理,全国使用统一编纂的课本,而且有合作和批判性反思的传统,所以课例研究在初入美国时遭遇水土不服,由于个人主义及实用主义等文化环境、教育背景和政治制度等因素不同,所以日本和美国教师课例研究的教学实践也反映出不同的价值取向。但美国在发展初期便遭到各方的挑战,由于美国长久以来的文化霸权主义、个人主义、实用主义的文化背景,照搬日本的课例研究模式是行不通的,于是在不断实践、改进、融合的过程中,美国形成了有其文化特色的课例研究模式。美国课例研究的特征主要体现在以下四个方面:

1.2.2.1 制定具体而短期的研究目标

与日本相反,美国课例研究制定的研究目标更强调学术性,这是短期内能够实现的、具体可测量的,特别体现在学业成绩上面。美国教师的目标都是短期具体的,并且主要集中在学术方面。相比之下,日本的教师们将在教学中发现的亟待改进的问题转变成课例研究的目标,这是宏观和长期的。

1.2.2.2 考试重点定为研究内容

美国的课例研究重视的是定为考试科目的学科,忽视了有关于美术和音乐等类似的学科,并且不关注培养学生学习兴趣。美国的课例研究大多数都集中在数学学科这种常被考试定为重点测试的学科,也有一些课例关注的是科学和语言艺

术；而在日本，教师通常会选择新内容、新技术渗透的学科或者数学学科等教学时遇到困难的部分或者学生薄弱的学科。

1.2.2.3 对教师的评价是课堂观察重点

美国的课堂观察注重的是对教师教学行为的评价，而较少观察学生在课堂行为上的表现。

1.2.2.4 利用电子技术协助研究

美国的课例研究不仅限于现场研究课，为了适应观摩课的时间地点的灵活性，美国教师使用电子录像设备进行课例研究，解决了一些教师无法集中观课的实际困难。美国的教师很注重开发电子式和录像带式的课例研究，他们认为这样的课例研究对于分散的教师而言更加方便，在时间安排上也比较灵活；比较而言，日本教师进行课例研究时只是将录像、教案、学生作业等用作了解教师教学信息的参考，并不能够替代教师到现场去观摩研究课所产生的效果。

1.2.2.5 美国教师的课堂观察的焦点是教师

注重评价教师的教学行为，而鲜少对学生行为进行研究；在日本课例研究中，教师将更多的关注点放在了课堂中学生的参与度与反应度上，最终目标也是要促进学生的学习和个人发展。

综上可以看出美国是既日本后第二个重视并发展课例研究的国家，因两国存在文化差异，对课例研究的观点并不相同，这一点提醒我们在借鉴时要考虑各国的国情。值得提倡的是美国的课例研究重视教师本身对研究的兴趣，并不是命令性的强制实施，强调教师团体在研究时的合作精神。

课例研究起源于日本，在美国得到发展，所以在理论上我国的教师专业发展从日本和美国的课例研究中得到了很多启示，在实践中吸取了很多可借鉴的经验。

1.3 我国的课例研究

国际课例研究的进展给我国的传统教研活动和教师培训带来了很多启示，从各个国家的研究结果来看，课例研究作为课堂教学研究的一种方式，可以融会贯通的运用到各门学科当中，因此目前国内的许多学校也开始尝试推行"课例研究"，以期提高教师的专业能力及教学效果。

经过多年探索实践，我国的教育学者也已经深刻的认识到，要想最大功效的发挥课例研究促进有效教学的目的，应努力创新教师间的集体对话，构建协作文化，逐步形成完善的协作教研体系，保证课例研究的效果。

1.3.1 我国课例研究的典型案例

1.3.1.1 香港课例研究现状及特点

21 世纪伊始，香港开展了名为课堂学习研究（Learning Study）的课例研究模式，目的是改进课堂，以教与学为核心进行教研活动。该研究是选取一节课的具体内容进行集体备课、课堂观察、分工合作、进行反思以达到更有效的教与学，促进教师专业发展的实施过程。课堂学习研究是一种行动研究，受到了日本的课例研究和国内教研活动的启发，基本特点体现在以下几个方面：

1.聚焦学习内容

课堂研究学习的核心是学习内容，区分为三种学习内容：预定内容、实践内容和体验内容。

2.学习是培养对事物的某种见解

课堂学习研究目的是对学习内容进行变易性处理，使学习者的个体经验能够涉及所学内容的各个方面，来帮助和激发学习者对学习内容的真正理解而不单是表象感知。

3.强调三个不同层面的"变易"

三个层面的"变易"分别是：

第一个层面的变易：学生对学习内容有着不同见解，这就要求教师能够找出每个学生对所学知识的难点并采取处理。

第二个层面的变易：教师根据同一学习内容的不同见解和解决方法而引发的变易。

第三个层面的变易：把变易作为工具，进行教学设计。

综上可以得出香港的课堂学习研究强调教师和学生在教学过程中的改变，此外，与内地课例研究的 5 步实施过程相比，该研究补充了"甄别学习目标的关键方

面"和"向其他教师和研究者学习"两个步骤,这体现了既重视教师的集体反思又以学生的学习为中心的特点。

1.3.1.2 北京师范大学的高端备课

高端备课是一种基于专家协同教师合作的校本和地区教研模式,由北京师范大学化学教育研究所创建,目的是以促进学生认知和能力发展为课堂教学设计与实践的基本理念,以现代科学教育理论和方法为指导,将有效的教学策略以及学科核心知识教与学的关键问题作为研究内容,以学生认知发展的成果作为证据,搭建一个跨备课组和跨学校的教师专业发展平台,旨在实现教师教育理念向教学行为的有效转化,促进学生认知和能力的发展。

高端备课项目团队通过不懈努力,取得了以下实践成果:通过专家与中学一线教师合作开展的教学研究和教学实践创新,有效地将教育理论深入到课堂教学实践当中,由此也丰富了高水平课堂教学案例和主题成果和教学资源;逐渐探索发现了能够促进学生认知和能力发展的更加高效的教学策略,课堂教学的内涵质量得到了极大的充实和提升;深度促进了教师的专业发展,推动了学科组建设,影响了区域的教研模式。

在深入教育改革和落实新课程理念的背景下,北京师范大学化学教育研究所团队于 2008 年创立。基于此项目平台与一线教师、教研员合作,围绕着以下问题进行基于学生核心认识和关键能力发展的课堂教学理论与实践研究。高端备课的价值取向是聚焦课堂教学。因此,高端备课具有以下特点:

①核心理念是教学设计与实践以促进学生认识发展为基本。

②研究单位是化学核心内容中的教学问题。

③方法手段是专家支持的研究性集体备课和讨论。

④研究效果依据学生的认识发展程度。

相对于一般的课例研究,高端备课模式体现出对学生学习的证据性和实效性的更大关注度。

高端备课取得的较大成功,是因为关注学科教学理论与课堂实践相结合,将专业深入到课堂教学实践中,这样教师不仅是教学者而且是研究者。该研究具有实践性、研究性、科学性、实效性和前瞻性。高端备课对于本研究内容具有借鉴意义,本研究是依托课例研究打造精品课例。打造一个精品课例,对于上课前的准备有很大要求,需要找出一个研究主题、精心准备教学设计,而高端备课恰恰是重视教师备课环节的研究学习。

1.3.1.3 北京西城区"课例研究"研修项目

传统的教师在职培训大多是接受式培训,无法从根本上提高教师的能力,培养出研究型教师。为了解决这些问题,北京西城教育研修学院采取了以行动教育的课例研究为载体,对教师进行培训,建成了研修项目工作站。自2008年到现在初步形成了学科研修课程的课程资源包。特点如下:

(1)目的是培养研究型教师,使教师正确分析自己的行为,评价改进;同时促进学习型教研组的发展,将研究员的研究与教师的研究合二为一。

(2)研修项目合理进行组织管理,时间安排将是每一学期为一周期推进。项目组为了确保研究有效进行,分别从制度、技术、学术三方面提供保障。

(3)依照"行动教育"对研究流程加以改进实施,分为前期调研、确定主题、查阅文献、制定方案、行为跟进、反思归纳、交流传播的基本流程。

综上,可以看出在西城区研修中心进行的以课例研修为载体,改进教师培养方式的行动十分有效。在明确培养目标后,有组织地成立课例研究研修项目工作站,成员有明确的分工,能够协调相关教育部门推出制度,保证课例研究的实施。通过对课例研究的多方面学习并依照实际教学,形成具有本土特色的研究流程。在各方面准备完善的情况下,课例研究得以顺利进行,并取得了以下成果:增强教师反思实践能力,促进校际间的合作交流,建设、培育、发展良好的研修文化,促使课例研究走向常态。

1.3.1.4 上海的行动研究

某些教师有这样的弊病,就是在参加教学观摩、短期培训和研讨会等活动后,很难把所学的教育理论知识和教学技能运用到日常课堂教学中,而顾泠沅教授和其团队在2002年经过9个月的教学实践摸索,形成了"三阶段两反思"的"行动教育"(Action Education)的教师在职教育模式,这一模式极大地改善了在职教师的这一顽症。该模式分为三个阶段:原行为、新设计、新行为;通过教师合作进行教学情境设计、课后课例讨论、教师行为反省,在原行为和新行为之间寻找差距,进行反思与调整,这样的教学过程反复多次,使教学效果达到

螺旋式的上升。

上海"行动教育"的突出特征是：打破传统认知中"专家引领"的局限，看重教师的"专业引领"，本质是对教师教学中实践智慧的认可；强调在教学实践当中渗透教育理论和教学理念的过程，因此在理论与实践之间构建桥梁，以教学实践成果的优劣作为最终判断教学质量是否提升的标准。该模式的不足之处在于，教师教学的实践智慧虽然得到了肯定，但是大多数很难进行直接表述。因此这样的引领只能凭经验判断；该模式极具本土特色，在国外很难被推广。

上海的"行动教育"是课例研究的模式之一，是基于中国传统教研制度形成的发展教师专业能力的一条途径，该研究的切入点是以行动为基础的校本研修，是教师在职教育模式的建构，具有如下特点：

（1）课例为载体，在教学活动中开展"行动教育"，促进教师在职发展。

要求我们把教师放在首要位置，否则教育改革和教育品质的讨论只是空谈。以课例研究为载体的行动教育是提升教师专业能力的途径之一。

（2）行动教育运行程序是"三次实践、两次反思"。

"行动教育"模式的运行，强调"三次实践、两次反思"，原行为阶段是教师第一次实施教学活动，关注教师原来的教学经验，进行反思，找到自身的不足，实施二次教学活动。新设计阶段关注修改后的课例设计，找到设计与实施过程中的差距并进入第三次实践，关注学生的反馈进行教学行为调整，在整个过程中教师共进行两次反思。

（3）主张教师实现建构性反思并强调行为跟进。

行为跟进意味着对经验进行反思继而采取行动，表明教师能够通过行动进行经验的重构。在课例研究中，教师既要求关心主体悟性，又要求同伴协助。通过反思实践，教师和研究者都可以得到成长。

上海市是我国优先发展课例研究的城市之一，所研究的行动教育重视教师在专业能力上的发展，同样强调教师在研究过程中的主动反省。其"三次实践、两次反思"的运行程序也在我国得到广泛认可并进行推广。

综上所述，通过课例研究在不同国家地区实施状况的差异可以发现，教学是一种文化行为，是一种群体性的行为，是某一群人根据地域、民族、职业等特点而形成的一种只为这一群人所共享的长期的行为方式，具有稳定不易改变的特点，期待教学在短期发生质的转变是不可能实现的，我们不能在改革中抱有不切实际的期望，因此，要想让课例研究发挥更大的作用，逐步提高某地区、某学校的教学质量，促进课堂教学的有效性，就应当制定长远的、具体可行的研究计划，教师要自始至终关注自身的教学行为，要在课堂上更大限度地激发学生的潜能。更重要的是根据我国实际、立足校本教研、增强教师的研究意识和反思精神、转变教学方式、促进教学风格多样化、加强教育专家对基层教师的指导，深入挖掘我国已有的本土经验，取长补短，在"根除恶疾的同时，将其有益经验发扬光大"，应该引起研究者足够的重视，这样才有利于课例研究的健康发展。

1.3.2 我国课例研究的不同方式

我国在借鉴日本和美国的课例研究的同时，根据我国中小学教育现状及教师发展现状展开了"课例研究"的相关研究，但是直到 21 世纪初，我国中小学教师和研究者才开始探讨和实施严格意义上的课例研究，并形成多元化的研究取向。

对我国目前中小学课例研究取向的分析，有利于明确课例研究的涵义和价值，为课例研究的实践提供依据。

1.3.2.1 课例研究的价值取向

讨论教师专业发展，不得不面临的一个问题是教师专业发展需要发展什么。课例研究之所以受到世界的关注，就是因为其价值所在，其最核心的价值就是可以促进教师专业发展，包括促进教师课堂教学能力的发展和促进教师教学研究能力的发展。那么在进行课例研究的时候，不同的课例研究会出现不同的价值取向，或者侧重教师有效教学的能力，或者侧重教师有效教研的能力。课例研究的价值取向是最核心的取向。

1.促进教师教学能力的提升

有效教学指教师的教学过程符合教学规律，成功引起、维持和促进学生的学习，相对有效地达到预期教学结果的教学。

课例研究是具体的"课堂教学"，有具体的教学内容，有具体教师的行为表现，

通过课例研究使教师有目标、有方法地研究具体课例,能够规范地研究课堂教学,并对教学中的问题进行改进。具体说,是围绕如何改进课堂教学、教师的施教行为、提高教学质量开展的研究,其目的不仅仅是上好这堂课,更关键的是让老师在研究这节课的过程中,掌握改进这类或更多课的方法。

2.促进教师研究能力的提升

课例研究重在"研究",这是课例研究作为教师培训范式与其他范式本质的区别。课例研究的要点,不在"课例"而在"研究",是传统教研活动的精细化研究,在研究的过程中促进教师的专业发展。

课例研究是将教育研究活动和实际教学活动紧密结合在一起的研究模式,为教师参与研究搭设了平台。以往教师只是被动加入到教研活动中,以完成任务的心态去参与,无法激发研究的主动性,而课例研究是在真实的教学情境里融入教学研究,让一线教师积极参与其中,激发了他们对自身所处的课堂教学情况的反思及研究意识。在课例研究过程中,教师查找文献,学习相关教育理论,在研讨时,听取同仁和专家的意见,进行自我反思,分析自己在专业能力上的不足,意识到自己在教学方面的纰漏,面对各种意见时要有判断力,学会选择,不要盲从,形成有自己特色的教学风格。课例研究使教师变为研究者,以研究长远的眼光去看待教学中发生的问题,调动教师投入研究的积极性。

3.研究价值取向的现状

目前的课例研究,更多的是为了提升中小学教师的教学能力,但忽略了有效教研价值的取向。在 20 世纪 80 年代,在教师的培养和培训过程中发现,中小学教师理论偏低,更重视实践能力的培养,忽略教学研究能力的培养,为了提高中小学教师的理论水平,一种新的教研模式——说课出现了,并在我国中小学教师的培训中得到发展,但是到目前为止,中小学教师的理论水平和教学研究能力依然是教师发展的瓶颈,也依然是教师培训的重点。21 世纪初,随着新课程改革的实施,教师的教学研究能力的发展再次受到关注,教师的研究能力能有效促进教师专业发展,但是中小学教师对教学研究能力的关注远低于对教学能力的关注。

但是查阅文献发现,大多数的课例研究的价值取向都是提升教学能力的价值取向,无论是常态课还是精品课的课例研究,课例研究的价值取向都是课堂教学的有效性和教师基本教学能力的提升,而忽略了培养教师的教学研究能力。

中小学教师的科研能力的偏低,除了教师的教育教学理念,更重要的是基本研究方法的缺失。课例研究能为教师提供有效的研究模式和基本的研究方法,教师应用基本的教育教学理论和基本的研究方法解决教学中的实际问题,是教师的教学能力和研究能力同时得到发展。有效教学和有效研究能力是相辅相成、相互促进、相互发展的,共同构成教师的专业能力。

1.3.2.2 课例研究的模式取向

1.学术研究

通常意义上的教育研究,就是教育科学研究,不管是基础研究还是应用研究,是探索性研究、描述性研究还是解释性研究统称为学术研究。学术研究中的研究者常是课例研究的外在于教育教学情景的研究人员。研究的目的在于得到对教育教学现象的规律性的认识(如增长知识,发展理论),或者要为解决某一类教育教学问题提供解决的方法、工具,而不仅仅是为了解决某一个具体的教育教学问题。学术研究通过对研究过程的严格控制保证其结果的客观性,通过研究的概念界定、操作化,保证过程的可重复性。研究过程的计划性强、周期长。

课例研究的研究首先学术研究先行,从基础研究到应用研究,对课例研究的内涵、价值、方法提供理论基础,为课例研究的可行性寻找理论依据和实践依据。

2.行动研究

"行动研究"是指由社会情境的参与者,为提高对所从事的社会或教育实践的理性认识,为加深对实践活动及其依赖的背景的理解,所进行的反思研究。行动研究的研究者为教育教学的实践者,即教师和管理人员。行动研究是"为了行动的研究", 即其研究的目的是解决教师在具体的教育教学情境中面对的实际教育教学问题,并进行改进实践,促进学生和教师的发展。既然行动研究是"为了行动的研究",那么研究对象就是自己的实践活动,不是外在于自己的研究对象的,而是和研究过程融为一体。由于研究过程的特殊性,即"在行动中研究",也就是行动过程

和研究过程合一,因此这是一个反思性的循环过程,更加动态开放,并不过于强调过程中的严控性和严密性。

顾泠沅教授和其团队在 2002 年经过 9 个月的教学实践后逐步摸索形成了"三阶段两反思"的"行动教育"(Action Education)的教师在职教育模式,这一模式便极大地改善了在职教师的顽症。上海"行动教育"的突出特征是:打破传统认知中"专家引领"的局限,更加看重教师的"专业引领",本质是对教师教学中实践智慧的认可;非常强调在教学实践当中渗透教育理论和教学理念的过程,因此在理论与实践之间构建桥梁,以教学实践成果的优劣作为最终判断教学质量是否提升的标准。该"行动教育"具有课例研究的价值和特征。

3.研究模式取向的现状

课例研究的学术研究和行动研究是同等重要的,首先,课例研究注重校本研究、校本培训,通过学术研究,寻找适合我国或本校的课例研究模式。其次,通过行动研究,教师的参与,提升教师自身的教学能力和教学研究能力。课例研究应遵守教育研究伦理,尽可能不影响学校的常规教学,不影响学生的学习,避免条件控制的"实验研究",所以课例研究倡导在教学的真实情境中进行"行动研究"。一切研究都在自然的条件下进行。

目前我国课例研究形式:学术研究向行动研究发展,但更多地倾向于学术研究。这种现状与我国课例研究的初级阶段有关,课例研究的学术研究一般是对课例研究在国内外的发展以及课例研究的价值和基本内涵的研究,课例研究的学术研究经过近 15 年的研究相对已经完善。

行动研究最突出的特征应该是一线教师做研究者,但是通过对一些已有文献的整理发现,大多数的课例研究,研究者仍然为科研人员,一线教师作为研究者的几乎没有。一线教师仅仅作为执教者,是被研究者,而不是研究者。作为研究者应该从以下的具体工作中体现研究者的主体地位。

①教师确定课例具体内容,确定课例研究的模式、步骤、环节。

②教师自己做观察者。

③进行精细化的研究。

④更加真实的教学情境。

但是在大多数的课例研究中,研究者依然是专家或研究人员。

目前,大力提倡以课例研究为基础,进行行动研究。行动研究是在动态形成的过程中研究"课",研究者(包括教师和专业研究者)直接介入"课"的形成或改善过程。行动研究注重实践的改善效果,也强调研究过程的价值和意义。"课例研究"既是一个教学研究的过程,又是一个实践改进的过程。

课例研究是提升教育研究能力的一种有效研究方式。尤其是课例行动研究,教师作为研究主体,能有效促进教师的教学研究能力。如今,人们越来越重视教师作为研究者的价值和意义,行动研究专家斯坦浩斯鼓舞教师应投身到教学研究工作中去,肯定教师可以通过自己的研究改进教学情况。面对教学研究脱离实践教学情况等问题,更要求教师参与到教学研究中去,成为一名研究者。可是教师时常在教学过程中忽略了自己作为"研究者"的身份,教师应依照一套实用性强并且系统化的科学程序培养提升自己的研究能力。

1.3.2.3 课例研究的研究类型取向

1.基础研究

基础研究以认识为研究目的。基础研究是对复杂的教育问题的性质和相互关系,从理论上加以分析和综合、抽象和概括,以发现其内在规律或一般性结论。理论研究目的在于揭示普遍规律并促进理论的建树与发展。课例研究的理论研究主要解决课例研究的理论基础、实践价值等问题,揭示课例研究的规律性内容,例如课例研究与教师专业发展的关系,再如国外课例研究给我国课例研究的启示,通过理论的相关研究探索课例研究在我国中小学教师的培训模式和促进教师专业发展等方面的适应性和可行性。

2.应用研究

应用研究的目的主要是直接指导教育实践,提高教育质量。

课例研究具有广泛的应用价值,所以在基础研究上开展应用研究具有巨大价值。课例研究具有很强的实践性和实效性,选择具体教学内容,通过课例研究,对教师的教学设计或教学行为进行讨论分析,根据课例研究在实践中遇到的问题进行改善,并实施推广,为教师专业发展提供便利模式,提高教师的专业能力,从而实现教学质量的提升。课例研究用课堂观察、小组讨论、集体反思这些步骤打破了教学研究和实际教学之间的鸿沟,让教师在课例研究的过程中增强研究能力,使教师成为教学的研究者。

3.课例研究类型的现状

对于课例研究,无论基础研究,还是应用研究,都同样重要,而且相互促进。

目前,我国的课例研究应该是理论研究和实践研究并行,基础研究相对比较成熟,在基础研究上展开大量的应用研究,同时也有一些课例研究同时进行基础研究和应用研究。

例如,上海师范大学的王荣生和高晶,2012 年在《课例研究:本土经验及多种形态》(上、下)两篇文章中提出在我国实施课例研究的过程中抛弃了本土经验,以日本的课例研究为标杆,造成我国课例研究的局限性,突出课例研究应发扬本土经验,对课例研究的取向进行了论述。为我国课例研究的发展提供理论基础。

顾泠沅教授和其团队的研究使课例研究由基础研究走向了应用研究。

北京西城区研修中心进行的课例研修就是基础研究和应用研究并行,理论研究和实践研究并行,探究了研究性教师的培养途径和学习型教研组的发展途径,同时对培养方式进行了实践研究,自 2008 年到现在已经初步形成了学科研修课程的课程资源包。

1.3.2.4 课例研究的内容

课例研究分为对常态课例和精品课例的研究。

1.常态课

常态课是教师在日常教学状态下进行的、能真实反映教师常态的教学水平的课堂教学活动,常态课质量的良莠决定教育教学质量的高低。

2.精品课

目前为止,对于精品课例这一概念还没有统一的标准,笔者认为精品课例是相对常态课而言的,我国现有常态课,有公开课、展示课、观摩课、竞赛课等不同的形式,这些课都是针对某一部分教学内容,进行全面的研究,进行仔细设计,具有不同情境和教学目的的课。所以,精品课例是相对于常态课而言的。精品课程是指具有特色和一流教学水平的示范性课程。精品课程要体现现代教育思想,符合科学性、先进性和教育教学的普遍规律,具有鲜明特色,并能恰当运用现代教学技术、方法与手段,教学效果显著,具有示范和辐射推广作用。由此可见,精品课例是指具有新颖性、典范性、独创性、有价值的教学课例,具有代表性和指导意义,体现把先进的教学教学理念深入运用到实践中去,关注教师的成长,对教学有启示作用。

3.现状

目前,我国课例研究倾向于精品课的研究,精品课的课例研究更关注教学内容的处理和教学设计的创新,教师专业发展放在相对次要的位置。

例如,北京师范大学化学教育研究所团队于 2008 年创立的"高端备课"项目。基于此项目平台与一线教师、教研员合作,围绕着以下问题进行基于学生核心认识和关键能力发展的课堂教学理论与实践研究。高端备课的价值取向是聚焦课堂教学。

- 核心理念是教学设计与实践以促进学生认识发展为根本。
- 研究单位是化学核心内容中的教学问题。
- 方法手段是专家支持的研究性集体备课和讨论。
- 研究效果依据学生的认识发展程度。

北京的高端备课取得了较大成功,是由于它关注学科教学理论与课堂实践相结合,将专业引领深入到课堂教学实践中,使教师不仅是教学者同样是研究者。该研究具有实践性、研究性、科学性、实效性和前瞻性。

《中学化学精品课例开发与教师专业发展的实践研究》先后被广东省教育科学规划领导小组办公室和广东省教育厅批准为广东省教育科研 "十一五"规划 2010 年度研究项目(课题批准编号为 2010tjk029)、广东省中小学教学研究"十二五"规划重点课题项目(课题批准编号为 J11-008)。该研究开发了系列精品课例 400 多节;刻录优秀课例光盘,供全市教师使用;选取 138 个优秀课例结集分三册印发给全市教师共享交流;建立了专门的网站,共享课例开发研究过程中的教学设计、学案、习题、测试题、创新实验等各种资源。

1.3.2.5 课例呈现方式

课堂观察是课例研究的中心环节,但是不同课例研究采取的课例呈现方式却不同。

1.现场观摩

提高教师专业水平和改进课堂教学效果的最直接方法是课堂现场观摩。教师身处教学现场中,才能收集真实有效的教学信息和教师行为,如学生参与课堂活

动的活跃度、小组讨论的特点、分工,等等,对课堂教学的全貌有一个完整的掌握。现场观摩结束立即进入讨论阶段,可以起到立竿见影的效果,而且现场观摩,可以对教师和学生有更全面的观察。

2.视频录像

课例研究不仅限于现场研究课,为了实现观摩课程时间地点的灵活性,教师使用电子录像设备进行课例研究,解决了一些教师无法集中观课的实际困难,而且解决时间和场地限制。在没有专家和观察者在场的视频录像将还原一个真实常态课的状态,没有教师和专家现场观摩听课,在这样的真实情境中来看教师的教学是否有所提高。利用视频录像进行课堂观察,更有利于精细化评价,例如,利用观察量表评价课堂教学可以根据视频录像进行仔细观察。

3.研究取向的现状

我国的课例研究更倾向于现场观摩。录像视频的观摩停留在简单的分析评价,没有上升到研究的层面。

不同的情境用不同的课例呈现形式,例如行动研究,专家既可以现场观摩,也可以观看视频录像,而执教者可以以自己的视频为研究依据进行精细化研究,这样将执教者作为研究者进行行动研究。常态课更适合现场观摩,精品课既可以视频录像也可以观看现场。

北京市西城区"课例研究"研修项目就是在不同的环节、不同的阶段用不同的呈现方式,或者同时应用两种呈现方式。

1.3.2.6 课例研究选择不同取向的原则

课例研究具有较强的情境性,应坚持以校文本和个案研究的原则。

1.以校为本的多元化研究取向

校本研究,是指近年来伴随着基础教育课程改革所兴起的学校教育研究的一种新范式,具有学校教育科研的基本特征,如以学校为基本单位、与学校改革实践紧密相关、具有较高的组织程度等。

每个学校的具体情况和发展目标都不同,每个学校的师资力量也不同,需要解决的具体问题多样化,所以课例研究取向应该遵循以校为本,解决学校教师发展的现实问题。例如有的新建校,年轻教师较多,那么更是常态课的研究,保证教学效果,提高教学效率,提高年轻教师的基本教学能力;有些学校教学研究能力偏低,那么更适合教学研究能力提升的价值取向。

2.个案研究的多元化研究取向发展。

不同的教学内容有不同的特征,会采取不同的教学模式、教学策略、教学方法,每个教师也都有自己的特征,都有阶段性的发展目标,所以,课例研究应遵循个案研究的原则。

一节课的研究:无论是常态课的研究,还是精品课的研究,都是"课例"的研究,都是针对具体教学内容进行的研究,无论是什么取向,都是一节课的研究。

一位教师的研究:选取一位教师进行研究,通过专家团队听课、评课,在研究的基础上,针对教师的具体情况,制定适合该教师的专业发展计划。

第2节 课例研究的多元价值

针对我国目前教师专业发展的挑战和目前课例研究的发展趋势,发现课例研究是一种有效的教师专业发展模式和提升有效教学的教研模式。课例研究受到世界的关注,就是因为它的价值所在,无论是从教师专业发展的角度还是从有效教学的角度,课例研究都具有多重价值。课例研究的价值之一:促进教师专业发展,包括促进教师课堂教学能力的发展和促进教师教学研究能力的发展;课例研究的价值之二:是为教师提供了自评和他评的评价方法体系。

教师专业发展是指,在教师的整个专业生涯中,通过不断的专业训练,学习教学技能、体现专业素质、实施专业自主,逐步提高从教素质,成为一名专业教育工作者的专业成长过程。

2.1 提高教师的教学设计能力

教学设计能力是教师职业专长的一个重要组分。在开始教学设计之前,教师应该学会筛选教学资源,什么样的教学资源是现成可利用的,什么样的是不适合的,这里的教学资源选择包含了对教学目标选择、教学内容选择、教学工具、策略

的选择。当然,这里的选择并不只是直接的复制,还需要教师根据实际教学情况加以调整,在学会应用的前提下加以转变和重新建构。

课例研究的集体研讨,教师就会收到关于教学设计的不同意见、不同想法、不同的教材和不同版本的教学设计,这时教师不能够直接全盘收入,也不可能面面俱到全部融入到自己的教学设计中去,应该根据实际教学情境的需要,对教学内容、教科书和不同版本的教学设计资料进行适度的改编、删减、融合,与此同时教师就是在提高自己教学设计能力。

2.2 促进课堂有效教学

有效教学指教师的教学过程符合教学规律,成功引起、维持和促进了学生的学习,相对有效地达到了预期教学结果的教学。但国内的学者从 2003 年开始,针对有效教学又进行了很多讨论,其中具有代表性的是"三重含义解析观",即效果、效率、效益三重含义。教学要有效果:指教学活动的结果与教学目标的吻合程度;要有效率:要关注教学投入与教学产出的关系;要有效益:通过教学活动学生获得的收益,不单单指知识和方法的掌握还有思维水平的提高及对学科本质的理解。

教师教学能力是教师专业能力的关键,也是保证教学质量和促进人才培养的关键,所以就要求教师必须有较强的教学能力。根据众多教育专家和一线教师关于教学能力的研究成果分析归类,可以把教学能力分为教学设计能力、教师的合作能力两部分。课例研究对教师教学能力的提升有不同程度的影响。

2.3 促进教师反思能力

教师想要成长十分关键的一点就是需要在不断的反思中进步。反思体现着教师成长的个体性、发展性,反映了教师在成长过程中的的教育信念和教育追求。

研究证明,教师的反思行为在实践经验中去实施是最为有效的。课例研究就是通过实施教学行为,发现课堂教学中的困惑,能力上的不足,通过不断的自我反思与团队帮助去解决实际教学问题。这与传统教师继续教育远离教师个人实际的教学行为不同,在课例研究中教师能够针对自己的教学行为,更容易发现不足进行反思活动,并及时改正,形成了借助实际教学经验进行不断学习的反思过程,逐步成为一名反思型教师。

2.4 促进教师的教学研究能力

课例研究是将教育研究和教学活动紧密结合在一起的研究模式,为教师参与教学研究搭设了平台。以往教师只是被动参与教研活动中去,以完成任务的心态去研究,没有形成主动研究的意识,而课例研究是在真实的教学环境里融入了教学研究,让一线教师主动参与其中,有效激发了对自身所处的课堂教学情况的反思以及研究意识。

2.5 自评与他评

我国为了提高教师的专业素养及教学质量,一直在不断地努力探索,比如听课、评课、议课等教研活动,都以评价为主要手段,而且更多的是他评,但这些方式都只是简单的听评,并没有上升到研究课的层面,更没有作为教师专业研修以提升自我专业素养的一种方法,缺乏的是研究层面的理论和实践的指导,因此听评课的效果不佳。

课例研究为教师的自我发展找到了一个良好的评价系统,也可以说课例研究也是教学评价的一个系统。

教师有效自评是教师二次成长的重要因素。课例研究包括上课评课,是关注教师和学生表现;观课评教,是在关注教师、学生、教材之间的关系;析课评理,使教师达到从经验到意识的飞跃。教师二次成长论与课例研究都有一个共同的目标——促进教师发展。

有效的他评是"教师同伴研修"的基础,同伴研修强调教师要善于利用"资源",肯定了每一名教师在知识、能力、经验等方面所拥有的资源价值,强调依靠平等互助、资源互补的人际关系,提高教师资源共享的意识,增强团队学习的能力。

课例研究与其观念相一致,课例研修重视教育专家和一线教师之间的合作关系,在研究过程中研究团队的各个成员都不断的分享交流自己的观念与经验,使得教师教学水平不断提高。

第3节 课例研究的实施

3.1 组建研究团队

一般课例研究团队由高校教师、教研人员、中学教师等不同层次的教师组成。

高校教师或教研人员可以根据丰富的执教经验和积累的教学规律帮助中学老师矫正在课堂教学上的缺陷，在努力提高自身的过程中使老师发现教学问题，能够对教学的意义有一个更加深刻的理解。在做课例研究的过程中渗透提升教师科研能力的理念，最佳的效果就是从一个人学会做课例，到逐步发展为一个教师集体都可以做课例，最后形成具有本校特色的课例研究团队，以促进教师集体的专业发展。

3.2 确定执教教师

课例研究会经过课堂教学的实践研究，执教教师既是研究者也是被研究者，执教者希望在这个过程中有所收获，作为提升自己教学能力和研究能力的一个契机。鼓励青年教师应当克服职业惰性，要有推动自己接受和学习新的教育理念，力求上进的决心与毅力，只有这样一代一代的教师才能够有长远的进步。

3.3 确定研究流程

研究团队确定研究过程，一般程序是"一次授课—专家研讨—教师反思—二次授课"这样一个循环的程序，可以在实施过程中根据实际情况灵活调整。精品课例和常态课例会稍有差别。

常态课一般具有如下环节，第一次授课是在所有教师、专家在现场观摩的状态下进行的，同时对课堂教学进行录像，方便后期专家再做精细分析和点评；第一次授课之后，由参与听课的教师进行集体评课，并且专家在观看完录像会做出精细化的点评，执教教师结合各位教师和专家的点评对自己的教学缺陷进行深刻反思；然后进行第二次授课，这次将还原一个真正常态课的状态，没有教师和专家现场观摩听课，在这样的真实情境中来看执教老师的教学是否有所提高。同样,本次授课也进行了录像,课后由专家观看进行精细研究。

精品课的一般环节如下。

参与人员	活动环节	活动目的	观察者活动	搜集的资料
研究组全体成员	讲解课例研究实质和一般流程	通过学习,提高对课例研究的了解	搜集有关课例研究的文献	
研究组全体成员	成员间互相熟悉、确定教学内容并制定活动方案	确定研究的主题和活动流程	了解研究成员、为制定活动流程提供建议	活动流程文本
研究组全体成员	备课指导、根据教学内容提供教学建议	使 W 教师对教学设计有一定的思路	查找有关的教学设计和教材、文献	录音
执教老师、研究组全体成员	第一次试讲	发现教学过程中的问题	观课、录课	第一次教学设计、学案、课件、录课视频
研究组全体成员	课后第一次集体研讨	提出修改意见、W 教师进行自我反思	记录研讨过程	笔记
执教老师	修改教学设计	发现不足、提升专业能力、改进教学设计	提供相关教学内容资料、整理第二次教学设计	第二次教学设计
研究组全体成员	第二次集体研讨、教学设计精品化阶段	对教学设计提出二次调整意见、教师进行自我反思	记录研讨过程	笔记
执教老师	二次修改教学设计	发现不足、提升专业能力、改进教学设计、打造精品课例	提供相关教学内容资料、整理第三次教学设计	第三次教学设计

3.4 确定课例研究内容

依据当时本校的教学进度经过商议,最后决定选择具体课例。教学中的具体问题通过具体课例来解决,所以课例的选择也是关键。课程改革、课程理念、教学理念需要落实到课堂,具体教学问题应在课堂教学中找到解决的方式、方法。例如,初中化学课程标准的教学建议强调"重视学科之间的联系",在教学中应有目的、有计划地设计一些学习活动,加强化学与物理、生物、地理等学科的联系。这是初中化学教学的重要理念,要实现该教学理念,选择什么样的教学内容?具体课例如何设计与实施?

3.5 确定课堂观察维度

课堂观察是课例研究的中心环节,通过课堂观察评价课堂教学的有效性,而不是定性简单的好与坏,也不是仅仅对教师的定性评估,应包含教学内容的系统评价。一般来说,一个完整的教学过程基本要素包括教师、学生、教材和教学手段四个部分,在我国已经有一些专家和学者对课堂观察的维度和量表进行了研究,可以借鉴采用安徽师范大学杨晶硕士论文《以教师专业发展为旨趣的高中化学课例研究》中的量表,以量化的形式简洁明了的将观察量表作为记录教师行为真实而直接的证据。

3.5.1 从教师的角度来说,要关注教师的提问、理答

提问作为一种教学方法,有效提问可以提高课堂效率,新颖有趣的提问可以引起学生的关注与兴趣。提问是一个信息反馈的过程,是了解学生学习活动、掌握知识情况的反馈手段。在课堂中充分利用提问与理答,增加教师与学生之间的交流,捕捉信息,及时对教学过程进行有效调控,就能提高课堂教学的效益。但有时,教师"突发奇想"抛出一个问题本来是想做一个拓展延伸,但却弄得学生一时半会摸不着头脑,还白白浪费时间降低了课堂教学效率;教师的提问范围太大,也会使学生无从下手,不知如何作答或者出现答非所问的现象。理答的时候要充分给予学生肯定和鼓励,也要指出不足的地方并提出期望,但切忌对回答错误的学生进行挖苦讽刺,也不可无原则的赞美。提问和理答是考验教师专业技能的一部分,问题设置要层层递进,化难为易,化大为小;对同一

个问题可以变换角度或方式进行提问;以生活中的例子引导学生勤于思考。理答时考验教师的反应能力,对于学生出现的各种问题能做出合理的应对,激发他们不断思考。

3.5.2 从教师对课程内容的讲解来说,这里就涉及到了语言表达、讲解辅助方式等

任何一堂课的完成都离不开教师的讲授,这就要求教师语言表达清晰、流畅,语调抑扬顿挫,语音适中,教学用语标准、规范,在形体语言上也要大方自然,目光亲切和蔼。为了使讲解更加直观、生动、易理解,教师常常会以多媒体、演示实验、实物模型等作为辅助手段,这些辅助手段应用适当会活跃课堂气氛,抓住学生的注意力,让他们对所学知识印象深刻,提高教学效率。板书是考察教师专业技能的另一个部分,标题和内容的位置布局要恰当、字迹要清晰工整,重难点要突出,同时作为最原始的辅助手段也有其独特的优势,课程的教学脉络始终保存在黑板上方便学生做笔记以及时回顾前面所学的内容。教师一定要合理地安排这些辅助手段,用得太多容易让学生眼花缭乱,关注点太多而忽视了最重要的部分,用得太少又显得课堂死板缺乏活力,运用做到事半功倍也是教师们在教学中需要思考的问题。

3.5.3 诸多环节中所采用的教学模式、教学方法

在课堂的整个进程中可以被分为诸多环节,教师可以在每个环节中采用不同的教学模式和教学方法,避免模式化、程序化,根据具体的教学目标,在分析学生的知识结构和认知特点的基础上灵活运用,多方位展示,增加每个环节的有效性,再结合自身的教学实践,勇于尝试和创新,形成自己的教学风格,最终达到科学性和艺术性的融合。

3.5.4 教学情境的创设

从教学情境的创设来说,情境可以创设于上课之初作为新课的引入以增加学生学习这节课的兴趣、引发学生思考,也可以放于课中作为推进或者转到新内容的学习。通常,教师会追求情境的新颖性和独创性,但所选择的情景内容一定要适合当前学习的内容并且能够被学生接受,让学生在轻松愉快中学习新知识。

3.5.5 有效教学的综合评价

一些教学理念的落实,学生的发展,学生思维的发展等。

参考文献

[1]中华人民共和国教育部.国家中长期教育改革和发展规划纲要(2010–2020)[R/OL].(2010–7–10).http://www.gov.cn/jrzg/2010–07/29/content_1667143.htiTi.

[2]佐藤学.课程与教师[M].钟启泉,译.北京:教育科学出版社,2006.

[3]王晓玲,陈向明.日本授业研究及启示[J].中国教师,2011(7).

[4]胡庆芳.课例研究的作用、特征和必要条件:来自日本和美国的启示[J].外国教育研究,2006(4).

[5]黎雪梅.日、美和香港地区课例研究特征及启示[J].中国成人教育,2013(12).

[6]吕敏霞.课例研究新进展历程中的问题:美国的实践与启示[J].比较研究,2011(10).

[7]王荣生,高晶."课例研究":本土经验及多种形态(上)[J].教育发展研究,2012(8).

[8]王荣生,高晶."课例研究":本土经验及多种形态(下)[J].教育发展研究,2012(10).

[9]黄远.以化学精品课例研发促进教师专业发展[J].广东教育,2015(5).

[10]齐渝华,刘悦,张汉林,等.以课例研究为载体探索教师研修的新途径——以北京市西城区"课例研究"研修项目为例[J].课程·教材·教法,2010(10).

[11]顾泠沅,王洁.教师在教育行动中成长[J].全球教育展望.2003(1).

[12]中华人民共和国教育部.义务教育化学课程标准(2011 版)[S].北京:人民教育出版社,2011.

[13]钟启泉.当代日本授业研究[M].太原:山西教育出版社,1994.

[14]林一钢.教师专业发展:知识与动机理论的启示[J].江西教育科研,2004(11).

[15]Yoshida,M. American Educators'Interest and Hopes for Lesson Study in the US and What it Means for Teachers in Japan[J].Japan Society of Mathematical Education,2001,83(4).

[16]林森.课例研究在我国的应用问题探讨[J].陕西理工学院学报(社会科学版),2010(2).

[17]冯翠典.变易学习理论:理论基础、概念内涵和实践形式[J].台州学院学报,2013(4).

[18]卢敏玲."课堂学习研究"对香港教育的影响[J].开放教育研究,2005(3).

[19]王磊.以高端备课促学生发展[J]中国教师,2014(7).

[20]王磊,支瑶,胡久华,等.促进化学课堂教学质量提升和教师专业发展的"高端备课"模式

及其实践[J].中国教师,2014(13).

[21]王磊,支瑶,胡久华,等. 促进化学课堂教学质量提升和教师专业发展的"高端备课"模式及其实践[J]. 基础教育课程,2014(13).

[22]卢敏玲."课堂学习研究"对香港教育的影响[J]. 开放教育研究,2005(3).

第 2 篇
基于不同主题的课例研究

　　每一门学科,都有其学科特征,每一次课程改革都有他的改革目标和课程理念的变化,国家也通过教育政策、教育文件指导教育发展,对于教师来说,理解学科特征、理解课程改革理念,理解国家教育政策,并将理解实践于课堂,这应该是每一位教师的教学研究重点。教师应该从学科特征、课程理念、教育政策选择研究主题进行研究,以具体的教学内容为载体实现主题的教学,这就形成了基于不同主题的课例研究。

第3章

初中化学学科特征及教学理念

第 1 节　初中化学学科特征

1.1 三重表征

　　每个学科的学习都有自身的特点:微观与宏观的联系是化学不同于其他学科最特征的思维方式。微观结构决定了宏观物质的性质,同时,符号作为中介,有效地增进学习者对微观与宏观世界的理解。从宏观、微观和符号三种表征水平上认识和理解化学知识,并建立三者之间的内在联系,是化学学习特有的思维方式,被称为三重表征思维方式。

　　苏格兰格拉斯哥大学科学教育中心的约翰斯顿教授于 1982 年提出了有关化学学习的三种水平理论,他强调学生应该从三个水平来学习化学:①"描述和功能的"水平:通过观察、触摸认识宏观物质,如物质的状态,颜色等;②"表征"的水平:用符号表示化学物质和化学反应过程;③"解释说明"的水平:能从原子、分子的水平上解释物质的存在状态、性质、变化的内在原因。可以看出,这三个水平分别是宏观、符号和微观水平,其中符号是连接宏观和微观的中介,三者是密不可分的一个整体,并且可以相互转化。

　　《美国国家科学教育标准》中也曾提出化学学习有三大领域(如下图所

示）。化学学科自身的内容特点决定了学生应当从宏观、微观和符号等角度对物质及其变化进行多重维度的认识与感知，从而在心理上形成化学学习独特的三重表征。

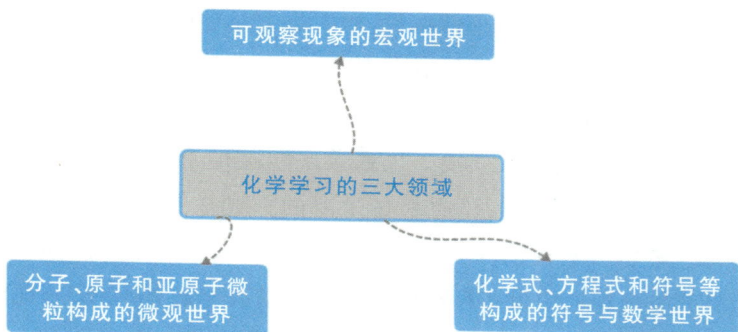

三重表征是化学学科的重要思维方式，也是化学学习的困难所在。学生在理解三重表征上存在困难，其主要原因有三：①微观世界自身的特点——抽象、无法可见；②学生的思维会受到他们已有宏观经验的强烈影响，使得他们无法理解微观表征；③学生有限的概念性知识和贫乏的空间可视能力，使他们不能将一种表征转化为另一种表征，即在三重表征之间的互相转化问题上存在障碍。

1.2 实验探究

化学实验既是获得化学科学事实的基本方法，又是形成化学假说和理论的基本途径。没有化学实验就不可能有近代化学科学的发展，化学实验使化学成为一门科学。实验教学是中学化学实验的重要内容和教学手段，应重视和加强实验教学。课程标准提出：教师应充分认识科学探究对于促进学生科学素养发展的独特价值，根据学生的认知发展水平，精心设计探究活动，有效组织和实施探究教学。化学教学中可以采用多种探究活动形式。在探究教学中，应有目的地组织学生交流和讨论，这样既有利于培养学生交流与合作的能力，又有利于发展学生的评价能力。

第2节 初中化学教学理念

由于化学学科的课程性质和学科特征,结合教学理论,形成不同的教学理念。教学理念是教师对课程教学的理性认识,初中化学课程理念是教师对初中化学课程的理解性认识,教师的教学理念,将支配和影响教师教学设计思路、课堂行为、教学结果。

所以教师的教学理念至关重要。以教学评价为例,很多的教师关注终结性评价,忽视课堂教学评价,实现教学目标最主要的方式是课堂教学,受升学率的影响,传统的课堂教学有效性的评判标准是:教师在教学期间内完成基本知识点的讲授,学生只要能顺利地应付各种考试即认为课堂教学是有效的。一直以来,大多数的课堂评价都把焦点放在教师的"教",忽视了学生在教学中的地位;即使是评价学生的"学",也只是用分数来衡量,进行终结性评价,忽略过程评价和课堂教学评价,让课堂评价游离于教学活动之外。为什么会出现这种现象?是因为教师的教学观念所导致的,忽视课堂教学评价的结果是造成课堂教学的低效、无效,学生课堂学业负担过重,不考试学生就不知道一节课的收获是什么,不考试教师也不知道一节课的效果怎么样。

初中化学教学理念涉及多方面,教学中教师会有不同的教育理念,如初中化学核心素养、STSE教育、评价新理念、观念为本的教学、概念为本的教学、项目式教学等等,尤其是课程标准中的教学建议更是要重点落实的教学理念。需要教师认真学习国家教育政策,解读课程标准、学习教学理论,形成正确的教学理念,通过不同的教育理念实现初中化学课程的根本目标。当然,一篇教学设计也会包含多个教学理念,以突出教师的教育理念为主,将教学设计以主题进行分类,说明课例研究的过程及结果。

第4章

基于核心素养的教学设计

第1节　初中化学核心素养

1.1 核心素养教育是课程改革的重要理念

近年来,学生核心素养模型的建构成为推动世界教育改革的重要环节。学生的核心素养是我国建立教育质量标准的基础与核心,是在国家的教育目标和教育理念指导下建立起来的学生必须的能力素养,也是我国教育领域与当前倡导培养学生核心素养的国际教育改革形势相接轨的重要环节。目前,高中课程改革已经全面展开核心素养教育,初中化学课程进行革新素养教育能够全面整合、提高基础教育质量。

初中化学教学进行核心素养教育,进行深入的教学改革,有利于初中化学与高中化学合理衔接。核心素养理念作为培养学生化学科学综合能力的重要理念,可以帮助中学生更好地学习化学,深入了解化学学科。

1.2 核心素养的内涵

化学核心素养一共包括五个方面,分别为:变化观念和平衡思想、宏观辩识和微观探析、证据推理和模型认知、实验探究和创新意识以及科学精神和社会责任。

虽然化学学科核心素养是目前高中课程改革的核心目标,但化学学科核心素养的育人价值具有重要的教学指导意义,核心素养的五个方面也应是初中化学教学目标设计的重要依据。

普通高中化学课程中对化学学科核心素养的解释有助于对教师"核心素养教学的理念"的形成。"宏观辨识与微观探析""变化观念与平衡思想""证据推理与模型认知"要求学生形成化学学科的思想和方法;"科学探究与创新意识"从实践层面激励学生勇于创新;"科学态度与社会责任"进一步揭示了化学学习更高层次的价值追求。化学学科核心素养将化学知识与技能的学习、化学思想观念的建构、科学探究与问题解决能力的发展、创新意识和社会责任感的形成等多方面的要求融为一体,体现了化学课程在帮助学生形成未来发展需要的正确价值观念、必备品格和关键能力中所发挥的重要作用。

化学学科核心素养是现代社会公民必备的科学素养,所以相对于初中化学的科学素养教育来说,化学学科核心素养也是初中化学的重要内容。

第2节 教学设计案例

2.1 水的组成(朱运兴)

2.1.1 教材分析

2.1.1.1 内容分析

《水的组成》是人教版初中化学第四单元《自然界的水》课题3第一课时的内容,对应课程标准一级主题分别是:"身边的化学物质"下二级主题"水与常见的溶液"中的部分内容。整个第四单元通过讲"水",带领学生从自然界走进实验室、从社会现实问题转入学科知识、从宏观现象到微观解析层层递进,将保护环境的社会责任感、不断探究事物本质的科学精神等与学科知识融为一体,培育学生的学科核心素养。《水的组成》一课在单元前两个课题介绍水与人类的关系的基础上,以人类发现水的组成的历史引入,介绍氢气的相关性质做铺垫,通过氢气燃烧和水的电解两个实验说明水是由氢、氧两种元素组成的。最后提出水中氢氧原子个数比为 2:1,进而揭示水分子分解的微观过程,引出水的化学式,并为课题 4 化学式的学习做了铺垫;而通过水分子分解的微观解析为证明水由氢氧元素组成提供理论支撑。

2.1.1.2 学情分析

水是学生生活中非常熟悉的物质,关于水的物理性质,学生通过生活经验和初中物理等相关学科的学习基本已经掌握。但以化学的眼光认识水,分析水的宏观组成和微观构成,学生还是陌生的。学习本课之前,学生已经掌握了氧气的鉴别、元素的概念、化学反应文字(符号)表达式的书写和化学反应前后元素的种类(原子种类)不变等知识,为学生通过实验分析得出水的组成做好了的知识准备。另外,学生通过第一单元对蜡烛和空气的探究,第二单元氧气的性质和制取氧气的实验,获得了初步的探究思路和实验技能,对化学实验保有极高的兴趣,也是圆满完成课堂教学任务的有力保证。

但通过鉴别电解水的产物验证水的组成时,需要利用本节课新了解的"氢气的性质"才能实现,同时到最后的学习时,还需要从微观上认识水的分解,相对于这个年龄段学生的认知特点和理解能力是有一定难度的。

2.1.2 教学理念与教学策略

2.1.2.1 以课程教学为载体,将学科核心素养的培育这一主题贯穿始终

《义务教育化学课程标准(2011 年版)》指出"义务教育阶段的化学课程以提高学生的科学素养为主旨"《普通高中化学课程标准(2017 年版)》更是提出"化学学科核心素养是学生必备的科学素养,是学生终身学习和发展的重要基础"。

义务教育阶段的初中化学教师在教授最基础的化学知识和技能的同时,必须紧跟时代要求,更新教学理念,将化学学科核心素养的培育作为自己课堂教学的重要目标。从培养学生宏观辨识与微观探析、证据推理与模型认知、科学探究与创新意识、科学精神与社会责任等核心素养出发,"激发学生学习化学的兴趣,帮助学生了解科学探究的基本过程和方法,培养学生的科学探究能力,使学生获得进一步学习和发展所需要的化学基础知识和基本技能;引导学生认识化学在促进社会发展和提高人类生活质量方面的重要作用,通过化学学习培养学生的合作精神和社会责任感,提高未来公民适应现代社会生活的能力。"

在《水的组成》这节课的设计和教学中,通过真实情境的创设;精心设计的环节;科学史的渗透;让学生亲身参与实验,体验探究过程;构建宏微观的联系等方式,帮助学生体会科学探究过程与方法、学习前辈先贤的科学精神与社会责任,建立宏观辨识与微观探析内在联系、了解证据推理与科学结论的辩证关系,全方位的培育学生的化学学科核心素养。

2.1.2.2 教学重难点及解决策略

(1)教学重点:电解水的实验;确定水的组成。

(2)教学难点:推定水的组成;水电解的微观实质。

(3)解决措施:通过创设学生熟悉的真实情境,制造强烈的认知困惑,激发学生探究水的组成的欲望,从而引领学生重温科学家们对水的组成的探究过程,让学生亲身参与实验,获得足够的证据支撑,自然而然得出水的组成的结论;并通过动画演示帮助学生理解水分解的微观本质,从而突破重难点,并为学习化学式做好准备。

2.1.2.3 教学准备

(1)教法设计:采用"真实情境,质疑激思→引导探究,辅助实验→讨论总结,得出结论→实践应用,巩固提高"的教法设计,教师全程引导、串联、辅助、点拨,学生自主质疑猜想、实验探究、讨论总结,充分体现教师主导、学生主体的教育思想。

(2)学法预设:学生通过"质疑猜想→实验探究→证据推理→得出结论"的过程,引导体会科学探究的过程与方法,潜移默化的培育学科核心素养。

(3)信息技术准备:利用自制 PPT 课件辅助教学,并事先录制好不容易成功的氢气吹泡泡实验的微课视频,降低教学中出现不可控因素提高课堂效率;利用水分子分解的微观动画演示,帮助学生建立水分解的宏观现象与水分子分解的微观本质之间的联系,帮助学生知道宏观辨识与微观探析是化学学科研究事物的基本思维方法。

(4)实验准备:贮气瓶(氢气)、单孔塞、二通活塞、橡胶管、尖嘴管、烧杯、酒精灯、火柴、木条、水电解器(学生)、水电解器(演示)、10%的氢氧化钠溶液。

2.1.3 教学目标

2.1.3.1 知识与技能

(1)简单了解氢气的性质及验纯的方法。

(2)认识水是由氢元素和氧元素组成的。

2.1.3.2 过程与方法

(1)体验历史上人类认识水的组成的过程和方法,认识科学探究的意义和基本过程。

(2)通过利用氢气在空气里燃烧及电解水两个实验得出"水的组成"这一探究过程,学习运用观察、比较等方法获取信息,并对获取的信息进行加工、分析,从而得出正确结论的科学方法。

2.1.3.3 情感态度与价值观

(1)通过重温科学家探索水的组成的历史和过程,体会前辈人物的科学精神,树立人类对事物的认知过程是螺旋上升的而不是一蹴而就的。

(2)初步了解现象与本质、因果关系、物质是可分的等辩证唯物主义观点。

2.1.4 教学过程

环节一:创设真实情境,激发认知困惑,导入新课

【展示装水的烧杯】

教师:这是一杯大家最熟悉的水,对于它的物理性质,我们应该了解得非常多了,谁来给大家介绍一下。

学生:顺利回答。

教师:大家回答的很全面。在第三单元已经学过,物质是由元素组成的,那么大家有没有想过,水是由什么元素组成的?

学生:大部分懵的表情。

【引入新课】:不光大家觉得这个问题无法用已有的知识经验来解答。就是那些化学史上赫赫有名的先贤们,在探究"水的组成"的这一命题时,都经历了非常曲折的过程并花费了相当长的时间,才得到正确的结论。

今天就请同学们和老师一起重温科学家的探究之旅,共同揭秘一下水的

组成。

【设计意图】:通过提问水的物理性质和水的组成,让学生感到自己本该最熟悉的水,还有着许多不了解的知识,制造强烈的认知困惑,激发学生探究水的组成的欲望。

环节二:重温科学家的探索之旅——通过氢气燃烧认识水的组成

学生:【观看投影】普利斯特里和卡文迪许的图片,及他们对氢气燃烧研究过程的简介资料。

【设计意图】通过前辈先贤探求真理过程的事迹,帮助学生体会科学家身上积极探索,百折不挠,求真务实的态度和精神;潜移默化的影响学生形成正确的科学精神和为中国崛起而努力钻研的责任担当。

教师解说:这两位科学家都发现了氢气燃烧可以生成水。但由于时代和观念的限制,都没能得出水的组成的正确结论。下面请大家和老师一起做一遍两位伟人对氢气的研究的模拟实验,重温他们探寻"水的组成"的科学历程。

【播放视频】播放事先录制好的微课——氢气的物理性质及爆燃现象(微课内容:用氢气吹肥皂泡,通过迅速上升说明氢气密度小于空气;通过电子点火器触发爆燃,说明氢气能燃烧且燃烧前需要验纯)。

【设计意图】采用事先制作好的微课,可以有效避免课上实验的失误(氢气吹泡泡不易成功),提升课堂效率。

教师:根据刚才的视频能否得出一些有关氢气的物理性质?

学生:讨论后回答。

【教师总结】氢气是无色无味的气体。通过氢气吹出的肥皂泡向上飞可知它的密度比空气小,通过氢气可以用排水法收集,可知氢气难溶于水。

教师:视频中用电子点火器点燃氢气泡泡时发生了什么现象?

学生:回忆后回答。

投影:资料卡片——爆炸极限。可燃性气体在空气中达到一定含量时,遇到火源就会发生爆炸,例如:当氢气含量占总体积的 4%~74.2%,点燃时就会发生爆炸。

【教师总结】点燃氢气等可燃性气体之前,必须验纯。

【演示实验】氢气的验纯。

学生:观察实验现象,讨论并总结氢气验纯的方法。

教师:点评学生的回答,规范氢气验纯的方法。

【演示实验】请一名学生辅助完成氢气燃烧的实验。

学生:记录实验现象,填写实验报告。

【教师总结】氢气燃烧发出淡蓝色火焰,放热,罩在火焰上方的烧杯内壁有水雾产生。

教师:以上实验现象中哪些可以作为推论"水的组成"的证据?你的理论依据是什么?

学生:讨论后回答。

【板书】氢气+氧气 $\xrightarrow{\text{点燃}}$ 水。

【教师总结】实验中氢气燃烧生成水根据化学反应前后元素种类不变,反应前氢气和氧气是由氢元素和氧元素组成的,反应后生成物水也必然是由氢元素和氧元素组成的。

【设计意图】通过学生参与实验,体会科学探究就是通过实验收集足够的证据,然后经过分析推理进行证实或证伪,最后得出结论的过程。从而培养学生关于科学研究方面的化学学科核心素养。

环节三:重温科学家的探索之旅——通过电解水研究水的组成

教师:两位科学家虽然得到了氢气燃烧生成水的证据,但因为局限于当时的"燃素说",而没能得出"水的组成"的正确结论。而这些证据到了拉瓦锡手中,他不仅分析推理出了正确的结论,还设计了一个反证实验以确定了水的组成。

【投影】资料卡片上记录简介拉瓦锡的水的分解的实验。

教师:水在通电条件下也可以分解,请大家按照投影上的实验步骤,用实验台上的简易水电解器进行实验,注意记录实验现象。

【投影】实验步骤。

(1)在电解器玻璃管里加满 10% 的氢氧化钠溶液,接通直流电源,观察并记录

两个电极附近和玻璃管内发生的现象。

	两电极	正极端的玻璃管	负极端的玻璃管
现象			
比较两玻璃管中的现象差异			

(2)切断上述装置中的电源,用燃着的木条分别在两个玻璃管尖嘴口检验电解反应中产生的气体观察并记录发生的现象。

	正极端的玻璃管	负极端的玻璃管
现象		
解释		

学生:分组实验,记录实验现象,填写实验报告。

教师:实验步骤(1)中,大家在正负极看到了什么现象?

学生:有气泡产生。

追问:这些气体有什么物理性质?

学生:无色无味,难溶于水。

【设计意图】学生亲自动手实验,更能激发探究的兴趣,体会化学的发现之美,引导学生了解如何进行科学研究。

教师:刚才我发现好几个小组在进行步骤(2)时,由于气体过少等原因没能看到正确现象,下面请大家认真观看老师的演示实验,根据现象讨论判断两极产生的气体是什么?

【演示实验】电解水,并用带火星的木条检验正极气体,用燃着的木条检验负极产生的气体。

学生:观察实验、记录现象、讨论分析。

【设计意图】帮助学生明白科学研究的过程不是一蹴而就,科学实验很可能出现失误或不成功,需要不断改进设计,多次实验才能取得正确的探究结果。

教师:请同学们根据实验现象和已有的知识经验,判断水电解器正负极产生的气体分别是什么？

学生代表：正极产生的气体能使带火星的木条复燃是氧气；负极产生的气体能燃烧产生淡蓝色火焰，应该是氢气。

教师：赞赏学生的分析和发言，并提问如何用文字表达式表示水分解的反应？

学生：思考后回答。

【板书】水 $\xrightarrow{\text{通电}}$ 氢气+氧气。

提问：通过电解水的实验能否说明水的组成？

学生：小组讨论。

学生代表：能，反应后产生的氢气和氧气是由氢元素和氧元素组成的，根据反应前后元素种类不变，可知反应物水必然是由氢元素和氧元素组成的。

【设计意图】引导学生体会，对现实问题的质疑与猜想→通过实验收集证据→理论分析→得出结论是科学探究的一般过程，也是科学研究的一般思路。

环节四：动画辅助，水的组成的微观探析

提问：刚才大家有没有注意到电解水时产生氢气和氧气的体积比为2:1，为什么会存在这样的比例关系呢？

【播放动画】水分子的分解。

提问：通过观看动画演示，可以什么结论？

学生：通电时水分子先分解成氢原子和氧原子，氢原子和氧原子再结合成氢分子和氧分子。每产生一个氧分子的同时会产生两个氢分子。

【教师总结】

(1)化学反应是旧物质的分子分成原子，原子重新组成新分子的过程，所以反应前后原子种类不变，元素种类也不改变。

(2)科学家通过实验发现同温同压下体积相同的气体，含有相同数目的分子。所以电解水时产生的氢分子的数目是氧分子数目的 2 倍，所以氢气的体积为氧气体积的二倍。

【设计意图】利用动画演示帮助学生建立宏观现象与微观本质之间的联系，引导学生将宏观辨识与微观探析结合起来分析化学现象，提升化学学科核心素养。

环节五:归纳梳理,课堂小结

教师:同学们在今天的课堂上都学到了什么?

学生:小组讨论,归纳整理,代表回答。

学生代表 1:知道了水是由氢元素和氧元素组成的。

学生代表 2:知道了氢气的物理性质和可燃性,还知道了点燃氢气前必须验纯。

学生代表 3:知道了电解水实验的现象和结论。

学生代表 4:知道了在研究水的组成的过程中,许多令人敬仰的科学家们,做出了巨大的贡献。

······;······

教师:赞赏学生对所学知识的总结,并做适当补充。

环节六:当堂练习,巩固提高

【投影练习】

1.下列气体中与空气混合后点燃,可能发生爆炸的是(   )

A.二氧化碳   B.氢气   C.氮气   D.氧气

2.氢气在氧气中燃烧生成水,该变化不能证明的事实是(   )

A.水是由氢氧两种元素组成,属于化合物

B.该变化的最小粒子是氢原子和氧原子

C.化学变化的实质是分子分成原子,原子重新组合成新分子和新物质

D.分子在不停地运动,且分子间有间隔

3.有关右图实验的说法正确的是(   )

A.点燃氢气前不用检验纯度

B.干冷烧杯内壁无明显变化

C.b 管气体能使带火星木条复燃

D.两个实验均可证明水的组成

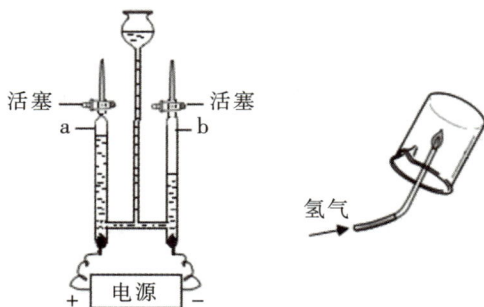

4.氢气密度_____空气,_____溶于水,所以可以用_____法和_____法收集;氢气燃烧时火焰颜色为_____燃烧前必须_____文字表达式:_____

_____。

5.(1)A、B试管中产生的气体分别为_____和_____
二者的体积比是_____。

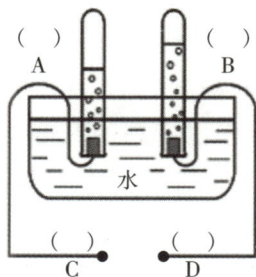

(2)C、D分别为电源的_____和_____。

(3)反应的文字表达式:_____。

(4)实验结论:水是由_____。

(5)在水中加入硫酸或氢氧化钠的目的是_____。

_____。

环节七:板书设计

水的组成:

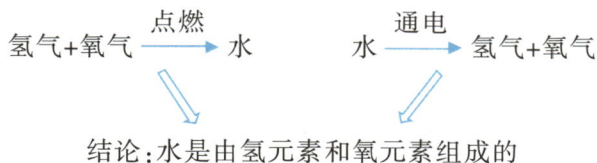

结论:水是由氢元素和氧元素组成的

2.1.5 教学反思

2.1.5.1 对教学设计的反思

对《水的组成》这一课的教学,以前的教学设计中并没有进行过多的深层思考。只是简单的用氢气燃烧和水的分解两个实验结合上一单元学到的化学反应过程中元素种类不变,通过讨论分析即可推导出水由氢元素和氧元素组成。再对水的分解进行一点微观解释,顺便将单质、化合物、氧化物的概念引出便完成了教学。这样的设计一直延续了相当长一段时间,直至我参与了两位导师主持的课例研究这一课题之中,通过对本课的课例研究,我的设计理念有了非常大的转变。一节课的教学如果只注重知识的传递和技能的培养,那么这节课的功能是不完备的,也是不成功的,更加不符合课程标准对初中化学课程设置的核心理念。所以对教学设计做了较大的调整,把化学学科素养培育这一课程标准的主旨思想贯穿于

整堂课的教学设计之中。为此，主要做了以下调整：

（1）在三维目标的设计上，更加注重让学生在获取知识与技能的过程中体会科学研究的方法与基本过程；更加注重情感、态度、价值观中科学精神和唯物主义思想的渗透。

（2）通过前辈先贤们探究水的组成的过程中表现出来的积极探索、百折不挠、求真务实的态度与精神，潜移默化的影响学生形成正确的科学精神和为中国崛起而努力钻研的责任担当。

（3）通过了解科学家们对水的组成探究过程，并亲身参与实验，帮助学生认识什么是科学探究，以及科学探究的基本方法与环节：提出问题—猜想假设—实验探究（收集证据）—分析研判—得出结论。并让学生意识到正确结论的得出大多不是一蹴而就的，需要大量的、多次的设计和实验才能得出真正的结论，这也是对学生正确科学精神的引导，从而提升学生的科学素养。

（4）注重培养学生的证据意识和逻辑推理能力。在学生亲身参与实验探究过程中，着重培养学生对实验现象的观察能力并引导学生用已有的科学理论指导，分析实验现象，找出有用的证据，推理出正确的结论。

（5）在电解水实验之后，利用动画演示水分解的微观过程，帮助学生建立宏观现象与微观本质之间的联系，引导学生将宏观辨识与微观探析结合起来分析化学现象，提升化学学科核心素养。

结合这样的设计理念，本节课的教学设计思路框架图如下：

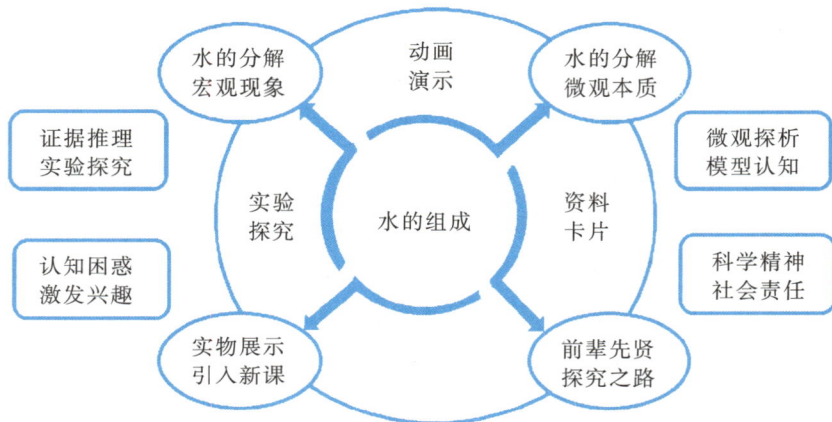

于是整堂课中,既圆满地完成了知识与技能的传授,又提升学生学科核心素养这条线贯穿始终,达到了预期的设计目的。

2.1.5.2 对教学过程的反思

本节课从知识层面讲难度不大,学生知识掌握扎实,观念基本建立,实验探究顺利,表达交流顺畅,师生互动和谐,基本达成了本课的三维目标预期。主要的成功之处有:

(1)在新课引入环节,通过提问水的物理性质和水的组成,让学生感到自己本该最熟悉的水,还有着许多自己不了解的知识,制造强烈的认知困惑,激发学生探究水的组成的欲望。

(2)通过模拟先贤探究水的组成的探究实验设计,让学生亲身参与两个实验,激发了学生极强的探究兴趣,提升了他们合作研究的意识与技能。帮助学生在获取学科知识与技能的同时,学习先贤的科学精神,体会科学探究的过程与环节,了解证据收集、分析推理与科学结论的逻辑关系。

(3)在课前与学生合作将演示实验中容易失误的氢气吹泡泡实验,用微课的方式提前录制好,提升课堂效率,减少课上时间的浪费。

(4)通过动画演示帮助学生理解水分子分解的微观过程,是符合当前学生思维特点和认知规律的。更利于帮助学生建立水分解的宏观现象与水分子分解的微观本质之间的联系,帮助学生认清宏观辨识与微观探析是化学学科研究事物的基本思维方法。

(5)关于设置学生分组探究电解水的实验,我认为是有必要的。虽然在上课前预料到有可能因为实验时间短,从而产生气体过少等原因造成观察不到预想效果。但学生只要自己动手,就会兴味盎然,更是对实验探究能力的训练和提高。而与教师成功实验的对比,也能让学生主动思考自己实验之中的问题与欠缺,激发学生以后进一步规范实验操作,追求成功完成独立实验的愿望与能力。

2.1.5.3 对今后教学的思考

(1)继续加强课例研究。通过不断学习,提升课例研究理论修养和实践能力。并通过课例研究不断深化对每一节化学课的思考与理解,深挖拓展课程的内涵与

外延,让每一节化学课除了承载学生学习最基本的知识与技能、正确的情感态度价值观的基础功能,最大化地"帮助学生理解化学对社会发展的作用,能从化学的视角去认识科学、技术、社会和生活方面的有关同题,了解化学制品对人类健康的影响,懂得运用化学知识和方法去治理环境污染,合理地开发和利用化学资源;增强学生对自然和社会的责任感;使学生在面临与化学有关的社会问题的挑战时,能做出更理智、更科学的决策"。

(2)化学学科核心素养的培育不是一节课就能完成的任务,需要教师在以后的教学中精心设计每节课的教学活动,捕捉每一个合适的教学时机,长期精心培育。通过情境创设、活动设计、问题引领、实验探究,促进学生化学知识与技能的学习、化学思想观念的建构、科学探究与问题解决能力的发展、创新意识与社会责任感的形成,从而让初中化学课堂也能在促进学生核心素养培育中发挥重要作用。

参考文献

[1]中华人民共和国教育部.普通高中化学课程标准(2017 年版 2020 年修订)[M]. 北京:人民教育出版社,2020.

[2]中华人民共和国教育部.义务教育化学课程标准(2011 年版)[M]. 北京:北京师范大学出版社,2012.

2.2 实验室气体的制备(刘彤)

2.2.1 教材分析

2.2.1.1 内容分析

化学是一门以实验为基础的学科,实验教学可以在更高层面上激发学生学习化学的兴趣,促使他们对于化学概念有了更深的理解,更加轻松、科学地学习化学知识和实验技能,增强观察、分析和实验探究能力,培养严肃认真的科学态度和科学精神。新课标中不仅要求学生能进行仪器的连接加热等基本操作,还要学会用简单的装置和方法制取某些气体,此外,学生应能够根据实验目的选择药品和仪器,实施更加安全的操作,还能通过探究学习活动,学会反思,培养知识迁移能力和创新能力。

实验室气体的制取是初三学生应掌握的实验基本技能。这部分学习内容包括选择所需的药品、确定制取装置、设计实验步骤及检验和验满的方法等。因此,本课优化教学设计过程,借助多媒体手段,学生动脑动手,对实验装置重新设计、改进等教学方式,将初中阶段化学常见的三种气体实验室制备方法进行总结和提升,为高中阶段化学学习其他气体的制备做好知识储备,承上启下作用。同时,学生通过观察、思考、讨论、实践、创新、实验设计等探究式的学习方法,从发现问题、做出猜想假设、实验设计、收集分析数据、得出结论、反思评价的探究过程,学生做为主体真正参与整个课堂的学习活动,让学生在学习活动中逐渐掌握科学的探究方法,形成科学探究思路,培养科学探究意识和创新能力,形成良好的科学品质,增强社会责任等方面切实提升学生的科学素养。

2.2.1.2 学情分析

在知识基础上,九年级学生已经掌握了实验室制取常见三种气体的方法,具备了一些气体制备的简单思路。但学生只局限在零散的记忆上,对于根据原理选择装置等相关知识只依靠记忆,还未能将三种气体的制取方法进行比较归纳,形成系统的知识理论,不能很准确地为其他未知气体设计制取方案。

在经验基础上,九年级学生已经能够设计简单的实验方案设计,对信息的提取、归纳等也基本能够完成,也具备一定的抽象思维能力和归纳概括能力,但还缺乏温故知新的能力。分析比较、思维的发散性、灵活性及合作探究的能力还要在课堂上进一步加强。

2.2.2 教学设计理念

2.2.2.1 问题提出

常见气体的实验室制取是初中实验教学中一个非常重要的组成部分,是九年级化学教学的重点内容之一,也是中考必考的知识点之一。学生在此前已经学习了实验室制取氧气、二氧化碳的方法,对气体的实验室制取方法有了一定的了解。但是在气体制备的一般思路上还缺少系统性,没有形成由点及面由具体到抽象的知识网络。所以在考前复习过程中,很有必要对该部分内容进行系统的梳理,让知识更加系统化,便于学生理解掌握。

那么怎样对这部分重点内容开展复习教学呢?由于这块知识内容多而复杂,许多教师不敢放开手脚,只想将所有的知识一个不落的灌输给学生。这种传统一言堂的讲授,过程机械化、程序化、死板化,学习枯燥乏味,无法调动起学生的积极性,在很大程度上导致复习课课堂教学效率低下,课堂死气沉沉。缺乏动态生成,新课标理念中的学科核心素养的培养无法达成。

2.2.2.2 理论概述

核心素养是我国的教育发展历程中最为成熟的教育理论体系之一。新课程标准对于知识的认知、理解和应用,处处都体现对学生各种能力的要求,对学生的长远发展来说有着十分重要的意义。落实学科素养的有效途径就是以核心知识为载体,实验探究为过程,在学习活动过程中培养学生发展思维、建构观念、形成品质,最终帮助学生树立起正确的人生观和价值观。

化学的核心素质从教育的角度层面上来看是在学习化学知识的基础上,建构出来相应的化学思维观念,提升学生的科学探究能力,培养能够运用化学的视角去思考和解决问题,切实提升学生的社会责任感以及创新意识。《普通高中化学课程标准(2017 年版)》中提出了以发展学生化学核心素养为理念的内容,涵盖了"证据推理与模型认知""实验探究与创新意识""科学精神与社会责任"等五个维度。在目前的义务教育阶段,初中化学虽是一门启蒙的基础课程,但需要与高中化学学科的内容做好过渡,为高中化学学科学习筑牢了根基,同时在一定程度上提高学生化学学科核心素养。

《义务教育化学课程标准(2011 年版)》明确指出:"以提高学生的科学素养为

主旨,激发学习兴趣,发展科学探究能力,获得化学基础知识和基本技能,认识化学在社会发展和提高人类生活质量中的重要作用,培养合作精神和社会责任感,增强自信心和民族自豪感,更好的适应现代生活。"这就需要我们在设置课程三维目标:"知识与技能""过程与方法""情感态度与价值观"上必须在更高层面上围绕培养学生科学素养这一重要目标而设置。在充分把握知识目标和技能目标的基础上,凸显能力目标和情感目标,有计划有步骤地组织好课堂教学。因此,教师在引导学生理解化学基础知识和基本原理的时候,要不断渗透化学学科思想,发展正确的价值观,培养学生的关键能力和必备品格,由原来注重的"知识为本"的教学必须转变到落实核心素养的"观念为本"的教学上来。

2.2.2.3 设计理念

基于发展学科核心素养这一目标,教师在设计课堂教学各环节时,既要尊重教学规律,体现教师的教育主张,还要倡导深度化设计,体现知识不断深入的形成过程,防止学科知识的浅层化和学生思维的表层化,从而优化课堂教学,突出学生主体,提高教学质量,促进学科核心素养的形成。

本课教学设计结合化学学科特点和社会生活实践,充分彰显出学科的性质和魅力。教师作为课堂的引领者和组织者,不但要注重基础知识,引领问题导向,更要鼓励发散性思维,培养关键能力和必备品格。利用装置设计的不断改进的探究性实验,引导学生由浅入深的学习,激发主观能动性,深入思考探究,培养社会责任感。

2.2.3　教学设计思路

本课内容是基于学科核心素养的常见气体的实验室制备方法的专题复习。通过回顾总结氧气、二氧化碳、氢气三种常见气体实验室制法,运用比较、归纳的方法巩固基础知识,进一步总结出实验室制取气体的一般思路、方法和规律,构建和形成"分类学习"和"模型认知"的学科素养。通过对三种气体发生装置和收集装置的比较,总结出选择装置的依据。通过小组合作,引导学生使用不同的仪器对发生装置进行设计和改进,并能分析不同装置的优缺点,培养学生勇于探索的科学精神和自主创新的实践能力,落实"实验探究与创新意识"的学科素养。采用问题引领,由浅入深,层层递进的教学方式,引导学生建立完整的知识结构,采用多种不同的教学方式,在探究活动中培养学生勤于思考、发散思维、善于合作的能力及勇

于创新、敢于实践的科学品质。通过收获总结,学会运用所学知识解决实际问题,让学生意识到学习化学将为社会和人类美好的发展做出贡献,增强社会责任感。

2.2.4 教学目标

2.2.4.1 知识与技能

(1)熟练掌握氧气、二氧化碳、氢气三种气体的实验室制法。

(2)进一步掌握实验室制取气体的思路、方法及一般规律。

(3)能够使用不同的仪器对实验装置进行设计和改进。

2.2.4.2 过程与方法

(1)通过知识回顾,运用比较、归纳的方法对获得的信息进行加工,并能够正确的选择其他气体的制取方法,帮助学生形成良好的学习方法和建立化学思维观念。

(2)通过设计和改进实验装置,培养学生发散思维及实践创新能力。

2.2.4.3 情感态度与价值观

(1)通过对气体发生装置的探究,培养学生严谨求实、勇于创新的科学品质和团队合作中的责任意识。

(2)在学习活动中培养科学精神、社会责任,体验成功,分享收获。

2.2.5 教学重难点及课前准备

2.2.5.1 教学重点

(1)三种气体的实验室制取的方法。

(2)气体的发生装置、收集装置的选择及装置的改进。

2.2.5.2 教学难点

(1)实验装置的设计、改进以及分析装置的优缺点。

(2)价值观及学科核心素养的形成。

2.2.5.3 课前准备

锥形瓶,分别带有长颈漏斗和分液漏斗的两套发生装置、药品、气球。

2.2.6 教学过程

教学设计流程:

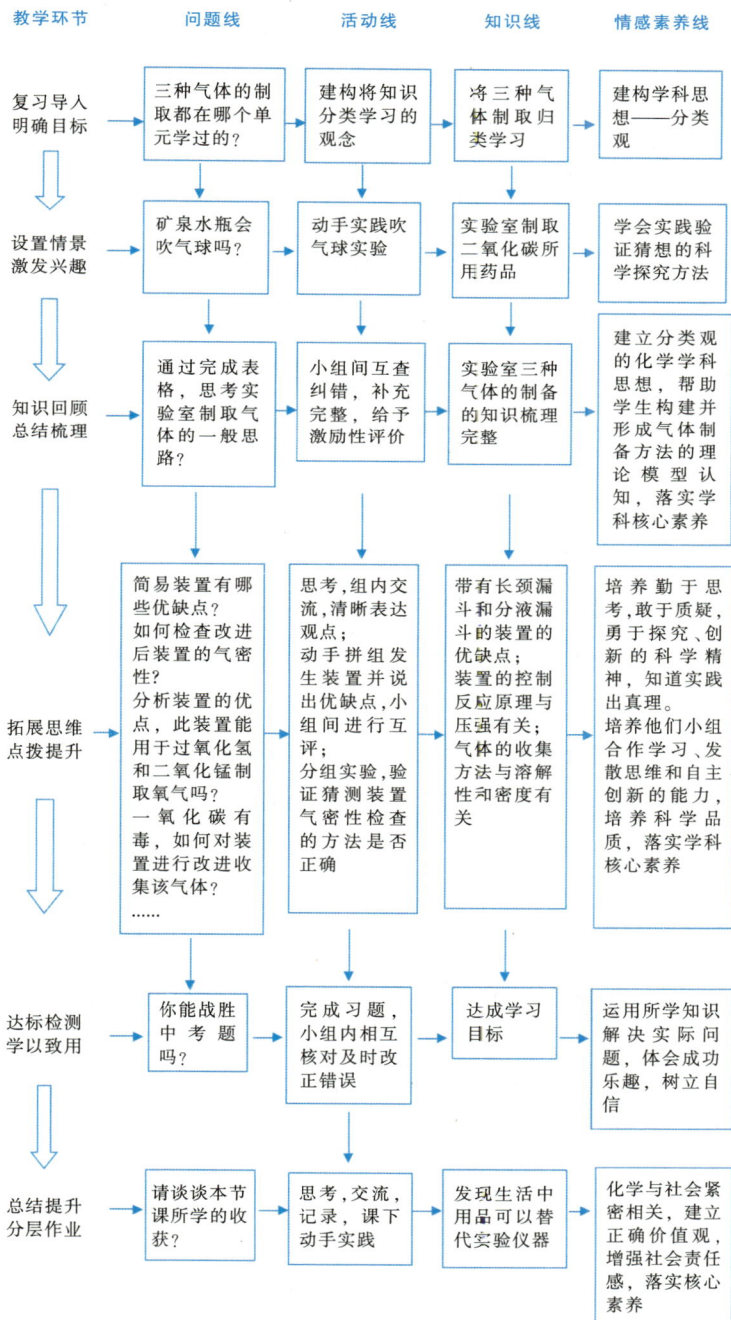

教学环节	问题线	活动线	知识线	情感素养线
复习导入明确目标	三种气体的制取都在哪个单元学过的？	建构将知识分类学习的观念	将三种气体制取归类学习	建构学科思想——分类观
设置情景激发兴趣	矿泉水瓶会吹气球吗？	动手实践吹气球实验	实验室制取二氧化碳所用药品	学会实践验证猜想的科学探究方法
知识回顾总结梳理	通过完成表格，思考实验室制取气体的一般思路？	小组间互查纠错，补充完整，给予激励性评价	实验室三种气体的制备的知识梳理完整	建立分类观的化学学科思想，帮助学生构建并形成气体制备方法的理论模型认知，落实学科核心素养
拓展思维点拨提升	简易装置有哪些优缺点？如何检查改进后装置的气密性？分析装置的优点，此装置能用于过氧化氢和二氧化锰制取氧气吗？一氧化碳有毒，如何对装置进行改进收集该气体？……	思考，组内交流，清晰表达观点；动手拼组发生装置并说出优缺点，小组间进行互评；分组实验，验证猜测装置气密性检查的方法是否正确	带有长颈漏斗和分液漏斗的装置的优缺点；装置的控制反应原理与压强有关；气体的收集方法与溶解性和密度有关	培养勤于思考，敢于质疑，勇于探究、创新的科学精神，知道实践出真理。培养他们小组合作学习、发散思维和自主创新的能力，培养科学品质，落实学科核心素养
达标检测学以致用	你能战胜中考题吗？	完成习题，小组内相互核对及时改正错误	达成学习目标	运用所学知识解决实际问题，体会成功乐趣，树立自信
总结提升分层作业	请谈谈本节课所学的收获？	思考，交流，记录，课下动手实践	发现生活中用品可以替代实验仪器	化学与社会紧密相关，建立正确价值观，增强社会责任感，落实核心素养

环节一：导入复习，明确目标

【教师活动】展示氧气、二氧化碳、氢气三种气体在实际生活中图片，这三种气体是与我们生活紧密相连的，有关这三种物质的知识内容在教材中占据非常重要的地位。今天我们就围绕三种气体的实验室制法来上一节复习课(呈现本节课要达成的学习目标)。

【学生活动】学生阅读并明确本节课学习任务。

【设计意图】学生明确本节课的学习目标。以知识树的形式展示三种气体在教材中的位置，将不同单元的学习内容横向的联系，让学生在头脑中形成将知识整合起来的这种学习方法，建构化学学科思想—分类观。

环节二：设置情景，激发兴趣

【情景问题】"同学们，你们会吹气球吗？""那么矿泉水瓶会吹气球吗？"

教师讲述：矿泉水瓶吹气球分两步：第一步：对对嘴；第二部：扭扭腰。

布置吹气球任务：请同学们分别用两组药品让矿泉水瓶吹气球，看看它吹得起来吗，并讲述简单的操作步骤(两组药品：稀盐酸和大理石、稀硫酸和大理石)。

【学生活动】学生们齐声回答"会！"此时学生积极性高涨，但带有一些疑惑，但都纷纷欲试。小组成员开始分工合作，思考交流并验证自己的猜测。通过亲自动手实践，得出第二组药品不能将气球吹起的原因。

【教师讲述】教师讲述"稀硫酸和大理石不能将气球吹起的原因"。

【设计意图】教师抛出的问题贴近学生生活的情景，能够引起学生共鸣，激起学生的探究欲。这样的导入不仅能引发学生学习兴趣，活跃课堂氛围，同时也为后面的探究活动做好准备。通过探究比较两组药品吹气球，不但加深对实验室制二氧化碳的需要用到哪组的药品的印象，而且增强学生的科学探究意识，引导学生将问题一探究竟，让学生知其然也知其所以然，让学生懂得实践出真知，培养学科核心素养。

环节三：知识回顾，总结梳理

【教师活动】幻灯片展示表格，教师以小组为单位布置自主学习任务。组织各小组间的交流讨论,完成表格内容(即三种气体制取的原理、发生装置、收集装置、检验方法、验满方法及实验步骤及注意事项的比较归纳)。将提前布置的预习作业在小组内进行互查纠正,教师巡视各组完成情况,找出共性问题,进行点拨。活动基本结束时将正确答案展示。

【学生活动】小组间交流,将预习作业相互纠正,将预习的知识内容补充完整。

【设计意图】通过对三种气体的实验室制法的归纳比较,将所学知识进行梳理,在头脑中建构起知识框架,培养学生的归纳总结能力,帮助学生形成气体制备方法探究的一般思路,构建出来理论的认知模型,为高中其他气体制备方法的探究奠定基础,提升学生"证据推理与模型认知"的学科核心素养。通过课前预习,学生对自我掌握知识的程度有所了解,教师通过巡视指导也能发现学生间存在的问题,做到心里有数。运用不同的评价方式对学生的预习情况给予肯定,指出不足,增强学生自信,为后面的学习做好知识和精神上的准备。建立学生的分类观,引导学生将不同单元里所学一类知识类比,分析总结出相似点和不同点,加深理解记忆知识的同时,培养学生建立"分类观"的化学学科思想,落实学科核心素养。

【提出问题】

问题1:请从以上表格中归纳出实验室制取气体的一般思路。

问题2:表格中 氧气、二氧化碳、氢气这三种气体的发生装置和收集装置你是依据什么来选择的呢?归纳选择发生装置和收集装置的应考虑的因素。(展示)

【学生活动】思考,小组内交流,梳理出实验室制取气体的一般思路;回忆实验室制取气体选择发生装置和收集装置应考虑的因素。

【设计意图】通过归纳选择气体的发生装置和收集装置,培养学生积极思考、主动交流的意识,清楚地表达自己的观点。在回顾基础知识过程中,表格的内容清晰呈现,实验室制取气体的一般思路也逐渐清晰了。帮助学生理清学习思路,将零散的知识上升到理论知识并能应用于其他气体制取装置的选择,提高归纳总结能力。培养学生初步学会运用比较、分类、概括等方法将信息进行加工,并引导学生将知识进行迁移。通过归纳实验室制取气体的一般思路,帮助学生通过"证据推理"构建和形成"模型认知",落实"证据推理与模型认识"学

科核心素养。

环节四:拓展思维,点拨提升

【过渡】我们在做制取二氧化碳的分组实验时,同学们都使用的是这套发生装置,请说说它有哪些优缺点?

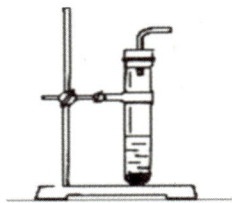

【学生活动】思考,开展组内交流,表达想法。如,"仪器简便,易操作,制取气体较少,气体制取不够时再添加药品比较麻烦",等等。

【设计意图】培养学生勤于思考、开拓思维、善于与他人交流思想及语言表述能力。激励学生大胆发言,敢于表达自己的观点。教师对学生给予鼓励性评价,激发自信,树立信心,养成良好的学习习惯,形成对问题进一步探究的科学精神和品质,落实学科核心素养。

【教师活动】布置活动探究任务:请同学们利用以下实验仪器对以上简易装置进行设计和改进,弥补它的缺点,并说出你组装的发生装置又有哪些优点?(利用所媒体展示各种仪器图片)

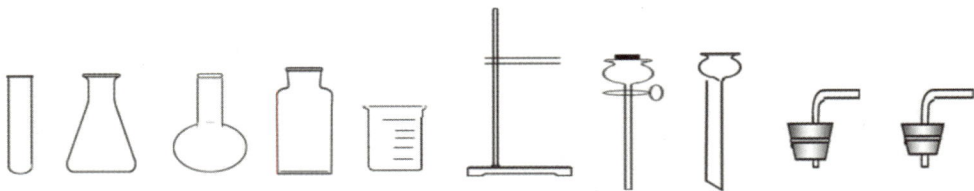

【学生活动】小组内展开讨论,学生积极踊跃。每小组派出一名同学到前面利用多媒体普米软件进行拼组设计的装置,可以进行不同装置的拼组。组内其他小组成员交流讨论组装出的发生装置的优缺点,派出一名同学汇报讨论结果。

学生讨论得出改进型装置的优点如下:

能随时添加液体药品　　　　　能控制反应速率

【设计意图】运用普米白板软件让学生非常顺畅自由的来组装不同的发生装置,将设计理念分享与大家。此环节运用信息技术手段比组装真实的玻璃仪器操作更简便、更安全、更省时、更直观。增加了课堂容量,激发了学生兴趣,突出了重点和难点,活跃了课堂氛围,调动了学生的积极性,让师生、学生间真正动起来。通过科学研究活动体现小组间的互相协作,培养学生发散思维、创新意识和科学分析能力,让学生学会触类旁通、举一反三、灵活多变的学习方法。同时培养学生合作交流和自主创新的能力,形成良好的科学品质,落实"实验探究与创新意识"的学科核心素养。

【提出问题】屏幕展示如下装置(提前准备好两套真实仪器装置见下图中的(2)(3))。

问题 1:同学们将极简单的固液常温型的装置改进后,形成以下的几种装置,如何检查装置的气密性? 你们可以亲自动手试一下。

问题 2:请分析装置(4)的优点,此装置能用于过氧化氢和二氧化锰制取氧气吗?

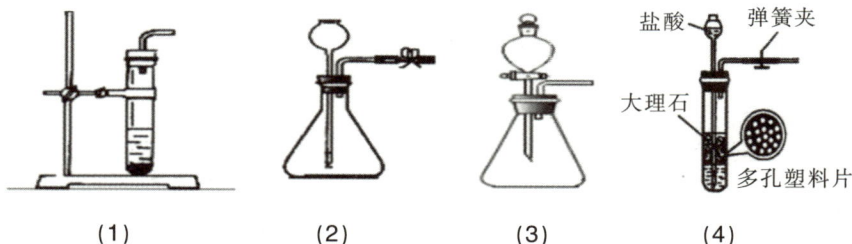

(1)　　　　(2)　　　　(3)　　　　(4)

【学生活动】观察、思考、小组间交流;学生大胆发言,各小组的意见不同,互相反驳,并讲出自己的观点。亲自动手实践,验证装置气密性检查的方法是否正确。

分析装置(4)讨论得出:"能控制反应随时发生随时停止,固液能够分离。"

是否能用于过氧化氢和二氧化锰制取氧气:"可以""不可以"……阐述不同见解,并说明理由。

【点拨】教师让各持不同意见的同学表述自己的观点,并给予补充分析。

【提出问题】如下装置是否也能控制反应的发生和停止?如何控制的请说明原

理。教师巡视各小组讨论的情况,并适当进行点拨。

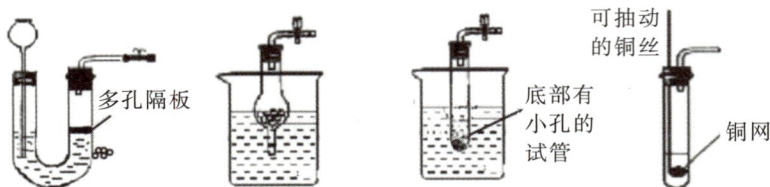

【学生活动】思考交流,小组讨论,交流汇报。分析不同装置的原理,分析得出控制反应的发生和停止都与压强有关。

【设计意图】此活动环节将知识层层递进,加深思考深度,进一步激发求知欲。通过分析几个不同的实验装置,加强实验教学探究活动,学习由表层到深层,体现了化学学科和物理学科要综合起来分析问题的意识,形成跨学科思维方式。深刻领悟"实践出真知"的道理。设计由浅入深的连续问题串,致使学生的思维呈螺旋上升趋势,激发学生的求知欲以及潜在的智慧,挖掘不同层次学生内在潜能。通过探究活动中小组成员间交流,鼓励表达思想,敢于质疑,形成思维碰撞,调动起学生内在的学习动力,既有效的提高课堂效果,开阔学生的视野,观察能力、分析能力及提升语言表达能力。增强了科学探究意识,形成了化学学科思想。

【提出问题】教师继续追问:一氧化碳有毒,密度比空气略小,难溶于水,如何改进装置收集该气体?

【学生活动】交流讨论:将瓶子密封。

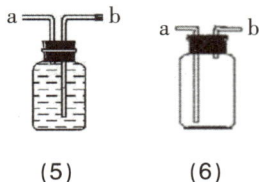

(5)　　　(6)

【教师活动】展示多功能瓶(又叫洗气瓶),两个不同装置有何区别? 如何收集气体?

【学生活动】思考用此装置收集气体的方法,小组讨论得出:

(1)密度比空气大:长进短出;

(2)密度比空气小:短进长出;

(3)使用排水法:应短进长出。

【设计意图】通过学习一种装置的不同使用方法,拓宽学生视野,开拓思维,培养发散思维能力。

【追问】若用上图装置(5)收集易溶于水的气体,又改如何改进?

【学生活动】展开讨论,交流后小组汇报。学生各抒己见,得出最优的改进方法:在水面上封油。

【设计意图】设计的问题进一步激发思考,为有能力的学生搭建平台,将课堂推向高潮,突破了本节课的难点。强化学生创新和改进意识,培养科学探究精神,形成科学必备品格,落实学科核心素养。

环节五:达标检测,学以致用

【教师活动】展示两道相关练习,规定答题时间,教师下组巡视。

【学生活动】独立完成习题。完成后,小组内相互核对答案,及时改正错误问题。

【设计意图】通过习题对所学知识进行检测,便于教师了解学生知识达成情况,针对部分学生还存在的一些问题及时给予指导,更好的落实本节课的知识目标。

环节六:链接中考,解决问题

【教师活动】展示近三年天津中考相关题目。

【学生活动】完成中考习题,进行自我评价。

【设计意图】让学生了解中考的思路,检测学生是否能运用所学知识解决实际问题。学生将这一类实验问题进行练习反馈,找出不足,进行查漏补缺,个别问题小组内相互解决,共性问题教师帮助解决。优化课堂教学设计,提高课堂教学效率,减轻学生课下学习负担,达成本课教学目标。同时让学生体会了成功的喜悦,树立了自信,保持对化学学科学习的兴趣。

环节七:总结提升,分层作业

【总结提升】提出问题:请你谈谈本节课的收获?完善课堂板书。

教师引导学生从三个方面对学习本课收获进行所思所悟：

(1)学会哪些知识内容？

(2)为什么要优化改进实验装置？

(3)优化实验装置需要注意哪些问题？

【学生活动】思考、组内交流，各抒己见。

回答："掌握了实验室制取气体的一般思路""仿照思路可以研究其他气体的制取""同一种装置可以有不同功能""用不同仪器可以组装多种实验装置，并有各自优缺点""优化实验装置能达到更好的实验效果""实验中操作尽量要简便，要注意安全""要勤于思考，要细致严谨""要敢于实践，从实践中出真理"……

【教师活动】同学们说的都非常好，表现也都非常出色。化学不仅是在实验室里，它和我们的生活、社会密切相关。

播放"陈薇院士被授予国家荣誉称号奖章"视频。

讲述：在国家危难时刻，化学人迎难而上，克服重重困难，研制疫苗，救民于水火。你们不论将来成为科学家还是各行各业的劳动者，都肩负建设祖国的责任，用自己所学为祖国的发展做出贡献。

【布置作业】

必做题：完成学案上的作业题。

选做题：注射器、矿泉水瓶、底部带小孔的塑料眼药水瓶、输液管、塑料袋、细线等物品以及石灰石和白醋，请设计一套制取二氧化碳的装置？

【学生活动】回顾，交流，汇报，记录。

【设计意图】通过汇报学习收获，培养学生总结归纳及语言表述能力；板书的完善，使学生对本节课所学知识脉络更加清晰，突出教学重点，实现知识的积累，在头脑中建构起实验室气体制备专题知识的网络，提升理论水平。在作业中选择一道以身边物品为实验材料的中考改编题，让学生课下亲身实践，感受到化学与生活联系紧密，从而引领学生发现化学与生活的关系，感受化学学科魅力，让学生在学习活动中逐渐掌握科学的探究方法，形成科学探究思路，培养科学探究意识和创新能力，形成良好的科学品质。

教师通过引导思考学习收获,结合"新冠疫苗研制"等热点话题,让学生感受化学与生活实际紧密相连,深刻认识化学学科对社会发展的重要意义,引导学生深入思考学好化学可以让生活更加美好,把个人未来发展与国家需要紧密联系在一起,树立起远大的志向,形成正确的化学价值观,增强社会责任,落实"科学精神与社会责任"的学科核心素养。

环节八:板书设计

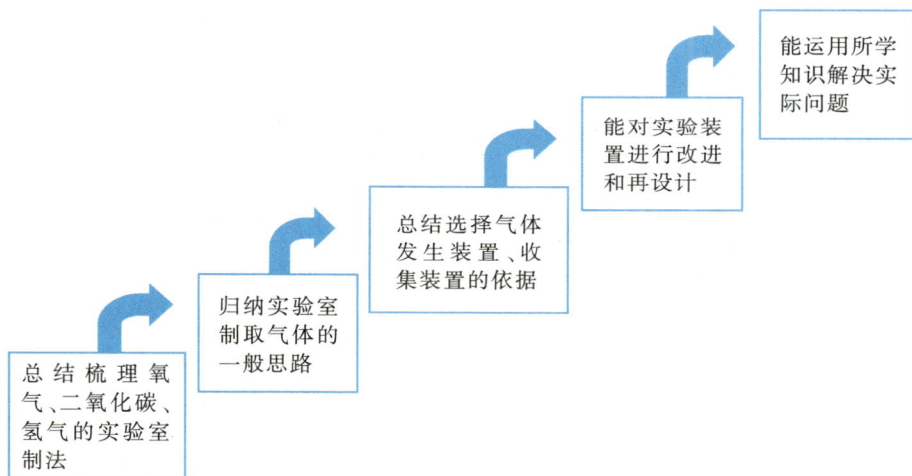

能运用所学知识解决实际问题

能对实验装置进行改进和再设计

总结选择气体发生装置、收集装置的依据

归纳实验室制取气体的一般思路

总结梳理氧气、二氧化碳、氢气的实验室制法

2.2.7 评价与反思

2.2.7.1 教学评价

(1)本节课是一节专题复习课,不仅仅是三种气体实验室制法的重复和再现。主要是引导学生建构起知识网络,形成完整的气体制取的思路。在学生梳理知识、总结归纳的同时,引导学生对实验装置进行改进和再设计,设置问题层层递进,形成思维动势,使学生思维呈螺旋式上升,同时还注重鼓励学生对于不同的意见敢于大胆质疑,再组织学生讨论,从而有效地激活思维,把学习引向深入。整个设计在问题引领下和一连串的探究活动中培养学生善于发现,勤于思考,科学分析,共同协作的良好的学习习惯和科学精神。

(2)教师的课堂教学要紧紧围绕学生,体现为学生服务原则。本节课采用

教师引导,自学互查,合作探究,归纳总结等方法充分发挥学生的主观能动性。在各小组自主设计发生装置教学时,各小组派代表拼组装置并说明优缺点,然后教师组织其他小组展开评价,教师也可因势利导,在愉悦的课堂氛围中做到师生互动,学生互动,增强学生参与意识和责任意识。课堂中教师不仅仅对知识的掌握程度预予评价,同时开展多元化,多角度的评价机制,注重学生在技能、表达、实践以及情感态度方面的评价。这样既尊重学生个体差异,又广泛调动了学习的积极性和参与性,让各个层次的学生均可以享受到成功的喜悦。

(3)《义务教育化学课程标准(2011年版)》中特别强调了学生思维能力和动手能力的培养,要求学生能够围绕着一定的问题对化学知识进行分析和探究,通过动手实践的方式来获得理性认识,建构起知识系统。本节课一方面,通过对三种气体制备方法的概括和提炼,帮助学生构建并形成研究气体制备方法的一般理论模型,为高中气体制备方法的研究学习奠定基础。培养学生"证据推理与模型认知"的学科核心素养。另一方面,本课设计中特别重视用问题引领和引导学生进行实验探究活动,通过提出有效问题,激发他们积极思维和探究问题的欲望,指导他们科学的探究方法、培养严谨求实的科学态度和开拓创新的意识。同时在学生表达观点时,通过教师正面的评价,鼓励学生不断寻求新发现,体验创新发现的乐趣,在整个教学设计中体现"自主、协作、探究"的新课程理念,培养"实验探究和创新意识"学科核心素养。再有,教师在课堂教学中合理设计教学环节,通过有效问题、真实活动来激发学生的求知欲和探究欲,有意识地引导学生深入思考,感受获得知识的乐趣,使学生在自主探究中逐步释疑,开拓视野,理解知识。通过学生亲历学习过程,提高了能力,增强了责任感,形成化学学科思维以及正确的化学价值观,在潜移默化中有所收获,升华了情感。培养学生"科学精神与社会责任"的学科核心素养。

2.2.7.2 实践反思

(1)在之前的课堂教学中我曾使用过纸质仪器图片、硬纸板和胶带,每组学生一套,课上让学生在硬纸板上粘贴组装的仪器纸片,学生兴趣盎然,积极性高涨,学习氛围浓郁。课下还能留下学习痕迹,可以把纸质拼图在班内进行张贴展示。但这样设计不足之处在于课前准备时间较长,课上学生张贴占用时间也会较长,并容易将纸质图片损坏。利用信息技术手段完成此环节教学,不但操作简便而且节省课堂时间,学生们的积极性依然不减,课堂效果得到优化。

(2)本课设计还存在的问题是对于整体情况较好的班级可以顺利完成教学,但对于弱一些的班级,45分钟完成本课教学任务有些困难。教师要针对不同班级学生的实际情况对教学内容适当调整。

(3)结合我校的市级课题研究项目,我将本节课的教学设计以课例研究的形式融入其中。我首先带领我校同组伙伴们一同学习新理念新思想,研究课标,研究学科核心素养如何真正落实。我先给同组教师们介绍我这节课的教学思路和设想,与她们共同探讨课堂教学中可能出现的问题,然后初步定下解决方案。由同组老师来听课、评课、再磨课。我们之间互相切磋,在多次磨课过程中,针对我校学生的实际水平,不断改进教学方法,优化教学设计。调整教学环节和改进教学内容,不仅可以在更深层面上体现新课程理念,而且有意识地培养基于证据分析的推理和判断能力,能够解决化学实际问题,提升学生化学学科核心素养。

以上教学分析是我个人对本节复习课的粗浅认识,有不当之处恳请批评指正! 今后将会继续研究探索,反思实践,进一步提高课堂效果。

化学改变物质,教育改变于人。教学的终极目标不仅是使学生获得具体的化学专业知识,还要发展和培养学生科学思维的方法和实验探究的能力,更要形成的正确的世界观、人生观和价值观,增强责任意识和爱国情感。学生在多年后会将所学的知识遗忘,但化学学科特有的思维习惯、思维方式及科学的学习方法、科学态度和科学精神会永久烙印在学生的头脑中,伴随一生,成为宝贵的精神财富。

有人说,学科核心素养也可称之为课堂"剩余物",就是当一切学过的东西忘记后所剩下来的可迁移的、正能量的东西。课堂"剩余物"能让学生适应终身学习和发展,养成良好的内在品质,更好地适应现代生活。作为教师,转变教育观念,摒

弃陈旧思想,把追求课堂"剩余物"作为我们教学任务的重中之重,力争落实在每一节,每一课,每一人。

参考文献

[1]凌云.核心素养视阈下的高中化学教学探究[J].中学化学教学参考,2019(3).

[2]中华人民共和国教育部.普通高中化学课程标准(2017 年版)[S].北京:人民教育出版社,2018.

[3]中华人民共和国教育部.义务教育化学课程标准(2011 年版)[S].北京:北京师范大学出版社,2012.

[4]何力理.以疑启思 以行解惑[J].中学化学教学参考,2019(6).

2.3 化学实验设计——气体的检验与除杂(柴本倩)

2.3.1 教材分析

本节复习课是在学生已全部学完九年级化学课程全部内容的基础上,针对化学实验部分的复习,特别是对于有关气体检验与除杂的实验设计。义务教育阶段化学课程中的科学探究,是学生积极主动地获取化学知识、认识和解决化学问题的重要实践活动。它涉及提出问题、猜想与假设、制订计划、进行实验、收集证据、解释与结论、反思与评价、表达与交流等要素。学生通过亲身经历和体验科学探究活动,激发学习化学的兴趣,增进对科学的情感,学习科学探究的基本方法,初步形成科学探究能力。科学探究对发展学生的科学素养具有不可替代的作用。

2.3.2 教学理念

学生发展核心素养,主要指学生应具备的,能够适应终身发展和社会发展需要的必备品格和关键能力。核心素养逐渐成为一套有系统规划、具有实践操作经验的完整育人目标。以个人发展和终身学习为主体的核心素养代替了以学科知识结构为核心的传统课程标准体系。研究学生发展核心素养是落实立德树人根本任务的一项重要举措,也是适应世界教育改革发展趋势、提升我国教育国际竞争力的迫切需要。学科核心素养是什么?是学科育人价值的集中体现,是该学科在立德树人根本任务中做出的独特贡献;是个体在信息化、全球化、学习型社会,面对复杂的不确定情境时,综合运用本学科所学的知识、观念、方法解决实际问题所表现出来的关键能力、必备品格与价值观念。化学学科核心素养将化学知识与技能的学习、化学思想观念的建构、科学探究与解决问题能力的发展、创新意识和社会责任感的形成等方面的要求融为一体,形成完整的化学学科核心素养体系。以"素养为本"的教学要求倡导真实问题情境的创设,开展以化学实验为主的多种探究活动,重视教学内容的结构化设计,激发学生学习化学的兴趣,促进学生学习方式的转变,培养他们的创新精神和实践能力。

《义务教育化学课程标准(2011 年版)》(以下简称《课标》)中指出化学是一门以实验为基础的学科,在教学中创设以实验为主的科学探究活动,有助于激发学

生对科学的兴趣,引导学生在观察、实验和交流讨论中学习化学知识,提高学生的科学探究能力。科学探究作为课标中的一级主题,其中的二级主题包括学习基本的实验技能和完成基础的学生实验。但科学探究并不等同于化学实验,探究活动包括实验、调查、讨论等多种形式,科学探究既作为学习的方式,又是学习的内容和目标。实验是探究的手段和形式,显性的实验和教学内容的组织都蕴含着探究的基本线索。《课标》中对于教学建议提出四条,其中一条就是精心设计科学探究活动,加强实验教学。《课标》中强调要强化化学实验教学。教师在教学中应高度重视和加强实验教学,充分发挥实验的教育教学功能。应认真组织学生完成好《标准》中要求的必做实验,重视基本的化学实验技能的学习。应根据实际情况合理地选择实验形式,有条件的学校,可较多地采取学生动手实验的形式,增加学生进行实验操作和实验探究的机会;鼓励开展微型实验、家庭小实验等。在实验教学中,应重视培养学生的实验安全意识,形成良好的实验习惯;重视培养环境保护意识,树立绿色化学思想。因此本课题所研究的是《课标》中提及的初中所有化学实验的教学,科学探究、化学实验贯穿在其他一级二级主题的教学中。

但实际的教学是,有的教师将各种实验探究变成了视频实验,甚至是板书实验。化学是一门实验的科学。一个化学实验,不论是演示实验还是教学实验,都可以归纳为作为实验对象的物质体系;适当的仪器装置和必要的安全措施;合理的实验步骤和规范的操作技术。虽然三者不可或缺,但是从学科教育的角度来评价,应当了解重要性是不等同的,而且是依次递减的。在学习或研究化学时,选用什么化学体系是由学习或探究的目标决定的;化学体系选定之后,使用什么样的仪器装置也就大致确定了;实验步骤决定于所选定的化学体系和仪器装置,如何安全地、有序地完成实验,决定了实验者所应具有的操作技术的规范程度。只有这样认识化学教学实验,才能真正明白化学仍然是一门实验性科学,明白学习化学一定离不开实验,也才能够做到通过化学实验(包括演示和教学实验、探究性实验活动)培养学生的科学精神和科学作风。不必讳言的是,在现在的化学实验教学中,因为实验体系来自教材或教参,致使实施时往往把注意力放在第二、第三两个方面,化学体系选择反而成为次要甚至被忽略,于是除去通过实验加深对某个实验现象的印象,学生受到的教育仅仅侧重于对某种仪器装置的认识和基本操作训练带来的科学作风培育。化学本身教育的缺位，是很多教师认为黑板上"做实验"也并无不可的原因之一。久而久之，学生对化学实验也失去了兴趣，形成了你做我看，你说我记的局面。

在新时代新背景下，运用信息技术、移动终端设备等，将化学实验教学的功能、作用发挥至极致，激发学生对化学实验的热爱和不断的创新与追求，构建学生能够适应终身发展和社会发展需要的必备品格和关键能力，发展核心素养。课上课下联动，在信息技术环境下，为实验创新提供了广阔的空间，将信息技术与教学进行有效融合，达到更好的教育教学效果。

在本节课之前学生已具备了基本的化学实验技能，完成了基础的学生实验，对科学探究已有一定的理解，具备了一定的科学探究的能力。学生已经了解氧气、二氧化碳和氢气等气体的实验室制法，以及它们的性质，知道了一氧化碳的性质。这节实验复习课是对已学知识的分析与综合，提炼与补充，源于教材，又高于教材，将试剂的选择、装置的连接、步骤的设计等多种知识和技能融为一体，对培养学生信息转换、分析综合、逻辑推理、实验设计等多种能力以及探索求真的科学态度起到了至关重要的作用。本节课知识交叉点多、信息量大、综合性强，所以实验先后顺序的设计是一个难点。在课堂教学中体现学生是主体，让学生真正参与到教学活动中。提出探究问题、引发思考；通过小组合作，设计方案、表达交流、实施方案、总结表达等环节完成整个探究。

义务教育人教版初中教材中以"化学是一门以实验为基础的科学"为起始章节中的一个课题，彰显了化学实验在化学这门基础自然科学中的重要作用。实验在化学学科的重要地位，就决定了初中化学实验教学在发展学生化学学科核心素养中发挥着重要的作用。化学实验是学生获取化学知识，提高思维能力、创造能力的重要手段。在实验中学生体验科学探究，在活动中激发学生交流讨论，启迪学生的思维，拓展学生的视野，提高学生的实践能力，培养学生的创新意识，引导学生初步认识化学与人类生活的关系，在面临和处理与化学有关社会问题的挑战时，能做出更理智、更科学的思考和判断。

复习课不是对原有知识技能的简单机械重复，发挥学生的能动作用，体现学生的主体地位，让学生动起来，成为学习的主人。

2.3.3 教学目标

(1)初步学习混合气体中若含有二氧化碳、水蒸气、氢气、一氧化碳的验证与除去的方法与顺序,能根据实验目的设计合理的实验方案。

(2)亲身经历实验探究,感受化学与生活的息息相关,复习巩固已有知识技能,查缺补漏,体验实验的乐趣和学习成功的喜悦。

(3)在小组合作中发展善于合作、勤于思考、严谨求实、勇于创新和实践的科学精神。初步形成实事求是,探索求真的科学态度。培养思维的深刻性、灵活性、敏捷性、批判性与独创性,提升思维品质,发展思维能力。通过一氧化碳尾气处理环节的设计,增强环保意识。

2.3.4 教学过程

2.3.4.1 创设问题情境,引入复习课

课前准备:请学生认真阅读教材复习课本中有关实验情境,选取家中的材料,设计可行的实验方案,小组交流讨论实验的科学性安全性合理性后,完成并录制一个家庭小实验。将视频传给老师、分享给班里的同学。老师接收到视频后,将视频进行整合和剪辑,选取有代表性的在课堂播放。

活动一:家庭小实验的点评回顾

【教师活动】多媒体播放学生录制的家庭小实验,引导学生认真观看视频,思考实验原理。

【学生活动】观看视频。点评实验。分析反应原理(如鸡蛋在醋酸中的浮浮沉沉实验,鸡蛋壳的主要成分是碳酸钙,与酸反应产生二氧化碳气体,气体附着在鸡蛋壳表面,使鸡蛋上浮,到液面后气泡破裂,鸡蛋下沉,然后又有气体附着在鸡蛋表面,于是鸡蛋反复上下移动)。

【学生活动】请最后两个实验视频的设计实施者,将自己的家庭小实验搬到课堂中演示,并且讲解自己的实验。其中一个是书后的一道习题的改编,即将一个新鲜的鸡蛋放在盛有足量白醋的玻璃杯中,可观察到鸡蛋一边冒气泡沉到杯底,一会儿又慢慢上浮,到接近液面时又下沉。另一个是利用含碳酸钙补钙剂的药片和家中的白醋混合,用面团当容器小瓶的胶塞,用输液管当作导管,并将导出的气体

通入用生石灰干燥剂自制的澄清石灰水中。

【设计意图】促进学生自主完成实验部分的复习。学生的学习活动与一定的任务相结合,以探索问题、解决问题、完成任务来启动和维持学习兴趣和动机。学生带着可操作的任务参与学习复习旧知,学生拥有学习的主动权。任务驱动将再现式、训练式教学转变为探究式、实验式学习,使学生处于积极的思维和积极的学习状态。"听过的容易忘记,看过的容易记住,做过的才会掌握。"动手实验,以达到最佳的复习效果。教师将学生的家庭小实验经过剪辑编辑成一个"实验串烧",每个孩子都期待看到自己的作品在课堂中呈现,使学生由情入境,情景交融,处于探索的情境中。

活动二:质疑启思

【教师活动】

【提问】同学们演示的这两个家庭小实验,都运用什么原理?受到了哪部分知识的启发?

【学生活动】思考、讨论、回答。

【教师活动】

【引导】两个实验的共同之处是涉及了碳酸钙到二氧化碳的物质转化,蕴含着由碳酸钙这种含碳物质制备二氧化碳的反应原理。特别是第二个同学所做的实验,几乎就是家庭版的实验室二氧化碳的制法,这样得到的二氧化碳气体纯净吗?可能混有什么气体呢?

【学生活动】思考、回答。

【教师活动】

【引导】不论家庭版的实验室二氧化碳的制法还是真正的实验室二氧化碳的制法,制得的二氧化碳都会含有水蒸气。如何验证水蒸气的存在?又如何除去呢?

【设计意图】自然引入这节课的重点,有关气体的检验与除杂。在课堂教学中通过精心设计问题立"疑"设"障",从而创设激发学生进行积极思维的学习情境。建构主义学习理论强调学生的学习活动必须与问题相结合,以探索问题来引导和维持学生的兴趣和动机,让学生带着问题去思考、带着问题去探究,使学生拥有学习的主动权。

2.3.4.2 层层深入,复习课展开,重难点突破

首先了解一下这节课的整体脉落。

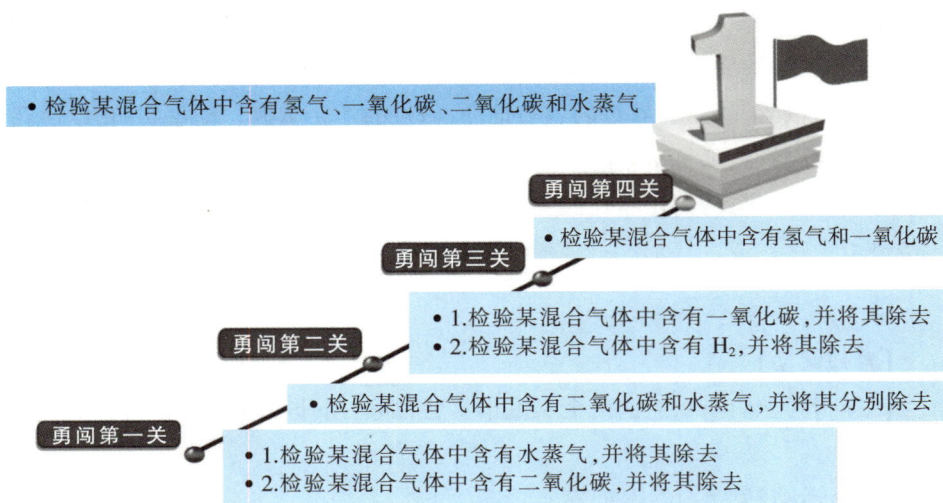

- 检验某混合气体中含有氢气、一氧化碳、二氧化碳和水蒸气

勇闯第四关

- 检验某混合气体中含有氢气和一氧化碳

勇闯第三关

- 1.检验某混合气体中含有一氧化碳,并将其除去
- 2.检验某混合气体中含有 H_2,并将其除去

勇闯第二关

- 检验某混合气体中含有二氧化碳和水蒸气,并将其分别除去

勇闯第一关

- 1.检验某混合气体中含有水蒸气,并将其除去
- 2.检验某混合气体中含有二氧化碳,并将其除去

精心设计习题,即检验某混合气体中含有水蒸气,并将其除去;检验某混合气体中含有二氧化碳,并将其除去;检验某混合气体中含有二氧化碳和水蒸气,并分别除去;检验某混合气体中含有一氧化碳,并除去;检验某混合气体中含有氢气,并将其除去;检验某混合气体中含有氢气和一氧化碳;检验某混合气体中含有氢气、一氧化碳、二氧化碳和水蒸气。看似有些零散的实验习题,有其知识间的内在联系,在教学过程中,以常见气体种类的验证、除杂的方法与顺序这条知识线索贯穿始终,环环相扣,层层深入。后面内容是前面基础上的升华,体现了思维和认识的螺旋式上升。

活动一:实验设计的准备

【教师活动】发给学生红包,实则红包里是小实验图。简介检验混合气体中含有水蒸气的方法。

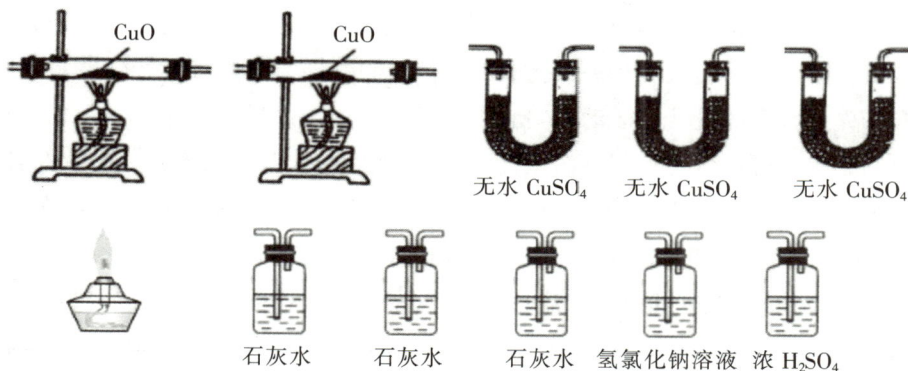

无水 CuSO₄　　无水 CuSO₄　　无水 CuSO₄

石灰水　　石灰水　　石灰水　　氢氧化钠溶液　　浓 H₂SO₄

【设计意图】红包的设计活跃课堂气氛,吊足学生的胃口,为积极参与、高度思维碰撞的一节课奠定良好的基础。激起学生学习研究化学设计实验的兴趣和学习热情。

活动二:实验设计

(1)检验某混合气体中含有水蒸气,并将其除去。

【教师活动】

【引导】请同学们设计一个实验,验证含有水蒸气并将其除掉。我们应该根据已有经验进行科学探究,在提出问题后进行猜想与假设,接着制定计划,预计效果。

【学生活动】

【个人活动】每个学生利用手中的小实验图进行实验设计。

【分组活动】小组内交流、观看每个人的设计方案即实验小图,讨论,组内成员充分发表意见,争取达成共识。

【班级展示】一学生代表走上讲台,在黑板上展示实验大图的选择和连接(用磁铁吸在黑板上),并讲解每一步的实验目的。

【同伴互助】设计不同实验方案的发表意见,展开讨论。比较哪个实验方案最完善。

【教师活动】

【实验演示】用多媒体模拟完成实验,预计实验效果。

【设计意图】因为前期两册化学书学习过程中知识的积累,复习课阶段单一实

验的再现已不是课堂教学的重点,这节课侧重于混合气体中可能含有常见四种气体二氧化碳、水蒸气、氢气和一氧化碳的验证与除去的方法以及所选仪器装置,难点在于先后顺序的设计。活动小实验图的设计使抽象的思维具体化直观化,有利于帮助学生直观地修正和调整实验设计,高效地完成本节课的学习任务。并且摆小图的过程犹如拼图游戏,增加了趣味性,使得难度较大的本节课的学习在紧张之余,增添了些许轻松的感觉。另外学生活动的设计,给学生充分思考的时间,由于实验的设计不是唯一的答案,涉及哪个实验合理,选择哪个实验更好,学生会产生激烈的讨论。所以此实验设计环节是全员参与,看似简单的摆实验图,其实蕴含着大容量的思维活动。学生充分发表意见,思维的碰撞,智慧的火花点燃了课堂。学生体验科学探究的过程。

(2)确证某混合气体中含有二氧化碳并将其除掉。(教学过程方法同前)

(3)检验某混合气体中含有二氧化碳和水蒸气,并将其分别除去。(教学过程方法同前,因为是1、2的综合,加大了分组讨论和全班讨论的力度。思维的广度、深度较前更加深入。)看似和1、2、3类似,但是3是前面基础上的升华,体现了思维和认识的螺旋式上升。提高学生的思维品质:思维的深度和广度。培养学生实事求是的科学态度。创设问题情境,提出问题。层层推进,诱导思维。

(4)检验某混合气体中含有一氧化碳,并将其除去。(教学过程方法同前)

(5)检验某混合气体中含有氢气,并将其除去。(教学过程方法同前)

(6)检验某混合气体中含有氢气和一氧化碳。(教学过程方法同前)

后面三个实验是建立在前三个的基础上,进一步体现了思维和认识的螺旋式上升。发展学生的发散性思维,训练思维的灵活性、敏捷性。设计能够使学生产生认知冲突的"两难情境",以此激发学生的参与欲,启发学生积极思维,引导学生在探究问题的过程中领悟方法、学会知识、发展能力,主动完成认知结构的构建过程。

下图是学生勇攀高峰后设计的实验,运用化学变化从定性的角度进行物质的检验与除杂。

水蒸气通过灼热的煤所产生的气体中,其主要成分是一氧化碳、氢气,还含有二氧化碳和水蒸气,确认混合气体中含有四种气体。

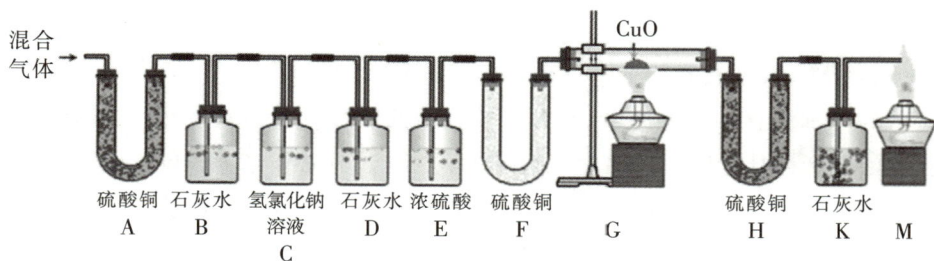

硫酸铜 石灰水 氢氯化钠 石灰水 浓硫酸 硫酸铜 CuO 硫酸铜 石灰水
A B 溶液 D E F G H K M
　　 C

2.3.4.3 收获与提升,复习课结尾

【教师活动】

【提问】今天你有什么收获吗?你还存在哪些问题?需要老师和同学的帮助吗?

【学生活动】学生进行自评与互评。

【设计意图】在探究与合作交流中感受学习的快乐和成功的喜悦,激发科学探索的兴趣。发展善于合作、勤于思考、严谨求实、勇于创新和实践的科学精神。

【教师活动】布置作业开放性实验设计(设计一组连续的实验,制取并证明二氧化碳的性质)。

【设计意图】针对重点实验重点内容,让学生带着任务去复习,同时培养学生创新意识和能力。

2.3.5 教学反思

(1)基于任务驱动的初中化学实验教学,以实现学生学习方式的改善,使学生主动参与、乐于探究、勤于动手,促进科学素养的提高。初中化学复习阶段,要求学生认真阅读课本,复习课本中实验相关的内容,可能没有任何实际的作用和效果。学生忙于各学科的做题,而忽视课本的回归。一部分学生当作作业去完成,收效甚微;还有的学生会觉得老师无法检查完成情况,而想蒙混过关。因此这节课前布置给学生任务,给予充足的时间准备家庭实验的录制,让学生将成果分享到班级群里交流,课上展示,这样学生动起来了,变被动为主动。首先学生选定实验内容,这就需要学生主动认真阅读两册教材,同时思考反应原理、实验仪器、操作步骤等

等,从而达到了复习的目的和作用。然后学生从中筛选出适合在家能完成的实验,应对实验条件的改变,需要学生不仅要有扎实的实验能力还要有创新的思想和能力,这就对学生自身提出了更高的要求。所以复习是在原有基础上的总结、回顾和发展、创新。

(2)化学实验是发展学生核心素养的重要途径。

教师应加强化学实验教学,充分发挥实验的教育教学功能,使学生具备适应现代生活及未来社会所必需的化学基础知识、技能、方法和态度,具备适应未来生存和发展所必需的科学素养。教师除了要完成好教材中的所有实验,还要根据实际情况合理地改进、创新、补充、开发演示实验;鼓励学生开展课外家庭小实验。改进传统的以演示实验为主的实验教学,进行实验创新,利用化学实验的魅力,使学生精神饱满的主动进入化学课堂, 又带着善于发现的眼光进入生活寻找化学,核心素养发展水到渠成。

1)演示实验——学生眼中耀眼的明珠。

课堂演示实验是教师进行表演和示范操作并指导学生进行观察和思考的实验,是教学中生动,有效的直观手段,具有直观性、示范性、启发性、教育性的特点,在各个教学环节中都起着非常重要的作用,不容忽视和被替代。但是对于演示实验教师可以进行创造性的改进和发现。如教学讲解化学反应中能量的变化,演示实验生石灰和水反应。实验室中氧化钙经常存放的时间过长,使得氧化钙与水的反应放热现象不明显。课堂教学中教师可以用刚打开包装的生石灰干燥剂加入烧杯中,加入凉水至刚刚没过氧化钙,几秒钟之后,水温迅速升高,直至沸腾,学生清晰可见水沸腾产生的水蒸气,听见"咕嘟咕嘟"的声音,看见水温升至100℃。

2)家庭小实验——学生展示的舞台。

改变学生的学习状态,更重要的是在教学中关注学生的学习过程以及情感、态度方面的发展,让他们兴趣盎然的参与到学科教学中,经过自己的思维活动和动手操作获得知识。

学生学习方式的改变,首先是教师要转变教学观念。教师要热爱化学,对化学学科充满兴趣,做化学研究的有心人,只有这样才能引领学生主动学习,主动研究,主动感悟化学之美。如生活中快递食品的保鲜箱里经常会出现干冰,因干冰无法保存,不能带到学校去做演示实验,可以马上利用现有资源,立即实验,实时录像。录像中首先可以观察干冰的外观,然后继续实验,将一块儿干冰放在冷水中,会立即观察到好像水开了一样,气泡翻腾,雾气翻滚,给人以视觉的冲击;将另一块干冰放在内部有约三分之一体积水的矿泉水瓶子里,并拧紧瓶盖,远远观察并录像,会观察到矿泉水瓶子越来越鼓,直至一声巨响,瓶子"爆炸",给人以听觉上的冲击,此声音绝不会亚于最响的爆竹。这样的实时录像,可以给人以视听觉的震撼,课堂教学时,学生观看,会吊足学生的胃口,激起学生学习研究化学的兴趣,学习热情高涨。

独创性即创造性思维,表现为善于独立思考,善于创造性地发现问题和解决问题,具有独特性、新颖性和发散性。在化学教学过程中,发挥学生思想的原创性是老师应该深入思考的问题。为了增强学生这一能力,教师可以充分利用家庭小实验,培养学生的创新意识和创造性思维,课堂教学中给家庭小实验以展示的舞台,学生的创造精神大受鼓舞,会信心百倍地进入后续的高效学习之中。

学生在进行实验设计时,首先是通过观察模仿、移植现有的实验方案,然后再通过独立思考、联想迁移、刻苦探索逐渐在实验设计中体现自己的个性,从而具有很强的创造性。如本课开始时学生进行的家庭小实验,用生石灰干燥剂制取澄清石灰水,用药瓶充当反应容器,用面团充当胶塞,用输液管充当导管,无不体现着学生智慧的光芒。这些家庭小实验成功的背后是无数次失败的经历,折射出的是学生的思想意识和思维情况。正如爱迪生发明灯泡时失败了六千多次,最后终于成功了。学生只有感受到心理的挫折、惊喜与顿悟,才能从中获得质疑、反思与多向思维的创新能力。

3)实验探究——学生的最爱。

精心设计实验进行科学探究活动,提升学生科学探究能力。探究性教学是用类似科学研究的方式去获取知识、应用知识、解决问题的活动,凡是有利于学生构建知识体系、形成科学观念、领悟科学研究方法的各种活动都属于科学探究的范畴,通过调查、讨论等方式,采取分析、比较、综合、归纳、类推等方法获取知识、发现规律、得出结论等的活动也是科学探究活动。

人教版教材《九年级化学下册》第10页,探究金属与盐酸、稀硫酸反应的图片中,用的是镁带、锌粒、粗铁丝、铜片,然后分别向四支试管中加入相同质量分数的

酸,这样的设计没有控制相似的实验条件,不足以说明金属活动性的强弱。学生对原有实验方案大胆质疑,各抒己见,展开热烈讨论,思维的碰撞推动课堂教学有效高效的进行。从思维的敏捷性、灵活性、深刻性、批判性和创造性上加强训练,提高学生的思维能力。教学过程中应有意的将实验探究的一般方法隐含在题目中,针对科学探究涉及的要素,特意加以引导,先提出问题,再进行猜想与假设,接着进行规定计划、预计效果,然后进行实验,验证设计方案的合理性。因此在本节课的实验教学中将此实验加以改进,均采用相同直径、相同长度的金属丝,将金属镁丝、铁丝、锌丝、铜丝分别折成该种金属元素符号的字形外观,同时放入表面皿的上下左右四个位置,在表面皿的中间倒入酸液,使四种金属丝同时遇到相同的盐酸,在镁、锌、铁、铜与盐酸反应的对比实验中,观察到镁剧烈反应,有大量气泡产生;锌反应较剧烈,有较多气泡产生;铁反应且有少量气泡产生;铜无变化,对比实验现象特别明显,这样控制使实验条件相同,获得可靠的实验结论。金属从外观上便于区分,避免了铁、锌、镁放在一起,发生混淆的可能性,同时大大增加了神秘感和趣味性。从质疑讨论,到实验探究,学生热情高涨,参与度高,形成了本节课的一个高潮。用事实说话,实践出真知,科学探究与创新意识,发展学生化学学科核心素养。

成功地创设问题情景,引起学生有效的认知冲突与碰撞,让学生对要学习的内容产生兴趣,由情入境,情境交融,学习欲望达到旺盛状态,主动地提出疑问,进而想解决疑问,通过动手实验,主动参与到学习实践中来,收到事半功倍的效果。

从以上三个方面加强和改进实验教学,会收到事半功倍的教学效果。学生会被这些闪亮的演示实验所吸引,会围绕着一个又一个探究性的分组实验而痴迷,实验的热情促使学生积极地投入到家庭小实验的研究之中,之后的家庭小实验课上展示,学生会自信满满。如此这样唤醒自信,激发愿望,树立信心,充分调动全体学生的学习积极主动性,在化学学科教学中学生的核心素养必将得以充分发展。

化学实验唤起学生学习热情,启迪学生科学思维,提高创造能力。生活中有太多待发现的可利用资源,只需善于思考,用心观察,要有一双善于发现的眼睛,一颗勤于思考的心。热爱生活,享受生活中的乐趣和精彩,将科学的态度和方法运用到生活中去,并指导生活,发展学生适应终身发展和社会发展需要的必备品格和关键能力,这是化学教学乃至更多的学科教学对学生培养的重要目标。"化学有用,学有用的化学"绝不是一句标语式的口号。从渺渺青烟的炼制到分子世界的旖旎,化学一直伴随我们的发展不曾倦怠。化学与人类社会的发展、和人们的生产生活实践息息相关。若干年后,大多数现在的学生不会成为化学界的专家,可能也不会记得所学化学基础知识中那些具体的条条框框,但是会让我们教育者倍感欣慰的是他们能将"化学"运用于工作和生活,爱生活、爱家人、爱国家、爱我们生存的美丽地球。

(3)疫情期间的在线教学逐渐被教师和学生所熟悉,学生录制的家庭小实验成果分享到班级群里交流,这种线上和线下混合式教学,将信息技术与学科课堂教学有效融合,有利于提高教育教学效果。同伴互助、榜样学习,促使更多的学生积极参与,纠错改错促进自身发展。

(4)本节课师生共同进行实验探究,在发展学生实验能力的同时,更重要的是培养实事求是、探索求真的科学态度以及思维的严密性与逻辑性。本课开始发给学生红包,实则是小实验图,活跃了课堂气氛,为积极参与、高度思维碰撞的一节课奠定了良好的基调。利用摆仪器装置的小实验图模型,演示思维过程,实属独创。游戏的课堂,好像学生正在玩拼图游戏,但"拼图游戏"的背后,是学生的积极思维。(下图为发给学生每人一套的小实验装置图)

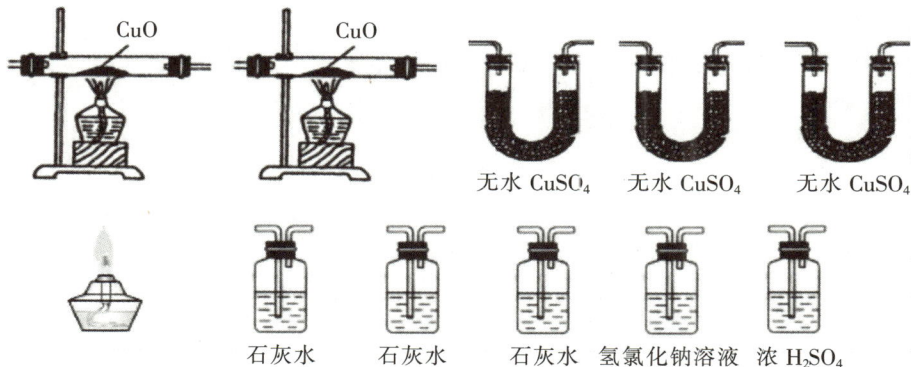

大图是在小组讨论和黑板演示时使用的,打印后可用吸铁石吸在黑板上。要想达到理想的教学效果应尽可能地调动学生的积极性,主动性。每个学生利用手中的小实验图进行实验设计,充分调动了学生的学习积极性,每个学生都会积极思考,思维课堂应运而生。小组讨论充分利用组内大的实验图,每个学生都可以清

晰地看见,并充分参与、发表意见,思维的碰撞,智慧的火花点亮了课堂。调动学生思维积极性、培养其创新能力、增强其学习意识,充分发挥学生的主体作用,将是我们永恒的追求。

(5)课堂容量大,习题的设计巧妙,由浅入深,层层深入,符合学生的认知规律,逐步将学生的思维引向更深层次。教师引导学生深入地、逻辑清晰地思考问题;把握事物的本质和规律;开展系统的、全面的思维活动;从整体上用联系的观点认识事物,掌握知识和严密地推理论证,提高了学生的思维能力。难道课堂上教师提出问题学生回答的参与度高,课件媒体的花哨多样,就能称之为思维活跃的课堂?思维型课堂教学理论认为课堂教学中,教师与学生的核心活动是思维,思维型课堂教学可以有效地促进师生互动,提升课堂的思维活跃度,提高课堂教学效率,唯有这样思维的活跃、思维的碰撞才能推动课堂教学有效、高效的进行。

参考文献

[1]房宏.中学化学核心素养的构成体系与培养策略[J].中小学教师培训.2016(6).

[2]核心素养研究课题组.中国学生发展核心素养[J].中国教育学刊,2016,10.

[3]中华人民共和国教育部.义务教育化学课程标准(2011年版)[S].北京:北京师范大学出版社,2012.

第**5**章

基于情境的教学设计

第 1 节　真实问题情境的教学价值

1.1 情境教学

随着素质教育的推行,尤其是培养学生的问题解决能力、实践能力、社会责任等理念的提出,情境教学成为教学的主要手段,情境教学具有多重教育价值。

教学情境是指知识在其中得以存在和应用的环境背景或活动背景,学生要学习的知识不但存在于其中,而且得以在其中应用。教学情境就是以直观方式再现书本知识所表征的实际事物或者实际事物的相关背景。

"创设真实而有意义的学习情景"是初中化学课程标准提出的重要教学建议,真实、生动、直观而又富于启迪性的学习情景,能够激发学生的学习兴趣,帮助学生更好地理解和应用化学知识。教师应根据教学目标、教学内容、学生的已有经验,以及学校的实际条件,有针对性地选择学习情景素材,引导学生从真实的学习情景中发现问题,展开讨论,提出解决问题的思路。可采用化学实验、化学问题、小故事、科学史实、新闻报道、实物、图片、模型和影像资料等多种形式创设

学习情景。

　　教学情境的特点和功能不仅仅在于可以激发和促进学生的情感活动,还在于可以激发和促进学生的认知活动和实践活动,能够提供丰富的学习素材,有效地改善教与学。

1.2 常见教学情境

1.2.1 联系社会、联系生活,创设真实问题情境

　　化学与生活联系密切,生活中处处涉及化学,从化学在实际生活中的应用入手来创设情境,既可以让学生体会到学习化学的重要性,又有助于学生利用所学化学知识解决实际问题。现代社会离不开化学,化学与社会紧密联系,联系与化学紧密相关的社会问题,例如能源问题、环境问题、化学品应用问题、化学品污染问题等,设计相应的教学情境,是常用的一种方法。

　　联系社会、联系生活,创设真实问题情境,也是 STSE 教育的重要体现。

1.2.2 利用化学史,创设问题情境

　　化学史,是化学科学的发展史,初中化学课程标准提倡将化学史融入教学中,作为学习素材,教师可利用这些素材来创设学习情景,生动地进行爱国主义教育,增强学生的社会责任感,充分调动学生学习的主动性和积极性,帮助学生理解学习内容,认识化学、技术、社会、环境的相互关系,引导学生理解人与自然的关系,认识化学在促进社会可持续发展中的重要作用。

　　化学史还有一个重要的作用是进行科学本质的培养,化学史是科学史的重要组成,即从历史的角度研究科学本质,是自然科学与人文科学之间的桥梁。在对科学发展的历史过程中,挖掘出其中的科学本质,认识到科学历史在科学学习中的重要地位。例如,工业合成氨,苯的发现(苯环的发现),门捷列夫与元素周期表。吴秀云凭借九年级化学中"空气的成分"与"构成物质的微粒"两部分知识进行实践教学,对比分析教学后实验班和对照班学生在科学素养、人文素养、化学成绩、化学兴趣方面的变化情况,发现基于化学史的教学设计,在激发学生学习兴趣,帮助学生理解学科知识,提升学生的科学素养和人文素养方面的表现是积极的。

1.2.3 利用认知矛盾创设情境

新旧知识的矛盾,日常概念与科学概念的矛盾,直觉、常识与客观事实的矛盾等等,都可以引起学生的探究兴趣和学习愿望,形成积极的认知氛围和情感氛围,都是用于设置教学情境的好素材。

认知矛盾属于建构性化学学习情境,主要功能是帮助学生构建化学学科知识,包括事实性知识、核心概念、基本观念等。在创设情境的时候往往会结合以上提到的社会、生活或者化学史。例如,学习"对人体吸入的空气和呼出的气体的探究",创设情境,设问"人体呼出的气体成分有哪些",学生根据生活常识或以前所学知识,认为呼出的是二氧化碳,那么继续设问"如何是二氧化碳,那么人工呼吸会是什么结果",通过两个问题,造成学生对呼出气体的成分的认知矛盾。再例如,指导学生查阅化学史资料,从波义耳的失误到拉瓦锡质量守恒定律的发现,为什么两个科学家相同的实验得出不同的结论。

第2节　教学设计案例

2.1 二氧化碳的性质(杨欣欣)

2.1.1 教材分析

2.1.1.1 内容分析

二氧化碳是初中化学中学习氧气之后的另一种人们身边所熟知的气体物质。纵观整个九年级化学,从开始引导学生走进神奇的化学世界,掌握了一些基础实验操作技能和化学的基本概念之后,认识了如氧气和水这两种身边的化学物质,紧接着学习了物质构成的奥秘部分和质量守恒定律的基本原理。现在从第六单元开始细致深入地研究一种元素的单质和化合物——碳单质和碳的氧化物。在新课标中,关于碳单质和碳的含氧化合物都有非常重要的地位,教材从认识物质多样性的角度向学生集中介绍了几种碳的单质和含碳单质的混合物。又从初中化学元素化合物知识的完整性角度,学习了与学生日常生活密切相关的碳的氧化物的主要性质和用途,为学生学习碳酸、碳酸钙、碳酸钠等化合物打下基础。使学生掌握

按照单质—氧化物—酸碱盐,这一由简到繁的顺序研究元素单质化合物性质的基本过程。

研究二氧化碳时,教材通过设计三个实验【实验 6-3、6-4、6-5】分别介绍了二氧化碳的一些物理化学性质:如密度与空气关系?是否可以燃烧?是否能够助燃?在水中的溶解性,溶于水的过程中是否只发生了物理变化?结合学生在第一单元第二课时,对人体呼出气的含量检验中已知的二氧化碳能使澄清石灰水变浑浊的知识,继续探究二氧化碳使石灰水变浑浊的原理方程式。其中二氧化碳通入水中使紫色石蕊变红、与熟石灰反应方程式的书写是教学难点。本课题内容与生产生活实际都密切相关。例如,教材介绍了干冰可用于人工降雨的原因,揭示了干冰可用作制冷剂、舞台烟雾效果等的奥秘;提出在日常生活中怎样做才算是践行低碳理念等一些实际问题供学生讨论,使学生体会到化学与日常生活密不可分的关系。

本课题着重培养学生关注人类生存现状、关注环境保护、关注人类社会发展的情感。教材依托于二氧化碳,介绍了温室效应的含义,二氧化碳过剩致使全球变暖的危害,以及分析近现代二氧化碳大量产生的原因,及吸收二氧化碳的主要途径,让学生思考减少温室效应可采取的合理措施。本课题书后设置的"调查与研究"项目,要求学生通过不同途径和媒体收集有关资料,进一步增强对温室效应的认知。通过学习本课题的内容,让学生认识到全球变暖问题已成为 21 世纪人类面临的最大挑战,需要世界各国政府和人民共同努力去应对,我们每一个中学生都应该传播和倡导低碳生活的理念,减少二氧化碳气体排放从我做起、从身边小事做起,为保护地球尽一份责任。

2.1.1.2 学情分析

经过半学期的教学和期中考试复习,学生对前五单元的化学基础知识,掌握是很牢固且娴熟的。绝大多数学生的思维习惯与思维能力俱佳,完全具备在已有知识上自行生长新知的能力,且自我构建能力较强。学生在前期的学习中对二氧化碳已有接触,如在课题 2 中学会了二氧化碳的实验室制法和检验方法,加之二氧化碳气体与日常生活联系非常紧密,学生已经知道在日常生活中二氧化碳参与植物光合作用、能灭火、能制成饮料和干冰、过多会引起温室效应等,也知道二氧化碳的一些性质,如能溶于水、不可燃不助燃、密度大于空气、能与石灰水反应等。但对二氧化碳的物理和化学性质缺乏系统的全面的认知,并且不善于将用途与性质科学地对应联系起来。虽然在学习氧气和水的过程中已经形成了一定的学习方法,但学习能力、分析解决问题能力还有待提高。教材中关于二氧化碳的大部分知识,学生都能通过课前预习和看网络微课达到初步认知的程度,但是学习知识和看待问题还比较肤浅,多停留于表象和表层,缺乏深入的思考与剖析。经过前段时间的学习,学生已具备一定的实验探究能力,但考虑问题的系统性不强,解决问题能力尚不完备,需要教师在本课题的教学中通过大量实验的设计思路讨论,帮助学生掌握探究实验的整体流程。

2.1.2 教学理念

2.1.2.1 本课题整体选择教学理念原因概述

研究本课题教材内容不难发现两大特点:一是本节课利用实验说明问题的展现形式堪称是九年级上册书中之最,二氧化碳的性质实验多;二是二氧化碳的用途与评价联系生活生产实际多。无论是讲物理性质,还是化学性质,都既可以从生活实际引入,又可以从丰富多彩的化学实验引入。这些方式都会让学生听着亲切,接受自然。也便于学生学会由物质的性质与用途的互推的方法进行学习。因此本课题中大部分知识点的学习均采取情境教学的理念。在教学中同时充分发挥化学实验和多媒体的重要作用,创造出能让学生积极的、健康的、强烈的求知欲望情绪的情景。在高度兴奋的情境中,维持学习兴趣。从兴奋到好奇,由好奇转而思考,由思考进而探究,在探究中使思维上升到逻辑和理性分析,最后转化为语言表达,获取新知、提升能力。学生在教师运用不同手段创造的美好情境中,不断激发学习兴趣,获得良好的学习效果并提高科学素养。

本课题在进行二氧化碳性质的教学中,可以大量使用实验探究的教学手段。通过实验教学,很好地培养学生的兴趣爱好、激发好奇心和求知欲,使学生对化学学习产生浓厚的兴趣和强烈需要。进而培养学生观察问题,分析问题和解决问题的综合能力,从而提升学生的化学学科核心素养。在实践中发现实验教学的使用还可以帮助学生理解和巩固学科知识,规范和熟练实验基本技能,形成科学概念。

并且对培养学生实事求是的科学态度、建立探究问题的科学方法、形成理论联系实际的治学作风都有重要的作用。

本课题在进行二氧化碳的用途、二氧化碳含量与生态环境平衡关系的教学中,主要使用信息技术辅助教学手段。根据教学实际需要,有针对性的使用实物(如泡沫灭火器、干冰、可口可乐)、模型(如二氧化碳、一氧化碳分子结构模型)、实物投影仪(演示实验现象)、幻灯机和电脑媒体投屏(展示蔬菜大棚二氧化碳作为气体肥料、二氧化碳致人死亡及灯火实验、全球温室效应加重的危害和低碳生活宣传片、新能源汽车等影片)。可以在教学中起到短时高效、信息量大、说服力强的震撼效果。

2.1.2.2 针对本课题教学重难点分析及解决策略选择

(1)教学重点:

1)科学思维方法的培养。

2)二氧化碳的性质以及与生活的联系。

(2)教学难点:

1)二氧化碳与水反应的探究方法。

2)教师如何引导学生学会通过自主探究、同学交流讨论、归纳总结获得二氧化碳的性质。学会使用控制变量法,探究紫色石蕊变红的原因。

(3)解决策略选择:

1)解决教学重点的措施:

教师让学生从已有的生活经验出发,用贴近生活的真实素材创设问题情景,有利于充分发挥学生学习积极性。激发兴趣,调动思维。学生通过动手实验、观察现象、分析原因、获取新知,再将新知运用到推演生活生产实际的用途中去。教师课堂上的把演示实验改进为学生分组实验,使学生养成发现问题、分析问题并能解决问题的本领,最终学会归纳总结,上升为规律。学生自己动手完成实验探究过程,有利于培养学生透过现象挖掘本质的能力,清楚科学探究的一般方法,以便树立科学的世界观和探究观。

2)突破教学难点的措施:

本课题由教师引导学生探究作为教学的基本策略,让学生在获取新知的同时,体验探究的方式方法。通过教师演示和学生动手实验、多媒体辅助教学等手段,教给学生科学探究的基本途径:提出假设→实验探究→观察比较→获取结论→事后反思。课上通过实验,达到从已知到未知、从感性到理性的认知过程。课程中综合运用了观察法、讨论法、归纳法、练习法等方法辅助教学。教师从不同角度加以引导,学生讨论交流引出实验方案,从而攻克本节课的难点。

3)教学准备:

①准备教法:采用"情景质疑导入→实验操作→观察探究→多媒体辅助教学→讨论总结→巩固总结"模式,体现出教师主导,学生主体的教育理念。课堂上教师适当减少长篇大论的讲解,留给学生更充足的时间进行探究和思考,产生更深刻的印象,避免因实验过多,基本操作过多引起学习时间不足。

②学法预设:教给学生科学探究基本途径:猜想假设→实验探究→观察比较→获取结论,引导学生经历观察现象,实行猜想,对比探究,推理判断得出结论的科学探究基本历程。

③教学设计思路:创设情景→激趣导入新课→演示实验与视频展示结合→引导归纳二氧化碳的性质,从用途反映二氧化碳的性质→再次归纳总结→发散提升。

④信息技术方面:利用 PPT 课件辅助教学,演示经典实验再配合网络趣味实验视频,全方位多角度展现二氧化碳的物理化学性质及用途,让学生充分积累感性认识。利用精美画面丰富的信息总结知识框架,课件中的许多按钮与链接设计,使课件使用更具灵活性,以课件、视频、实验和学案为载体完成本节课的教学任务。

⑤实验器材准备:二氧化碳的性质教师演示实验用品,二氧化碳通入水中的探究实验用品。

2.1.3 教学目标

2.1.3.1 知识目标

(1)认识二氧化碳,知道主要物理性质,学会并应用化学性质。

(2)学生树立设计科学实验探究物质性质的学习理念,学会由现象分析归纳出结论的本领。

(3)掌握用物质的物理化学性质,具备对生活生产中的一些现象做合理解释

的本领。

2.1.3.2 能力目标

(1)通过观察演示实验培养学生分析和解决问题的能力,了解科学探究的一般过程。

(2)培养学生对实验的观察能力和表述能力,利用探究实验激发学生学习化学兴趣的知觉性。

(3)感知讨论、对比、归纳等科学方法在化学探究学习中起到的重要作用。

2.1.3.3 德育目标

(1)通过探究二氧化碳与水反应的实验设计,培养学生学会发现问题的意识,培养他们严密的逻辑思维能力。

(2)让学生感受化学就在身边,与生活生产密切联系,生活中处处有化学。同时让学生认知事物有两面性,让学生学会客观辩证的思考问题。

(3)学生通过亲自设计参加实验探究活动,形成严谨的科学作风,体验实践中交流与合作的的重要性。感受化学在改善人类生活与环境方面所起的积极作用。

2.1.3.4 美育渗透点

无论是课堂上的教师演示实验或学生动手实验,都会让同学体会到各种化学仪器的设计之美,化学实验现象缤纷与神奇之美,使学生沉浸在美的享受中,更加热爱化学学习的过程。

2.1.4 教学过程

环节一:创设实验情景,激趣引入

教学流程:

情景一:展示上海世博会上我国的一款环保概念车——叶子投影图片

由一辆绿叶形状的汽车图片引发同学的兴趣,从低碳环保引入,先由学生提出健康的低碳生活方式有哪些?不低碳的行为有哪些危害?诱发学生认识今天课题的主人公——二氧化碳。

情景二:趣味实验"跳舞的硬币"一瓶碳酸饮料引发的悬案

(1)用学生生活中接触到的物品来引入新课有助于吸引学生的注意力,把学生的思维调动起来。

(2)通过魔术实验,使气氛瞬间活跃起来,引发学生热切的讨论和思考,吊足了学生的胃口后便于顺利切入课程的主题二氧化碳,为进一步让学生的大脑高速运转起来,教师继续抛出问题,让学生思考如何从实验中"取"气,这极大的激发了学生开展探究实验的热情。

活动目标:

利用学生生活中熟悉的物品引入新课,符合学生的心理认知规律,学生顺其自然的、保持兴奋的进入学习新课的状态中。以学生活动开始研究,激发学习兴趣。符合情境教学的理念,

教学内容:

由同学身边熟悉的事物介绍了解二氧化碳,学习二氧化碳能溶于水;复习二氧化碳的检验方法。

活动设计:

【展示】:老师走到教室中间,面向所有同学举起一瓶可乐。利用这瓶可乐做了一个趣味实验"跳舞的硬币"。抛出问题,硬币为什么能站住跳舞?这里面有气体吗?是什么气体?

学生基本上都能回答出有气体,可乐是碳酸饮料会冒出二氧化碳气体,托住硬币使之舞蹈。

媒体应用及分析:

【实物投影】硬币舞蹈实验放大投屏,瞬间使教室气氛热烈起来,激发学生学习兴趣。学生积极讨论并大胆说出自己的猜测。

邀请两位同学上前合作收集可乐中的气体,再请另一位学生向集气瓶内加入澄清的石灰水并振荡,发现石灰水由澄清变浑浊,证明从可乐中收集到的气体为二氧化碳。

媒体优势:实验现象每一位同学都清晰可见,真实可信,说服力强。

环节二：二氧化碳的性质—二氧化碳的密度及可燃助燃性

教学流程：

【探究实验一】二氧化碳的密度？

<提出猜想>由一瓶可乐收集的二氧化碳。同学们大胆猜想二氧化碳可能具备的性质。

<讨论假设>多媒体展示生活中现象，学生分析讨论原因，继续猜想二氧化碳还具有的性质。

<实验设计>在教师引导由学生画出实验设计图，并介绍设计方案步骤。

<实验结论>由两位同学实际操作，让学生用自己制出的二氧化碳分别进行性质实验，再推断和总结出性质，激发学生的兴趣，使他们有一种成功感。

在轻松愉快的的气氛中学习化学知识，让许多学生乐于参与其中，学生更容易分析得到二氧化碳相应的性质。

活动目标：

(1)让学生感受科学探究的基本流程，猜想—设计—实验—观察—讨论—总结。培养学生对科学探究的情感。

(2)通过多媒体拓展学生视野。

(3)培养学生的观察能力和表达能力。

(4)联系实际感受生活中的化学。培养分析问题、解决问题能力。

教学内容：

二氧化碳的常见物理和化学性质：

【结论】二氧化碳气体的密度大于空气密度；不能燃烧也不能支持燃烧。二氧化碳也不能供给呼吸。

活动设计：

展示课题：二氧化碳的性质

【提问】：本节课我和同学们要一起来研究这瓶可乐中的二氧化碳气体，首先要解决的问题就是如何收集到其中的二氧化碳气体。考虑一下我们应该怎样操作可乐中的二氧化碳气体才能被"赶"进集气瓶中呢？

【提问】我这里装了二氧化碳了吗？你如何知道的？

【引导】同学们从刚才的实验操作及现象中能推断出二氧化碳有什么性质？

实验探究:二氧化碳的密度

【讲述】大家的回答都言之有理,那究竟谁的推断是最正确的呢? 二氧化碳的密度比空气大还是小呢? 请同学在阐述自己观点的同时,例举出证据。

【学生展示】例如刚才收集有二氧化碳的集气瓶需要正放在桌面上,视频媒体中展示的二氧化碳灭火,原因是二氧化碳可以覆盖于火焰上。学生最终确定二氧化碳气体的密度大于空气密度。

【提问】同学能不能设计一个更直观的实验去说明二氧化碳的密度与空气密度的对比?

【教师引导】由两位同学相互配合迅速制取 3 瓶二氧化碳气体,存放于塑料瓶中。

第 1 瓶气体观察二氧化碳的颜色状态,并倒入两只处于平衡状态的纸袋中的一只内,观察现象。

第 2 瓶气体缓缓倒入阶梯上放有高、低两只燃着蜡烛的烧杯中,观察现象。

第 3 瓶气体备用。

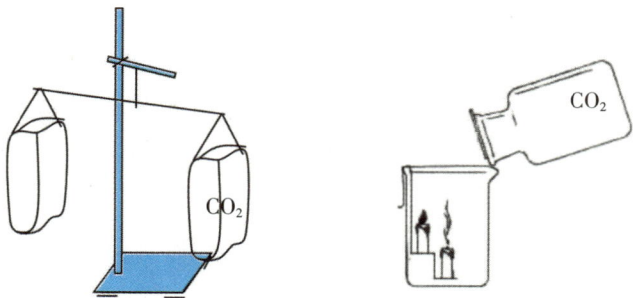

【学生实验】学生按如上装置图完成实验,描述现象,解释原因。

【实验结论】学生通过观察可以描述出实验现象,第一个实验现象是二氧化碳气体一侧下沉,第二个实验现象是下层蜡烛先熄灭,上层蜡烛后熄灭。

由上述实验可同时得出二氧化碳密度大于空气,二氧化碳不助燃,不可燃的性质。

媒体应用及分析:

多媒体视频拓展学生视野,实物投影实验过程增加视觉冲击力。

【播放视频1】大屏幕观看奇幻大片"死狗洞",引发学生关注恰当设置问题情境,思考产生这种现象的原因。

【引导】死狗洞的真凶是谁?产生这种现象的原因?同时探讨农民家一些久未开启的菜窖、干涸的深井深洞,人贸然进入是否会有危险?为什么会有危险?这与二氧化碳的什么性质有关? 如何避免危险?

【播放视频2】二氧化碳灭火器

【引导】观看二氧化碳灭火器的使用视频后,验证了二氧化碳的什么性质?同学们能否根据该性质设计一个简便易行的方案来检验二氧化碳的含量,保证人员进入含二氧化碳场所的安全?

【播放视频3】灯火实验

经过教师引导,学生思考交流,能自主分析出如何利用物质的已知性质解决一些实际问题。

环节三:二氧化碳的性质—二氧化碳的溶解性

教学流程:

【探究实验二】二氧化碳能溶于水?

利用同学身边的物质可乐是碳酸饮料,学生可以轻松的推断出二氧化碳可溶于水的结论。教师给出如果只提供实验用品是软塑料瓶和水,能否探究出二氧化碳可溶于水的结论?

活动目标:

1)培养学生的利用给定用品,达成探究实验目的的能力,并培养同学间的合作交流能力。

2)提供机会让学生尽情展示实验,培养学生勇于大胆表现自我的信心。

3)让学生体会依靠自身努力和相互协作获取新知的过程。

教学内容:

【结论】二氧化碳能(1:1)溶于水,二氧化碳遇水是否发生化学反应?

活动设计:

实验探究:二氧化碳能否溶于水?

【提问】同学们刚才都说可乐是碳酸饮料,说明二氧化碳可以溶于水。你能否利用刚才第三个塑料瓶中收集到的二氧化碳气体,自己设计实验,通过实验探究证明?

【学生展示】学生交流合作设计实验并上讲台讲解实验思路和原理,师生共同给予评价。

【师生评价】交流讨论学生的实验设计与步骤,对于优缺点给予恰当的评价。

【学生实验】学生按照预设动手实验,先向装有二氧化碳的软塑料瓶中迅速倒入半瓶体积的水,并拧紧瓶盖,振荡同时观察塑料瓶有什么变化?由塑料瓶的变化让学生分析原因并阐明理由。观察学生的实验情况,若塑料瓶顺利变瘪,由同学讲解原理。如果学生实验失败,教师引导帮助分析失败的原因并给予适当的指导。

媒体应用及分析:

【实物投影】学生协作完成实验并关注现象,解释原理。最后学生用多媒体展示实验结论。

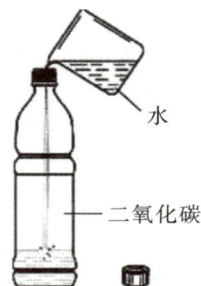

二氧化碳的溶解性实验

环节四:二氧化碳的性质,二氧化碳与水反应

教学流程:

【探究实验三】二氧化碳通入水中,除了溶解于水以外,会不会有化学变化发生呢?

活动目标:

(1)培养学生用发展的观点看问题。

(2)对比实验是化学实验的重要方法。

(3)通过探究二氧化碳与水的反应,让学生体会控制变量对比实验的基本过程。

教学内容:

分别得出以下教学内容结论【以下内容均由学生回答】。

(1)酸能使紫色石蕊变红色。

(2)水不能使紫色石蕊变红。

(3)干燥的二氧化碳气体不能使紫色石蕊变红。

(4)湿润的二氧化碳气体能使紫色石蕊变红。

【结论】证明二氧化碳遇水既有物理变化又有化学变化,且反应生成了酸的缘故,即使紫色石蕊变红的是碳酸。碳酸不稳定容易分解为水和二氧化碳,因此红色试液又变回紫色。

活动设计:

实验探究:二氧化碳溶于水后,有没有发生化学反应呢?

【引导】二氧化碳进入水中后,有没有化学变化产生呢?用一组对比实验来证明。并请同学们思考这样设计实验的目的是什么?这类实验方法对你有哪些启迪?

【教师实验】实验中使用的均为干燥的紫色石蕊试液浸泡过的小花。

(1)喷稀醋酸　　(2)喷水　　(3)直接放入二氧化碳中　　(4)喷水后放入二氧化碳中

(1)花喷洒稀醋酸:Ⅰ紫色花变红色。

(2)花喷洒水:Ⅱ紫色花不变色。

(3)花直接放入有干燥二氧化碳的集气瓶中:Ⅲ紫色花不变色。

(4)花上喷水后放入盛有二氧化碳气体的瓶中:Ⅳ紫色花变红色。

【引导】醋酸使石蕊试液由紫变红了,而干燥二氧化碳气体、纯水均不能,为何紫花喷水后放入二氧化碳气体中就会变红呢?请同学们认真思考,排查出嫌犯。

学生分析原因,写出反应的化学反应方程式:$H_2O+CO_2=H_2CO_3$。

(5)引导学生利用石蕊花再次变色验证碳酸的不稳定性:$H_2CO_3=H_2O+CO_2\uparrow$。

【学生设计】

学生们很容易当堂设计,出把湿润的变红的石蕊花,在酒精灯上略微烘烤后观察,花朵又由红色变回紫色。这说明碳酸受热易分解,同时验证了使紫色石蕊变红的物质为碳酸,而并非二氧化碳气体。

媒体应用及分析:

多媒体课件用表格对比的形式记录现象、分析控制的变量和所得结论。

优点:使对比变得更清晰、直观,便于引导学生思考原因,设计对比实验进行探究,推理判断最终得出结论,目的是让学生经历科学探究的基本过程。

用 PPT 记录每组实验的现象便于对比,更易得出结果。

让学生自行写出反应的表达式,再用 PPT 展示化学反应的方程式。

【实物投影展示实验改进】为增强学生的实验设计能力,教师可提出同样想要达到验证二氧化碳能与水反应生成碳酸的目的。在限定实验用品为 U 形管和试纸的基础上,为达实验目的,验证使紫色石蕊变红的究竟是二氧化碳气体还是碳酸,同学能否设计出简便易行的实验方案。在学生积极讨论后,由教师推选出最佳方案,由学生展示实验并讲解原理如下:

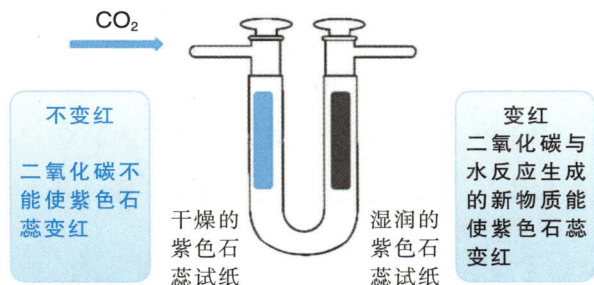

该环节设计,跳出了教材的预设框架,极大激发了学生的潜能,起到了提高能力的作用。也使同学提升自我设计探究实验的自信心。教师智慧的创造问题情境,教会学生如何运用手中资源解决实际问题,激发了学生的学习兴趣,增强学生的参与意识。

实验完成之后再取出湿润的红色石蕊试纸,在酒精灯火焰上略微烘烤,发现试纸又变回紫色,同样可以验证碳酸的不稳定性。整个实验过程更加简便和易于操作。

环节五:二氧化碳的性质——二氧化碳与澄清石灰水反应

教学流程:

【探究实验四】二氧化碳气体的检验

活动目标:

(1)进一步加强培育学生基本实验的动手能力,对现象加深印象,由现象推断生成物及学会自主习得化学反应方程式。

(2)培养学生自我归纳总结的能力。留有疑问让学生有想象的空间。

教学内容:辨析检验二氧化碳的方法。

活动设计:

实验探究:二氧化碳气体的检验

【学生实验】

(1)同学设计采用不同方法收集可乐中的气体,并通入澄清石灰水,观察现象并分析原因。如有的同学把可乐倒入锥形瓶,盖紧瓶塞,不断摇晃锥形瓶,产生的气体用导管导出。

(2)请同学们通过玻璃导管向澄清的石灰水中吹气,并观察实验现象。

【实验结论】验证出可乐瓶中溢出的气体和人体呼出的气体遇到澄清石灰水现象相同,因此二者有一种共同的气体——二氧化碳。

媒体应用及分析:

PPT 展示化学反应方程式:$Ca(OH)_2+CO_2=CaCO_3\downarrow +H_2O$。

环节六:多媒体展示二氧化碳的用途和与环保的关系

教学流程:多媒体展示二氧化碳在生活中各种各样的用途和在生态环境中至关重要的作用

【情景一:二氧化碳的功和过】

【情景二:趣味猜谜语,二氧化碳在工农业及生活中的用途】

活动目标:

通过多媒体提供的大量丰富详实的资料,让学生学会客观看待事物的正反两个方面,用辩证唯物论的方法看待和解决问题。

教学内容:

教学内容为二氧化碳与环保和二氧化碳的用途。

活动设计:

【教材资料阅读与视频信息提取】

学生完成信息的提取与归纳。功:二氧化碳是参与光合作用的反应物之一,能反应产生淀粉和氧气,适当的温室效应对人类生存有利。过:二氧化碳过多会造成全球温室效应加剧,带来一系列的环境问题。

【谜语竞猜】

有一种物质,农民伯伯说他是植物粮食,消防官兵赞美他是灭火先锋,建筑师们称他是粉刷匠,环境学家指出他含量过高会全球变暖。

媒体应用及分析:

观看视频,可对学生的认知产生更大的冲击力。

PPT展示谜面和谜底,增强趣味性。

通过媒体介入教学,引导学生关注社会,增强责任感和使命感。

环节七:归纳与整理,畅谈收获

教学流程:

归纳与整理,畅谈收获。

活动目标:

增加教学的趣味性,激发学生的学习兴趣和求知欲,并且利于加深学生的记忆效果。

培养学生自我归纳总结的能力。

教学内容:

教学内容为二氧化碳的性质与用途、二氧化碳与环保。

活动设计:

本节课你学到了什么?请同学们畅谈收获。

媒体应用及分析:

最后用PPT总结本节全部的所学知识,完美收官。

环节八:板书提纲

二氧化碳的性质与用途

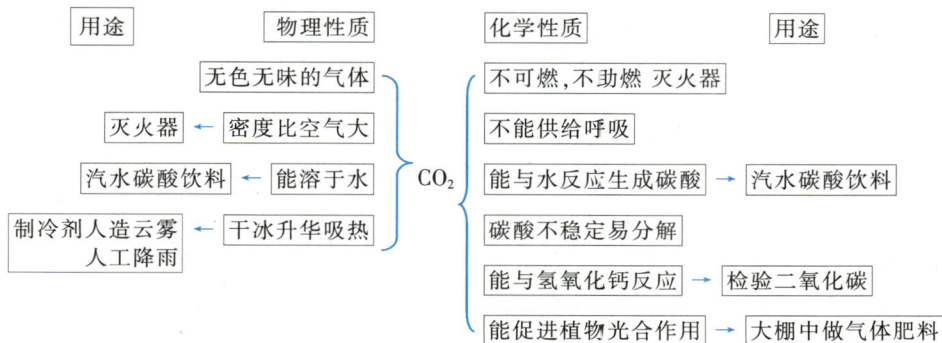

用途	物理性质		化学性质	用途
	无色无味的气体		不可燃,不助燃 灭火器	
灭火器 ←	密度比空气大		不能供给呼吸	
汽水碳酸饮料 ←	能溶于水	CO_2	能与水反应生成碳酸 →	汽水碳酸饮料
制冷剂人造云雾 人工降雨 ←	干冰升华吸热		碳酸不稳定易分解	
			能与氢氧化钙反应 →	检验二氧化碳
			能促进植物光合作用 →	大棚中做气体肥料

2.1.5 教学设计反思

在完成本节课后,马上对本课题的教与学进行全面反思。这次的课是从一瓶可乐和一个能激发学生兴趣的精彩实验开始的。从教学的启始就紧紧抓牢学生的注意力。这种教学设计才能最大程度激发学生学习化学的积极性。还能培养学生的动手实验能力。后续的教学安排中,教师逐步引导学生从一瓶可乐中挖掘出二氧化碳的许多不同性质,再进行分组实验,培养学生的动手能力与合作精神。在上课前,教师认真准备了教学环节、设计了教学方法、搭建了教学框架,选择了适合学生年龄特点的教学手段,也针对课上可能出现的临时状况做了充分的预案。经过上课前的反复斟酌与不断调整,使教学的内容和方法更适合学生的真实学情,更符合学生这个年龄段的认知水平和心理特征。达到使学生真正成为学习主体的教学目标。通过本次课堂教学实践,体会老师要经常关注学生的学习过程,关心他们所使用的学习方法和学习手段是否合理,是否能达到预期的教学效果。教师要善于抓住教育中的灵感和火花,把握住教学过程中与学生的共鸣点,第一时间调整教学设计思路和方法,使课堂达到高质高效的理想状态。教师要努力处理好教育中知识的传授和能力的培养关系。努力创设学生愿意积极参与的实验活动和沉浸其中的教学情境。让学生在实践中学习,源源不断地激发学生的学习积极性与能动性,并力争能长久保持。在日常的教学活动中,不仅要关注如何激发保持学生的学习兴趣,还要关注如何培养学生思维力、想象力和创新力,使所有学生的身心都能充分发展,实现真正的素质教育。通过一次又一次的反思—提高—再反思—再提高的过程,教师不断重新思考教学,提高自我的过程,从而积极促进教育效果的提高。

二氧化碳是中学化学在系统学习氧气后的另一个重要气体。这种气体和日常生活密切相关,学生在前期的学习过程中接触过,但是关于二氧化碳的性质和用途不一定有科学的认识。并且,有时候学生看问题只停留于表象,没有深刻思考的习惯。例如,如果二氧化碳进入石蕊试液,石蕊试液就会变红。学生认为二氧化碳会使紫色石蕊试液变红。因此,本课题应将重点放在让学生设计比较实验的方法(如控制变量对比法)上,努力使学生在崭新的问题情境下解决问题,并有获得正确新知的能力。根据多年的教学经验,本课题的教学设计帮助学生掌握基础知识的时候,教师要着重解决以下问题:

(1)学生从二氧化碳的性质来推论二氧化碳的用途,根据用途反推其性质时常出现张冠李戴的错误。通过本课程,要努力让学生学会物质的性质和用途的互推的思维方法。

(2)学生对空气中二氧化碳含量易产生片面认识。有的同学认为二氧化碳可以促进植物的光合作用,含量当然越多越好;而有的同学认为二氧化碳增多会引起温室效应增强,所以含量越少越好。通过本课程要让学生学会看待问题不能片面,学会辩证地看待和处理问题。

(3)让学生学会区分二氧化碳不能供给呼吸的性质和一氧化碳的毒性。对于二氧化碳与一氧化碳都会致人死亡,容易混淆,分清其原因是不同的。进而明白二氧化碳和一氧化碳在化学性质上的不同,根本原因在于二者分子结构不同。

(4)通过教学生掌握紫色石蕊变红的真正原因,不是二氧化碳而是碳酸的事实。让学生理解如何通过控制变量设计探究实验,完成复杂问题的研究。

本课题课堂教学的程序主要流程如下:

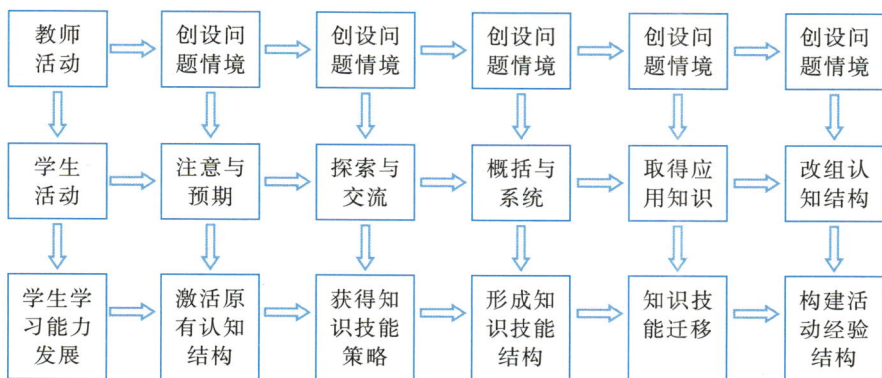

教师活动	→	创设问题情境	→	创设问题情境	→	创设问题情境	→	创设问题情境	→	创设问题情境
↓		↓		↓		↓		↓		↓
学生活动	→	注意与预期	→	探索与交流	→	概括与系统	→	取得应用知识	→	改组认知结构
↓		↓		↓		↓		↓		↓
学生学习能力发展	→	激活原有认知结构	→	获得知识技能策略	→	形成知识技能结构	→	知识技能迁移	→	构建活动经验结构

此外本节课在完成课堂流程之后,还可以做一些延伸性的课后作业,例如师生共同完成课堂上难以完成的一些学生大胆设计的探究实验,学生撰写一些收获性的短小论文。总之本节课是对新时代教学改革模式的一种尝试,好的教学方法只有在不断的尝试和改进中才可能获得。

本节课需要改进的地方是一些探究实验的设计,学生可以发挥的空间不大,

学生的一些大胆的想法,我没有做到课后跟进,丢失了某些实验改进的机遇。这也说明化学教学不能只局限于课堂教学,还需要教师在课下与学生密切沟通,不断延展,这才能够真正实现学生学科素养的不断延伸。化学学习需要师生间,学生小组间积极交流,共同提升。学生随年龄的增加,因思维不成熟而不愿交流,也会导致课堂效果不令人满意。以上是我在本节课中的得失领悟。在今后的教学中,我会通过不断地反思来提高自己的教学水平和创新能力。不当之处,请专家批评指正。

参考文献

[1]课程教材研究所.人教版义务教育教科书教师教学用书(2016年版)[M].人民教育出版社,2016.

[2]阚俊山.自主学习在化学课堂教学中的实践研究[D].南京:南京师范大学,2010.

[3]郑永芳.二氧化碳的性质[J].飞(素质教育版),2013(7).

[4]李超男.二氧化碳的性质探究式教学个案研究[D].长沙:湖南师范大学,2017.

[5]陈梅.初中化学课堂"情境教学"的实验研究[D].泉州:福建师范大学,2009.

2.2 酸和碱的中和反应(第 1 课时)(焦文军)

2.2.1 教学内容分析

2.2.1.1 教材的编写

教材使用的是人教版九年级化学下册,从教材内容看,酸和碱的中和反应在实际生活中有广泛的应用,在教材中没有简单地作为酸或碱的性质来介绍,而是教材单独设立一个课题来进行说明。关于中和反应的应用,教材从酸碱性的角度说明了它在实际中的应用价值。位置安排在常见的酸和碱之后,学生在了酸、碱性质的基础之上再来学习本节课就更容易接受和掌握,同时为盐的学习打下一定的基础。

2.2.1.2 教材的地位和作用

本节内容在本册课程的学习中有着十分重要的地位,是在学习了氧气、碳及其化合物、金属等简单物质的性质和用途的基础上,更高层次地学习,同时对常见的酸和碱进行深入的研究。本节课十分鲜明地体现了新教材的特点,通过实验探究的方法获得感性认识,代替了较多的叙述文字,同时培养了学生的实验技能和实验创新能力。酸和碱的中和反应与日常生活、生产有着密切的联系,对学生今后参加社会实践具有非常重要意义。

2.2.1.3 对教材的理解

教材反应出学生需要了解或掌握的四个方面:①对知识的认知规律(中和反应实质);②对社会责任感(主要体现在工业废水处理后排放);③增强环保意识(主要体现在酸雨的危害、改良土壤酸碱性等);④了解生活方面的知识(主要体现在胃药治疗胃病、蚊虫叮咬涂碱性物质减轻痛痒等)。

这个过程不仅使学生了解中和反应在生活和生产中的应用,而且使学生体会到化学学科在现代生活和科技发展中的重要地位,突显了化学学科的学科价值。因此该学习内容可以设置丰富的学习情境。

2.2.2 教学理念

2.2.2.1 学情分析

对于九年级学生,从三个角度进行分析:

(1)已经知道什么?

学生已经了解了:①常见的酸和碱的组成和性质;②能用酸碱指示剂区分酸和碱,还从微观粒子的角度分别对酸和碱的水溶液进行了初步分析,从而理解不同的酸有相似的性质,不同的碱也有相似的性质,但是认识还比较肤浅;③积累了一定的化学学习方法;④知道怎样比较科学、安全的去完成简单的探究活动,对化学探究表现出极大的兴趣。

(2)想知道什么?

①生活中常见的现象如何解释?②酸和碱能够发生什么反应?③酸和碱发生的反应能够帮助我做什么?④能否自己动动手?

(3)学生还欠缺什么?

①设计实验的能力需要增强。②动手操作能力需要提高。③收集和处理信息的能力需要培养。

2.2.2.2 教法与学法分析

本节课采用"接线板式"教学方式与自主探究式教学方法相结合,以接线板为载体,中和反应具体实例及在各种领域的应用是每一个插在接线板上的用电器,同时作为本节课的分线,连接主电源和用电器之间有导线和插头,导线有粗有细的,插头有三项两项的,当学生已经分析了各个用电器的导线及插头情况后,将会沿着接线板寻找主电源并判断是否接好,当学生了解中和反应及其中和反应的具体实例后,将会剖析中和反应的实质,这就是本节课的主线,学生处理好主线和分线的关系,中和反应实质将会很清晰,同时为高中学习离子反应奠定基础。

学生是知识的探寻者,不太适合填鸭式教学方法,将知识硬生生地传给学生,所以学生采用实验探究法、合作学习法、自主学习法进行学习,同时搜集生活中中和反应应用实例的方法来拓宽本节课思路。

因此本教学设计拟采用创设真实问题情境的方法,将学习内容与社会生活相联系。

2.2.3 教学目标和重难点

基于以上对教材和学情的分析,依据课程标准的要求,本节课的三维教学目标定为:

1.知识与技能

(1)知道酸和碱发生的中和反应。

(2)了解中和反应在实际中的应用。

2.过程与方法

(1)通过自主探究,培养学生发现问题、解决问题的能力和动手操作能力。

(2)通过讨论交流,培养学生收集处理信息的能力和良好的学习习惯。

3.情感态度与价值观

(1)进一步增强学生学习化学的兴趣。

(2)体验化学活动充满探究性,培养学生勇于创新和实践的科学精神。

(3)体会化学与社会的密切关系,增强学生对社会的责任感。

教学重点、难点定为:

重点:酸和碱的中和反应。

难点:中和反应的探究过程。

2.2.4 教学思路

本节课教学过程分为四个大方面,其中包括六个小方面,分别是引入中和反应、接触中和反应、探究中和反应、再探中和反应、剖析中和反应和利用中和反应。六个方面以问题线引领,环环相扣,逐步让学生充分掌握本节课内容,经过引入、接触、探究、再探、剖析和利用,循序渐进,让学生在学习知识的同时了解学习知识的逻辑关系,体会学习的过程,同时引入中和反应和利用中和反应首尾呼应,体现了化学与生活密不可分的联系。

2.2.5 教学过程

2.2.5.1 引入中和反应

师：利用多媒体播放婴儿被蚊虫叮咬后的图片，同时与学生一起阅读河北青年报发表的一篇短文《蚊子叮咬后，可抹碱性物质》。

应对蚊子叮咬　可抹碱性物质

·2013-08-19 09：45：26　·来源：河北青年报

石家庄市疾控中心公布最新监测数据，2013年6月，石家庄蚊子数量比4月份多了5倍。而较之6月份，7月份的蚊子数量又有两成增幅。另据省气象台预报，8月份天气依旧晴雨夹杂。相关专家预测，8月份之后的日子蚊子仍然会雨后暴增。(本报曾报道)那么，应该如何预防蚊子对皮肤的危害呢？

1.积水增多易生蚊虫

石家庄市第一医院皮肤科主任曹海育介绍，蚊子的多少与气温和环境有关，它们喜欢温热、潮湿，尽管现在已立秋，但省会气温大多还在30℃以上，因此蚊虫繁殖比较频繁。

此外还有一个重要原因是，今年石家庄雨水偏多，而这也给蚊子的滋生创造了条件。曹海育介绍说，降雨过后，地面积水增多，而蚊子的繁殖周期一般为7~10天，频繁的降雨也导致积水处很快长出大量蚊子。

2.蚊子唾液呈弱酸性

蚊子的唾液呈弱酸性，因此，被蚊子袭击后，可以抹一些肥皂等碱性物质。如果觉得奇痒难忍，最好涂些清凉油等清凉止痒的东西，更严重则应就医。

曹海育还提醒大家，如果皮肤已被挠破，则千万不要涂抹花露水，尤其是皮肤敏感的人，可能会产生过敏反应，导致接触性皮炎。但可以涂抹百多邦、红霉素软膏抗感染。

此外，一定要定期清洁家里有水的地方，如鱼缸、下水道等。而在水塘、假山等养鱼的场所，也可以适当投放些子子灵、双硫磷、倍硫磷等药物，这样也能抑制蚊子的滋生。

设计问题：(1)蚊子中的唾液含有什么物质？(通过报纸内容了解是一种酸性物质)

（2）碱性物质与蚊子的唾液是否发生了反应？发生了什么样的反应？

生：学生通过阅读报纸短文《蚊子叮咬后，可抹碱性物质》，带着教师设计的问题进行讨论，根据已有生活经验感受到酸和碱可能会发生反应，进入情境。

师：引入酸和碱的中和反应这一课题。

生：了解本节课学习的主题。

设计意图：从生活实例入手，激发学生学习兴趣，从学生已有的知识和生活经验开始构建新的知识，并设置疑问，激发求知欲。

2.2.5.2 接触中和反应

接触、探究、再探中和反应，三次实验探究依次进行，逐步探究，层层剖析。

师：对学生的假设给予肯定，给学生提供紫甘蓝和柠檬，利用课题 1 时学习酸碱指示剂的理论，以进行紫甘蓝汁和柠檬汁的制作。

设计意图：物品是课堂上很少见到的食物，为激发学生学习中和反应的兴趣。

生：利用紫甘蓝和柠檬制作其汁液，大部分同学采取的方法是用研钵捣碎，再用纱布过滤取其汁液。还有少部分学生用布包裹紫甘蓝或者柠檬，然后用木棒捶打，还有个别学生直接用手挤柠檬取其汁液。

师：教师提醒学生，如何验证自己制作的酸碱指示剂是否可用。

生：分别滴入氢氧化钠溶液，再加入生活中学生认为是酸性的物质，苹果汁、葡萄汁、柠檬汁、番茄汁，自主进行探究，观察颜色是否有变化？接触和感受中和反应。学生分组讨论，设计实验方案并进行实验探究。

学生可能设计的方案：

滴有紫甘蓝汁的氢氧化钠溶液+苹果汁；滴有洋葱汁的氢氧化钠溶液+苹果汁；
滴有紫甘蓝汁的氢氧化钠溶液+葡萄汁；滴有洋葱汁的氢氧化钠溶液+葡萄汁；
滴有紫甘蓝汁的氢氧化钠溶液+柠檬汁；滴有洋葱汁的氢氧化钠溶液+柠檬汁；
滴有紫甘蓝汁的氢氧化钠溶液+番茄汁；滴有洋葱汁的氢氧化钠溶液+番茄汁。

教师提醒：学生取紫甘蓝汁、洋葱汁和氢氧化钠溶液都要取少量。

生：利用紫甘蓝汁液做实验的小组组内代表汇报结果：大部分学生的实验现象会很明显，比如，无色的氢氧化钠溶液加入紫色的紫甘蓝汁液，会变为绿色，然后分别加入各种果汁，加苹果汁变成了棕红色，加西瓜汁会变成了暗红色，和苹果汁与西瓜汁本身颜色接近，所以现象不明显；加葡萄汁变成了黄色，加柠檬汁变成

了粉红色,颜色差异较大,现象十分明显,学生比较兴奋,对身边的食物与化学药品间神秘的反应产生了强烈的好奇心。

师:为了方便观察现象,很多同学采取这样的实验方法,利用点滴板做实验,现象对比明显,同样达到了良好的效果。

设计意图:充分发挥了学生的想象力,可见学生的潜力是无限的。

师:用同时用洋葱汁以同样方案实验。

整体设计意图:学生已经知道氢氧化钠溶液是碱,在生活中认为苹果汁、葡萄汁、柠檬汁、番茄汁含有酸性物质,通过实验现象,学生初步了解和接触了中和反应,好奇心和求知欲大大提升,为下一步探究奠定了良好的基础。

过渡:有同学提议是否可用实验室中的其他酸碱药品进行实验,效果可能会更好。

2.2.5.3 探究中和反应

师:实践是检验真理的唯一途径,那么同学们可以亲自动手试一试,看看酸碱之间是否发生了反应。

师:现在提供的药品有稀盐酸、稀硫酸、氢氧化铜固体、氢氧化钠溶液、氢氧化钡溶液。

生:充满好奇,并分组讨论,小组内设计实验方案并进行实验探究。

学生可能设计的方案:

稀盐酸+氢氧化铜固体;

稀盐酸+氢氧化钠溶液;

稀盐酸+氢氧化钡溶液;

稀硫酸+氢氧化铜固体;

稀硫酸+氢氧化钠溶液;

稀硫酸+氢氧化钡溶液。

生:实验小组组长汇报结果:稀盐酸+氢氧化钠溶液、稀盐酸+氢氧化钡溶液、稀硫酸+氢氧化钠溶液均无明显现象;稀盐酸+氢氧化铜固体、稀硫酸+氢氧化铜固体反应蓝色固体溶解;稀硫酸+氢氧化钡溶液反应有白色沉淀产生。

设计意图:通过书上的实验及学生了解的化学药品进行实验,让学生充分探究中和反应的过程,通过现象明显的实验,品味了中和反应确实存在,体会中和反应的发生过程,通过无明显现象的实验,学生产生了疑惑,为下一步借助指示剂探究埋下了伏笔。学生通过认知与现象的碰撞,产生新的学习需求和方向,从而再次产生矛盾冲突,将探究欲望引到了极点。

师:在同学们交流的基础上,我提出新的问题:"有的酸与碱混合没有明显现象,能否说明二者之间不反应呢?

2.2.5.4 再探中和反应

师:基于探究中和反应结果,请同学们选取无明显现象的实验再次通过小组合作交流,设计实验来解决这个问题,如有困难的学生,可以举手示意老师,共同寻找解决问题的突破口。

生:以稀盐酸和氢氧化钠溶液反应为例,学生讨论再次进行探究,

师:教师提供石蕊溶液、酚酞溶液。

学生可能设计的方案:

方案一:

$$\text{稀氢氧化钠溶液(无色)} \xrightarrow[\text{振荡}]{\text{滴石蕊溶液}} \text{溶液变蓝色} \xrightarrow[\text{振荡}]{\text{滴加稀盐酸}} \text{溶液变紫色。}$$

方案二:

$$\text{稀盐酸(无色)} \xrightarrow[\text{振荡}]{\text{滴石蕊溶液}} \text{溶液变红色} \xrightarrow[\text{振荡}]{\text{滴加稀氢氧化钠溶液}} \text{溶液变紫色}$$

方案三:

$$\text{稀盐酸(无色)} \xrightarrow[\text{振荡}]{\text{滴酚酞溶液}} \text{溶液无色} \xrightarrow[\text{振荡}]{\text{滴加稀氢氧化钠溶液}} \text{溶液无色变红色。}$$

方案四:

$$\text{稀氢氧化钠溶液(无色)} \xrightarrow[\text{振荡}]{\text{滴酚酞溶液}} \text{溶液变红} \xrightarrow[\text{振荡}]{\text{滴加稀盐酸}} \text{溶液红色变无色。}$$

设计意图:由于在课题1酸碱指示剂知识的学习中,通常学生先接触的石蕊

溶液,后接触的酚酞溶液,所以先设计方案一、二的较多,通过自主探究,学生发现,方案一和方案二中用石蕊溶液作指示剂,很难观察到最终的紫色,方案三中溶液变红色时,氢氯化钠溶液已经过量,溶液呈碱性。因此上述四种方案中第四种方案是最佳方案。通过实验说明酸和碱的反应是中和反应,并给出中和反应的定义,酸和碱作用生成盐和水的反应,同时简单介绍盐的概念。

师:老师对书中实验装置进行改进,烧杯中装有滴有酚酞试液的氢氧化钠溶液,两个注射器分别装有稀盐酸和氢氧化钠溶液,大家可以试一试。

生:动手实验,当不断加入稀盐酸后溶液由红色刚好变为无色时,再加入氢氧化钠溶液,振荡(组内同学可以帮助),溶液由无色又变为红色,此时可以再加入少量稀盐酸,观察现象,可以反复几次。

设计意图:能够让学生更加清晰地感知酸和碱确实发生了反应,同时对比一次性实验,该实验能够给学生更广阔的遐想空间,让学生充分体会化学实验的乐趣,感受与小组合作的重要性。本节课中三次"活动与探究"中做了改进,提供生活中常见的物质进行实验,激发学生兴趣,提高学生求知欲望,同时提供了多种常见酸和碱,让学生自主选择酸碱搭配,进行多组实验探究,小组将所探究实验过程与所有组进行交流。让学生能够更好的理解中和反应,剖析中和反应实质,了解中和反应应用,让学生对中和反应理解更充分,知识更扎实,同时突破了本节课的难点——中和反应的探究过程。

2.2.5.5 剖析中和反应

师:播放酸碱中和反应的微观过程示意图,使学生直观地感受中和反应的实质。

生:观看动画效果图,分析酸和碱反应的实质,通过酸和碱反应中微观粒子的分析,了解酸和碱反应的真正实质。

师:讲解盐酸、氢氯化钠溶液中的微粒:$HCl = H^+ + Cl^-$,$NaOH = Na^+ + OH^-$。

盐酸与氢氯化钠溶液混合:盐酸中的H^+与氢氯化钠溶液中的OH^-结合生成了水分子。盐酸中的Cl^-与氢氯化钠溶液中的Na^+在反应前后不变。得出中和反应实质:$H^+ + OH^- = H_2O$。

生:对中和反应为什么很容易发生有了深刻的理解,让学生掌握了本节课的重点——酸和碱的中和反应。

2.2.5.6 利用中和反应

师:请学生阅读教材 61 页的用途,相互讲解其原理,若能写出化学方程式,可以配合表达。学生交流后,拓展延伸。

生:学生阅读教材后,同时归纳总结生活中中和反应有哪些用途,培养学生应用化学知识解决实际问题能力。

生:比如刚才阅读报纸短文,蚊虫叮咬肿成大包,这是蚊虫在人体内分泌蚁酸,从而使皮肤肿痛,涂上肥皂水可消除肿痛,同时涂牙膏或者氨水也有同样效果。

生:皮蛋有涩味,如何可以出去涩味?制皮蛋使用的配料有食盐、纯碱、熟石灰、黏土和水,一段时间发生化学反应,生成氢氧化钠和碳酸钙,可以使用酱油(有机酸)和醋去除。

师:热水瓶胆壁上有水垢,水垢不仅浪费燃料,而且对人体也有危害(主要成分是碳酸钙和氢氧化镁),生活中可以用食醋去除水垢。

生:人体胃液中含有盐酸,盐酸能够帮助消化,但是胃酸过多会引起身体不适,可以通过服用胃药解除不适,有些胃药中含有氢氧化铝,中和部分胃酸。

师:有些地方的土壤也有呈酸性或者碱性,原因可能是有机物的分解、无机肥料的使用和酸雨的污染等,导致土壤酸化,酸性土壤可以往地里施撒熟石灰(氢氧化钙)中和。

生:硫酸厂的废水中含有硫酸等杂质,工厂废水如呈酸性,可以用熟石灰(氢氧化钙)去中和。

师:还可以通过上网收集有关中和反应在生活中应用的资料,拓展课外知识。

课堂练习及课后作业:

1.向氢氧化钠溶液中滴入几滴酚酞试液,溶液变____色,逐滴滴入稀盐酸,一边用玻璃棒搅拌,当溶液由____色刚好变为____色,表示恰好完全反应。此时溶液中的溶质是_____,此反应一般_____热量(放出或吸收)。

2.中和反应:_____与_____作用生成_____和_____的反应。

3.完成下列中和反应的化学方程式:酸+碱══盐+水(属于复分解反应)

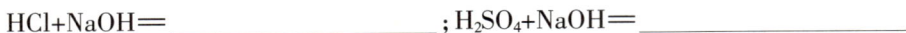

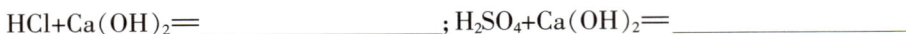

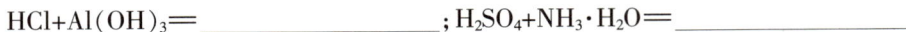

HCl+NaOH══＿＿＿＿＿＿＿＿＿＿;H_2SO_4+NaOH══＿＿＿＿＿＿＿＿＿＿

HCl+Ca(OH)$_2$══＿＿＿＿＿＿＿＿＿;H_2SO_4+Ca(OH)$_2$══＿＿＿＿＿＿＿＿

HCl+Al(OH)$_3$══＿＿＿＿＿＿＿＿＿;H_2SO_4+$NH_3·H_2O$══＿＿＿＿＿＿＿

请写出一个有沉淀生成的中和反应＿＿＿＿＿＿＿＿＿＿＿＿＿＿＿＿＿＿。

4.中和反应的应用:改良酸性土地(H_2SO_4)可用＿＿＿＿＿＿＿,不用氢氧化钠溶液的原因是＿＿＿＿＿＿＿＿＿＿;处理硫酸厂的废水;一般用＿＿＿＿＿＿＿＿＿;中和过多的胃酸一般服用的碱是＿＿＿＿＿和＿＿＿＿;人被蚊虫叮咬后,蚊虫分泌出蚁酸,可以涂一些＿＿＿＿＿＿＿＿＿＿,以减轻痛痒。

5.下列物质中属于酸的是＿＿＿＿＿＿(填序号),属于碱的是＿＿＿＿＿＿。

①H_2O ②HNO_3 ③KOH ④$NH_3·H_2O$ ⑤$CaCO_3$ ⑥NH_4NO_3 ⑦H_2S ⑧$KHSO_4$

6.写出下列反应的化学方程式,其中属于中和反应的是＿＿＿＿＿。(填序号)

①氢氧化钾溶液和硝酸＿＿＿＿＿＿＿＿＿＿＿＿＿＿＿＿＿＿＿＿;

②氧化铁与盐酸＿＿＿＿＿＿＿＿＿＿＿＿＿＿＿＿＿＿＿＿＿＿;

③把二氧化硫通入火碱溶液中＿＿＿＿＿＿＿＿＿＿＿＿＿＿＿＿;

④盐酸溶解氢氧化镁＿＿＿＿＿＿＿＿＿＿＿＿＿＿＿＿＿＿＿＿。

7.(选做)食醋能作酸味的调味剂,是因为醋酸在水溶液中能解离出CH_3COO^-和＿＿＿＿＿＿。试写出熟石灰和食醋反应的化学方程式为＿＿＿＿＿＿＿＿＿＿＿＿。

8.在空气中久置的氢氧化钠溶液会吸收＿＿＿＿＿而变质,部分变质的氢氧化钠溶液中溶质的成分是＿＿＿＿＿＿＿＿＿＿＿,如果向其中滴加稀盐酸,刚开始没有产生气泡,此时发生反应的化学方程式是＿＿＿＿＿＿＿＿＿＿＿＿＿＿＿＿,过一会产生气泡,反应的化学方程式是＿＿＿＿＿＿＿＿＿＿＿＿＿＿＿。

9.下列实例不属于中和反应的是(　　)

A.土壤酸化后加入熟石灰改良

B.金属表面锈蚀后,可用稀盐酸进行清洗

C.胃酸分泌过多的病人遵医嘱服用含有氢氧化铝的药物以中和过多胃酸

D.蚊虫叮咬人的皮肤分泌出蚁酸,如果涂含碱性物质的药水就可减轻痛痒

10.下列各组物质的反应必须要加入指示剂才能判断反应发生的是(　　)

A.$CaCO_3$ 和 HCl　　　B.Zn 和 H_2SO_4　　　C.NaOH 和 HCl　　　D.Ca(OH)$_2$ 和 CO_2

11.下列做法不科学的是(   )

A.用干冰人工降雨

B.用熟石灰给鱼塘消毒

C.服用氢氧化钠治胃病

D.用食醋除去水垢

12.有些胃病患者分泌胃酸过多,可治疗的药物是(   )

A.NaOH

B.H_2SO_4

C.$Ca(OH)_2$

D.$Al(OH)_3$

13.右图是盐酸滴入氢氯化钠溶液中,有关粒子之间反应的示意图。下列说法错误的是(   )

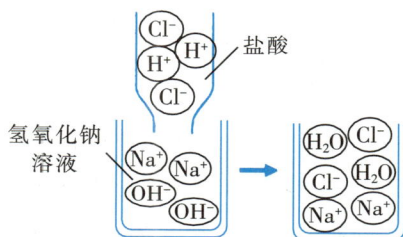

A.盐酸溶液中含有氢离子和氯离子

B.氢氧化钠溶液中含有钠离子和氢氧根离子

C.两种溶液混合时,氢离子与氢氧根离子结合生成了水分子

D.两种溶液混合时,钠离子与氯离子结合生成了氯化钠分子

14.(选做)下列说法正确的是(   )

A.盐中含有金属离子和酸根离子,氯化铵中没有金属离子,因此不属于盐

B.硫酸铜,硫酸中都含有硫酸根,因些都能称为硫酸盐

C.中和反应和复分解反应属于并列关系

D.盐是一类物质的总称

15.下列实际应用中,利用中和反应原理的是(   )

①用氢氧化钠溶液洗涤石油中残余硫酸;②用氢氧化铝治疗胃酸;③用熟石灰改良酸性土壤;④将稀氨水(含有 NH_4^+、OH^-)涂抹在蚊虫叮咬处(分泌出蚁酸)止痒。

A.①②③④

B.仅①②③

C.仅②③④

D.仅①③④

16.下列物质之间不能发生反应的是(   )

A.NaOH 和 CO_2

B.HCl 和 CuO

C.KOH 和 H_2SO_4

D.$Ca(OH)_2$ 和 NaOH

17.下列除杂(括号内的是杂质)所选试剂合理的是(   )

A.Cu(Zn)稀盐酸

B.二氧化碳气体(HCl)氢氧化钠溶液

C.CuO(Cu)浓硫酸

D.$Ca(OH)_2(CaCO_3)$稀盐酸

18.鉴别石灰水和氢氧化钠溶液可选用的试剂是(   )

A.酚酞溶液   B.二氧化碳   C.CuO   D.稀盐酸

19.鉴别 H_2SO_4，NaCl，氢氧化钠溶液可用(　　)

A.无色的酚酞试液   B.紫色的石蕊试液

C.通入二氧化碳气体   D.加入稀盐酸

20.下表列出了家庭中的一些物质的 pH 值。

	醋	牙膏	食盐水	肥皂水
pH 值	3	9	7	10

(1)上述物质能使紫色石蕊试液变红的是_____。

(2)蚊子的毒液中含有甲酸，如果你被蚊子叮了以后痛痒难忍，你应该把表中的物质_____涂在痛痒处。理由是_____。

21.如果将实验残留的盐酸直接倒入下水道，造成的危害是_____，处理废盐酸的方法是_____。

22.(选做)一瓶氢氧化钠固体，因不慎敞口放置了一段时间，已经部分变质。化学课外兴趣小组的同学决定测定该瓶试剂变质的程度，依次进行了如下的实验操作：

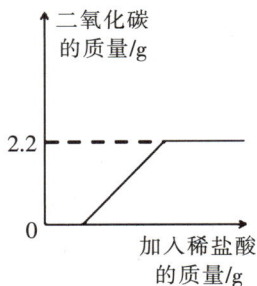

第一步:取该瓶中的试剂 20 g 加水配制成溶液；

第二步:向上述溶液中加入足量的稀盐酸，

反应产生气体的变化如右图所示,请分析与计算：

(1)20 g 试剂与稀盐酸完全反应产生二氧化碳的质量为_____g。

(2)计算该 20 g 试剂中含有氢氧化钠的质量分数(结果精确到 0.1%)。根据下列微观示意图回答问题。

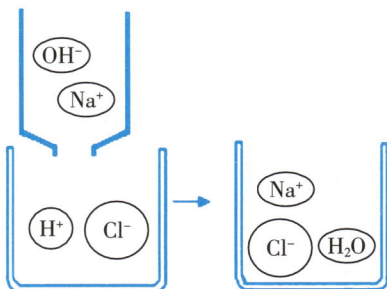

(1)从微观的角度说明图示反应的实质是_____；

(2)该反应的化学方程式是_____。

(3)若反应中氢氯化钠稍过量,则反应后,溶液中存在的微观粒子有_____。

23.(选做)某化学兴趣小组在做完制取二氧化碳的实验后(用石灰石与稀盐酸制取),对反应后反应器中剩余溶液的溶质成分产生了兴趣,他们继续进行了如下实验探究。

【分析推断】根据制取二氧化碳的反应原理,可以确定剩余溶液中一定含有氯化钙,但其中是否含有氯化氢需要通过实验来证明.若剩余溶液显酸性(含有 H^+),说明含有氯化氢。

【查阅资料】碳酸钙不溶水,氢氧化钙微溶于水,氯化钙溶液显中性。

【实验过程】将剩余溶液倒入烧杯中,微热后冷却至室温。

	实验操作	实验现象	实验结论
甲同学	取烧杯中溶液少许于试管中,向其中滴加_____	现象:溶液变红色	溶液显酸性(含有 H^+),溶质中有氯化氢
乙同学	取烧杯中溶液少许于试管中,向其中加入少量锌粒	现象:①_____ 反应的化学方程式:②_____	
丙同学	取烧杯中溶液少许于试管中,向其中加入少量石灰石	现象③_____	

24.某一天,下列城市的空气质量监测数据如下表。

城市	污染指数	首要污染物
北京	81	二氧化硫
上海	117	可吸入颗粒
广州	186	二氧化氮
东莞	173	可吸入颗粒
重庆	201	二氧化硫
昆明	48	可吸入颗粒

空气质量分级标准如下表。

污染指数	0~50	51~100	101~200	201~300	>300
质量级别	Ⅰ	Ⅱ	Ⅲ	Ⅳ	Ⅴ
质量状况	优	良	轻度污染	中度污染	重度污染

请回答：

(1)当天,以上城市中,污染最严重的是_____,东莞的空气质量级别是

_____；

(2)(选做)北京的首要污染物是_____,它溶于雨水,会与水反应,生成

亚硫酸(H_2SO_3);形成酸雨,请写出该反应的文字表达式：_____；

(3)请说出一条防治空气污染的措施：_____。

2.2.6 教学反思

本节课突出体现了新课标所提出的一个新的理念,积极倡导自主、合作、探究的学习方式,从教学实际出发,以教材为平台,以探寻中和反应实质为主线,创造性地处理教材,采取启发、诱导和实验探究的教学方法,从实验方案的设计,实验过程,实验结论的得出,都由学生完成。给了学生很大的自主探究的空间,学生在课堂上不再是被动地接受知识,而是积极参与学习。教师不再是单纯的知识传授者,而是学生学习活动的组织者、引导者和合作者,充分体现了"重过程和方法"的教育新理念。达到了本节课预设的教学目标,以直观教学、分组实验和多媒体辅助教学手段进行教学,突出了重点,突破了难点,取得良好的教学效果。但也有很多需要改进之处。教学实践之后,成功之处和存在问题很容易显现出来。

2.2.6.1 成功之处

(1)注重从学生的已有知识和经验出发,努力创设生动活泼的问题情景。让学生感受到化学与生活密不可分。本节课的一个突出特点是体现了学生的自主学习、合作探究的教学理念。利用实验探究的方式得出中和反应的概念,让学生在实践过程中获得新的知识,增强了学生的求知欲。

(2)通过课题1的学习,学生对酸和碱有了初步的认识,学生对酸和碱能否发生反应存在疑问。如,在氢氧化钠和盐酸混合无现象的情况下,提出问题:氢氧化钠与盐酸是否反应？在疑问之前，学生会猜疑是不是所有的酸和碱都不发生反应，所以采用生活中的食品来做简单实验，先初步证明酸和碱是能够反应的，让学生一点点地进入猜疑到去验证的过程。注重探究方法的指导，让学生学会通过提出问题、做出假设、实验等探究环节，通过分析实验现象，解决提出的问题。

(3)本节课的重点是酸和碱的中和反应。难点是中和反应的探究过程。因为学生的自主学习能力与合作学习能力不是很强，理解上具有一定难度，因此在设计时列举生活中的实例，启发学生的思维，然后科学探究实验，让学生进行探究并动手实验，培养相互合作能力、动手操作能力、观察能力。问题设计层层深入，让学生从中体会到了科学探究是乐趣。学生理解和掌握中和反应后，再让他们去完成课堂练习，联系生活实际体会中和反应的应用。让学生体会"化学来源于生活，服务于生活"的理念。

(4)在酸和碱反应的实质讲解过程中，成功突破该难点，通过引导学生分析实验现象和直观形象的电脑动画展示，让学生知道氢氧化钠和盐酸反应生成氯化钠和水。然后继续引导学生进行思维发散，引导学生分析化学方程式中反应物和生成物的特点，从而得出中和反应的概念。然后提出问题："生成盐和水的反应一定是中和反应吗？"这样既注重了前后知识的联系，又让学生搞清楚分析问题要全面，中和反应不仅要看生成物，还要看反应物。

(5)学生自主参与整堂课的知识建构，从旧知识的回忆到新知识的学习，从参与并提出问题到解决问题。分小组进行实验探究，增强学生团结协作的能力。通过学生的设计、操作、观察、思考、讨论，在问题解决中深刻、系统地理解知识，学生逐步建构自己的知识体系。注重知识的形成过程，在教学的过程中，主要让学生自己读题、审题、注重培养学生独立答题的习惯，每道题都由学生说出答案，并且要学生说出这样做的理由。通过学生间的相互交流，加深学生对知识形成过程的理解，从而转化成学生自己的知识。创造一个合作学习探究的氛围，不仅培养学生的知识应用能力，更重要的是培养学生的社会责任感。

2.2.6.2 主要存在问题

(1)教学过程中个别学生不够活跃，比较拘谨，调动全体学生参与课堂教学的积极性的效果欠佳。

(2)课堂的语言需要再精炼，话比较多，整节课有一小部分没有体现出学生为

主体、教师为主导的地位,教学中的提问需要加工,要学会由整体到部分地提问,不能一下子将问题拆得太细化,这样淹没了学生独立思考的能力,不利于学生思维的发展,而对于解析问题的度需要在以后的教学中去实践和探索。

(3)课堂是一个师生互动的过程,学生的每一个学生行为都应该有一个教师的教学行为与之对应,教学时间要在备课中预设好,在每一个环节需要多长时间都安排有方案,有预案,这样才能发挥的游刃有余,才能有效地做到很好的师生互动。在探究环节,由于学生知识能力结构层次不同,个别学生没有让实验探究达到预期效果,拉长了探究的时间。学生在实验操作中存在操作不规范的情况,主要是平时实验开展的较少,影响学生的动手能力。

(4)机械练习部分需要减少,应试教育和素质教育应该相结合,注意习题的多样化,题型难度应该适中。

(5)应多读书练字,多读一些经典的文学作品,可以提升文学素养,对语言表述也会很有帮助,同时能够给学生德育方面的教育,育人效果会更好。

第 **6** 章

基于 STSE 的教学设计

第 1 节　STSE 理念

1.1 STSE 的含义

STSE 是科学(Science)、技术(Technology)、社会(Society)、环境(Environment)的英文缩写。STSE 教育思想是对 STS 的延伸,因为在大力发展科技、生产的同时,保护人类赖以生存的环境已成为当今的社会可持续发展的重大课题,　环境(Environment)教育是公民科学素养教育的重要组成方面。

教育的目的不是片面的追求升学,也不是孤立的讲授化学知识,而是落实好教育的根本任务——立德树人。利用化学学科的特殊优势,在化学教学中渗透社会责任感的培养,能够正确引导学生形成积极的人生观、价值观和世界观,从而使学生更好地理解学好化学、用好化学对于生态文明建设以及构建人类命运共同体的重要意义。STSE 强调在传播知识的同时,传授科学技术观、可持续发展观、环境保护以及科学方法、科学精神和科学道德等方面的知识,所以 STSE 教育除了包括科学知识以及自然观,还包括立德树人的所有素养教育等,对学生化学学科核心素养和科学素养的提升具有重要意义。

1.2 初中化学课程的 STSE 理念

STSE 教育有丰富的内涵和多元的教育价值,所以初中化学也非常重视 STSE 教育,在课程标准中多次提出要进行 STSE 教育。初中化学课程标准,在前言部分指出:引导学生认识化学、技术、社会、环境的相互关系,理解科学的本质,提高学生的科学素养;在课程理念部分提出:为学生创设体现化学、技术、社会、环境相互关系的学习情景,使学生初步了解化学对人类文明发展的巨大贡献,认识化学在实现人与自然和谐共处、促进人类和社会可持续发展方面所发挥的重大作用,相信化学必将为创造人类更美好的未来做出重大的贡献;在课程目标突出:了解化学、技术、社会、环境的相互关系,并能以此分析有关的简单问题。让学生理解化学、技术、社会、环境(STSE)相互作用是初中化学的重要理念。

课程标准的这些内容对教学设计具有重要的指导意义,STSE 内容可以作为教学的重要内容,也可以作为创设教学情境的学习素材。

第 2 节　教学设计案例

2.1 单质碳的化学性质(刘贺红)

2.1.1 教学分析

2.1.1.1 教学内容分析

本节课内容位于人教版九年级化学第六单元课题 1 的第二课时,是在前面学习的基础上,开始深入细致研究碳和碳的氧化物。本课题第一课时已经学习了金刚石、石墨及碳 60 等单质碳的物理性质和用途,学生已经体会到了碳单质的多样性,认识了结构,本课时要继续学习本课题的教学重点内容单质碳的化学性质。在第二单元学生通过学习氧气的化学性质,已经知道碳能和氧气反应,本课题将要对单质碳的可燃性和还原性进行更具体的学习,教材中通过碳单质在生活中使用的实例,学习单质碳的化学性质,让学生用化学知识解释生活现象,继续体会性质决定用途的学科思想,并引出新的概念。

本课时内容是在学生经过第五单元质量守恒定律的学习后,第一次接触新物质的性质学习和所发生的化学反应,练习化学用语的使用,引导学生通过使用质量守恒的思想解决问题,在物质性质学习中渗透学科思想的使用。本课题安排在学生学习氢气、氧气的性质之后,通过本课题的学习可以使学生对氢气、氧气性质的认识得到巩固、补充和深化。本单元的课题三还要学习一氧化碳的可燃性和还原性,本课题中对物质的研究学习思路,也会对后面碳的氧化物的学习有指导作用。所以学好这一课可为今后的学习做准备,具有承上启下的意义。

2.1.1.2 学生情况分析

九年级的学生已经初步具备合作交流、分析并解决简单问题的能力。在日常生活和教材中学生已经获得了不少有关碳的知识,具备一定的关于碳单质使用的生活经验,所以学习起来比较易于接受。但并不能有意识地去思考其中所蕴含的化学知识,不能用化学语言进行准确合理的解释。学生知道了碳具有可燃性,能够根据事实书写木炭在氧气中燃烧的化学方程式,但通过分析得出反应条件不同生成物可能不同的结论,是学生知识上新的增长点。学生具备基本的实验观察和分析能力,通过探究实验碳单质能否与氧化铜发生反应,学生可以体会到实验是认识化学的基础,并完成木炭与氧化铜反应的学习。学生在学习了质量守恒定律的基础上,通过观察实验现象,能够正确书写新的化学方程式,但对用元素守恒的思想解决问题还不能很好的应用,学生体会守恒思想的使用并理解还原反应概念则需要教师的适当引导。

2.1.2 教学理念

现代社会的学校教育不仅是科学知识的简单传授,更注重能力的培养与科学态度的引导。《全日制义务教育化学课程标准》确立了以提高学生科学素养为主旨,重视科学技术与社会环境的相互联系。作为一名新时代的教师,应当与时俱进,在教育教学过程中要做到"用"教材而不是"教"教材。在平时的教学中,要加强社会实际生活与化学教学的联系,努力使化学教学内容社会化、生活化。

　　我国明确提出义务教育阶段的化学课程以提高学生的科学素养为主旨。这就说明教育改革不单是技术层面的提升，更是理念上的升华与革新，教育工作者要放宽视野，寻求有效的教学方式，提高学生的核心素养。STSE 是将科学信息(Science)、技术应用(Technology)、社会发展(Society)、环境保护(Environment)与化学教学紧密结合的教育思维与理念，强调灵活的将理论与生活实际相联系，是可持续发展教育的组成之一。

　　义务教育阶段的化学是高中化学的基础，以初中化学教学为起点实施 STSE 教育理念，使化学课程取材于现实生活，不脱离社会生活实际，旨在培养学生的 STSE 能力，打开化学学科可持续发展教育的大门。将 STSE 教育理念与化学课堂相结合，无论从新课导入、内容讲授、课堂总结，还是化学实验探究过程等教学环节都可融入 STSE 教育理念。以 STSE 教育理念的教学策略为实施途径，充分挖掘学生身边的化学教学素材，以初三年级的学生作为课堂教学的主体，在真实情境中探讨 STSE 教育理念在初中化学课堂的实施途径。教学实践后以课后作业的方式对学生进行关于 STSE 能力的调查，通过课堂观察及学生课后的反馈，可以看出结合 STSE 教育理念进行初中化学教学实践，有利于落实发展化学学科素养的课程目标，启迪学生在化学学习方面的科学、技术、社会及环境思维，提高学生的学习成效；能提高学生对化学知识与实际生活联系、化学与技术应用及化学与环境保护意识等的思维能力；有利于提高学生对课堂的积极参与度，激发学生学习化学的兴趣；可以增加学生小组合作的机会，提高学生整合知识及小组合作等能力。以 STSE 理念为指导的教学模式使化学课程取材于现实生活，不脱离社会生活实际，有利于培养学生的 STSE 能力，发展科学精神与社会意识素养，有利于提高学生的环保意识。

2.1.3 教学目标

2.1.3.1 三维目标

1.知识与技能

(1)了解单质碳在常温与高温下，表现出不同的化学性质。

(2)熟悉单质碳在不同条件下的燃烧产物分别是什么，能准确描述有关实验现象，写出有关反应的化学方程式。

2.过程与方法

(1)通过学习单质碳的化学性质,引导学生认识物质的多样性。

(2)学会运用化学知识解决生活中的一些问题。

3.情感、态度、价值观

(1)使学生理解结构、性质、用途三者间的辩证关系。

(2)培养学生归纳整理、总结规律的能力,提高学生的环境保护意识。

2.1.3.2 学习目标

(1)通过对碳原子结构的分析以及单质碳的化学性质实验,掌握单质碳在常温下化学性质的稳定性和高温下化学性质的活泼性。

(2)通过单质碳与氧气、氧化铜等反应实验的探究,掌握单质碳的可燃性和还原性。

(3)学会从得氧、失氧的角度理解氧化反应和还原反应。

(4)加深理解结构决定性质,性质决定用途的辩证关系。

2.1.3.3 教学重点及解决措施

教学重点:单质碳的化学性质

重点解析:单质碳的化学性质是本课题的重点知识,为了让学生更好地掌握知识,本节课从学生的生活和认知出发,利用用途反映物质性质为主线,完成本课时的教学目标。教学过程中通过对生活中单质碳的用途的分析,引导学生从化学视角关注生活,初步探究单质碳的化学性质;充分使用多媒体辅助教学,利用对具体事例和生活现象的分析,引起学生的认知冲突和探究欲望,更深刻地认识单质碳与氧气的反应,解决生活中的疑惑和误区;利用实际生活对物质间转化的需求,理解还原反应原理,再通过实验的手段让学生更直观地获取知识,完成单质碳与氧化物反应的学习。在教师对知识不同呈现方式的设计和引导下,逐步完成本课时的知识教学,并在学习过程中不断渗透质量守恒以及结构决定性质,性质决定用途的学科思想,让学生逐步形成良好的学科素养,渗透环保意识。

学好单质碳的三点化学性质,可以很好地解释一些生活现象,增长生活经验,还可以为即将学习的碳的氧化物做好铺垫。

解决措施:要充分运用学生已有知识进行新知识的学习,增加学生的知识链、能力链。如关于单质碳可燃性的教学,可提示学生在回忆氧气性质的基础上吸收新的知识,帮助学生把新知识纳入已有知识框架。将木炭还原氧化铜的演示实验,录制成视频,通过在播放过程中随时暂停,便于指导学生对观察到的实验现象进行深入思考。如从石灰水变浑浊,想到木炭和氧化铜在高温条件下生成了二氧化碳;从黑色粉末变为红色,想到木炭和氧化铜反应的另一种生成物是金属铜,再进一步分析这个反应的氧化剂、还原剂等,培养学生的观察能力和分析思维能力。通过演示实验的视频,随时强调实验的注意事项,培养学生的化学素养。

2.1.3.4 教学难点及突破措施

教学难点:对单质碳的还原性的理解。

难点解析:在实际生活中单质碳与某些氧化物的反应主要应用于冶金工业,能体现单质碳的还原性,但是这些内容学生很少接触到,所以理解起来就比较困难。

突破措施:教师在课前将演示实验录制成视频,设计一系列问题引导学生着重观看演示实验的现象,根据现象分析木炭与氧化铜反应生成了什么物质,强调实验的注意事项,教师结合课件演示从得氧、失氧的角度加以分析,学生讨论交流,自然而然引出还原反应,从而攻克本节课的难点。

2.1.3.5 课时安排

1课时。

2.1.3.6 教学策略及信息技术应用

初中学生逻辑思维逐渐增强,但抽象概念还需要感性经验的支持。根据学生认知特点,采用问题引导探究策略:在教学过程中注重直观材料的运用和信息技术的深度融合,设计一些与生活联系紧密的问题引导学生自主思考、理解知识,以激发学生的学习兴趣,调动学生的积极性和主动性。在本节课最后的拓展延伸部分,以问题引发学生的谈论与思考,增强学生的环保意识。

本节课采用综合启发式:推理—演示—类比—运用,即重视理论指导的作用,密切新旧知识的联系,将实验演示与物质性质的类比结合起来,将所学新知识及时运用。

本节课利用 Focusky 动画演示大师做的课件,让学生在中国水墨画(体现碳的稳定性)的背景下,在观看两个视频的过程中,以课件和学案为载体完成本节课的教学任务。

2.1.3.7 教学过程结构设计示意图

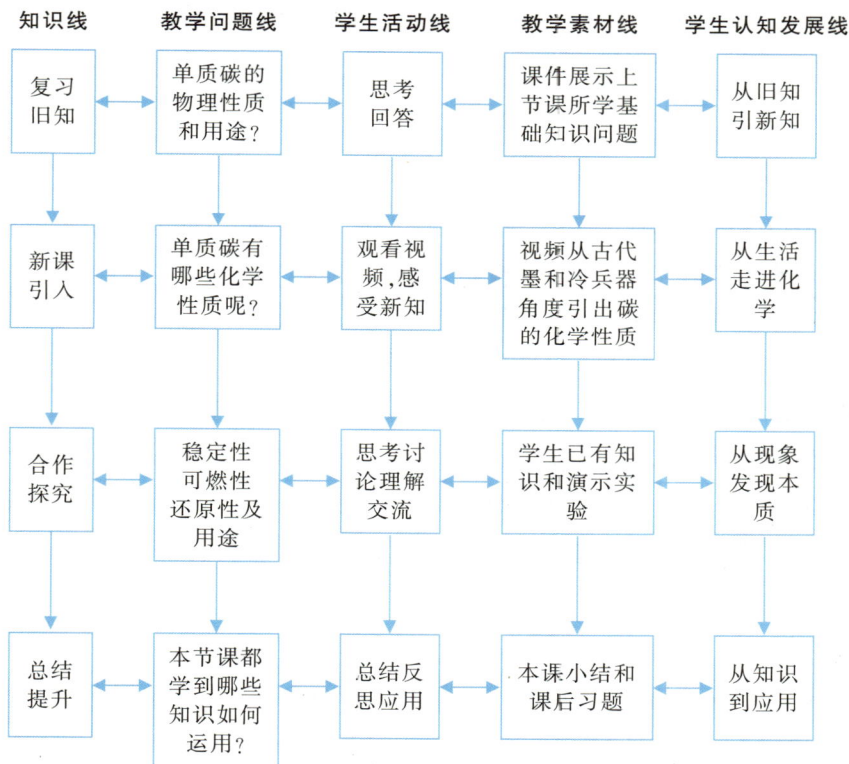

知识线	教学问题线	学生活动线	教学素材线	学生认知发展线
复习旧知	单质碳的物理性质和用途?	思考回答	课件展示上节课所学基础知识问题	从旧知引新知
新课引入	单质碳有哪些化学性质呢?	观看视频,感受新知	视频从古代墨和冷兵器角度引出碳的化学性质	从生活走进化学
合作探究	稳定性可燃性还原性及用途	思考讨论理解交流	学生已有知识和演示实验	从现象发现本质
总结提升	本节课都学到哪些知识如何运用?	总结反思应用	本课小结和课后习题	从知识到应用

2.1.4 教学过程(含设计意图)

2.1.4.1 知识回顾,引出新知

老师:上节课咱们一起学习了碳的三种单质,同学们还记得分别是什么吗?

学生:金刚石、石墨、碳 60(齐答)

老师:请同学们回忆一下上节课所学的内容。(课件投影)

学生:学生回忆并回答:

（1）金刚石、石墨和碳60都是由＿＿＿元素组成的单质。但是由于它们的＿＿＿不同，因此它们的＿＿＿＿＿＿存在着差异。

（2）金刚石是天然存在的矿物中最＿＿＿＿的物质，石墨可用作电极，是因为它具有优良的＿＿＿＿性。

（3）木炭和活性炭都具有＿＿＿＿＿的结构，所以它们相似的性质是＿＿＿＿。

（设计意图：此环节通过师生间的有效互动，对已有知识进行回顾，沟通了新旧知识的联系，为学习新知识做好准备，以达到温故而知新的效果。利用多媒体课件和学案相结合，增大了课堂的信息量和容量。）

2.1.4.2 创设情境，感受新知

老师：由于碳的几种单质中，碳原子的排列方式不同，造成了物理性质的很大差异，那么碳单质的化学性质都有哪些呢？请同学们观看视频。

播放视频：单质碳有哪些化学性质

学生：通过观看视频初步感知碳有哪些化学性质。

老师：金刚石、石墨等都是由碳元素组成的单质，所以化学性质相似。

板书：单质碳的化学性质。

（设计意图：此环节通过观看视频激发学生的学习兴趣，引起学生的探究欲望，初步了解单质碳有哪些相似的化学性质，使后面的学习有的放矢。）

2.1.4.3 师生互动，学习新知

1.单质碳的稳定性

老师：元素的化学性质与原子的最外层电子数关系密切，同学们都知道碳原子的最外层有4个电子(课件展示碳原子结构示意图)，所以碳原子在化学反应中既不是很容易失去电子，也不是很容易得到电子，所以单质碳在常温下化学性质不活泼，即常温下单质碳具有稳定性。

板书：碳的稳定性(常温)。

学生：理解、识记，与老师互动。

老师：因此，古代用墨书写、绘画的字画保存时间很久，且不易褪色。(课件展示古代字画的图片。)

（设计意图：此环节通过分析碳原子结构，得出常温下碳的化学性质比较稳

定,并介绍古代字画保存时间长的原因。此环节目的之二是让学生再一次感知结构决定性质,性质决定用途的辩证关系。)

2.单质碳的可燃性

老师:请同学们设想一下:如果老师给这些珍贵的字画点一把火,会怎么样?(笑问)

学生:烧毁了(齐答)。

老师:对,也就是说当外界条件变了,温度升高了,单质碳的化学性质也就不再稳定了。那么请同学们回忆一下,咱们在第二单元学习氧气的化学性质时,曾讲过碳可以在氧气中燃烧,所以单质碳还具有什么性质呢?

学生:可燃性(齐答)。

板书:碳的可燃性。

老师:对了,单质碳的第二种化学性质就是可燃性。下面请同学们回忆一下碳在氧气中燃烧的现象,并在学案上写出这个反应的化学方程式。

学生:背诵碳在氧气中燃烧的现象并请一位同学在黑板上书写化学方程式。

老师:这位同学刚才只是描述了单质碳的可燃性的一种情况,也就是在当氧气充足时,单质碳就会发生完全燃烧,生成二氧化碳气体;但是当氧气不充足时,单质碳就会发生不完全燃烧,而生成一种有毒的气体一氧化碳。一氧化碳中毒就是老百姓平时说的煤气中毒,它也是污染空气的主要气体之一。请同学们课下搜集一些一氧化碳的资料,以及如何减少一氧化碳排放从而保护空气的措施,请大家课下交流。下面同学们试着将单质碳不完全燃烧生成一氧化碳的化学方程式写在学案上。

学生:书写化学方程式,并请一位同学将正确的化学方程式写在黑板上,其他同学核对。(课件同步展示。)

老师:请同学们计算一下这两个反应中碳和氧气的质量比分别是多少?(巡视。)

学生:计算,结果在小组内交流。

老师:同学们解决这个问题很轻松,老师看到同学们都算对了。(课件展示两个化学方程式和计算结果)大家看,当碳和氧气的质量比为3:8时,两种反应物恰好完全反应,生成的产物只有二氧化碳;当碳和氧气的质量比为3:4时,两种反应

物也恰好完全反应,生成的产物只有一氧化碳。那么请同学们思考:当碳的质量为3克,而氧气的质量介于4克和8克之间时,碳和氧气能否恰好完全反应,生成物又是什么呢?

学生:分小组谈论,组内交流答案。

老师:巡视指导。

学生:最后得出结论:当碳的质量为3克,而氧气的质量介于4克和8克之间时,碳和氧气也能恰好完全反应,产物是一氧化碳和二氧化碳的混合物。

老师:请同学们完成学案中课内训练第8题。(学案附后。)

学生:完成练习,并请另一位同学解释原因。

老师:下面请同学们帮老师破一桩悬案(课件展示:金刚石失踪案),小组内讨论交流,得出统一答案后,举手示意老师。(巡视引导。)

学生:分小组谈论,学生代表回答:因为金刚石是碳的单质,所以金刚石燃烧生成了二氧化碳气体,所以金刚石就不见了。

老师:非常好!看来要当一名好侦探首先要学好化学知识呀!那么问题来了:这节课老师说金刚石和石墨都是由碳元素组成的,怎样才能证明呢?(巡视引导。)

学生:分小组谈论,学生代表回答,各组补充。最后形成结论:取等质量的金刚石和石墨,完全燃烧,生成的产物只有二氧化碳,并且二氧化碳质量相等,就能证明金刚石和石墨都是由碳元素组成的单质。

(设计意图:此环节由学生回忆碳燃烧的现象和反应的化学方程式,引出碳燃烧的第二种情况,学生试着写出碳不完全燃烧的化学方程式,并分别计算碳燃烧的两种情况下,碳和氧气的质量比是多少,分析当反应物质量比不同时燃烧的产物分别是什么。此环节利用已有知识引出新授课程,这样学生易于接受,让学生运用刚学会的利用化学方程式的简单计算,算出碳和氧气质量比,既巩固了旧知识又为后面的习题埋下伏笔。通过"破解金刚石失踪案",激发学生兴趣并引导学生灵活运用所学知识。利用小组讨论的形式,让同学们将重点知识内化,同时培养学生的合作探究精神。)

3.单质碳的还原性

老师:通过前面的短片,同学们知道在冷兵器时代,人们利用碳的还原性冶炼金属。今天咱们就以碳还原氧化铜的实验为例来探究一下单质碳的还原性。

板书:碳的还原性。

老师:为了让同学们更好地观察实验,老师将演示实验录成了视频,请大家认真观察并随时回答老师的问题。(随时暂停视频,提出问题,即本实验的注意事项)

老师:同学们,大家看看固定试管时试管口怎么样?

学生:略向下倾斜(齐答)。

老师:为什么?

学生:防止冷凝水倒流炸裂试管(齐答)。

老师:加热前应该先什么?

学生:均匀受热(齐答)。

老师:酒精灯加网罩的目的是什么?

学生:集中火焰,提高温度。

老师:所以本实验的条件是什么?

学生:高温(齐答)。

老师:请同学们仔细观察实验现象。

老师:请某某同学描述一下看到的实验现象。

学生:黑色的固体逐渐变成红色,澄清石灰水变浑浊。

老师:非常好!黑色固体咱们都知道是木炭和氧化铜的混合物,那么红色的金属是什么呢?

学生:是金属铜。

老师:澄清石灰水变浑浊说明生成了什么?

学生:二氧化碳(齐答)。

老师:好。请同学们继续观察实验。

老师:实验结束时的操作是先什么后什么?

学生:先移出导气管,然后熄灭酒精灯。

老师:对了。目的是防止石灰水倒吸炸裂试管的。

学生:认真观察碳还原氧化铜演示实验的视频,在学案上记录实验现象,通过现象分析生成产物。随时回答老师提出的问题。在学案上整理实验的注意事项。请一名同学在黑板上写出反应的化学方程式。

老师:结合课件,从得氧、失氧的角度分析氧化还原反应。这个反应中碳夺得

氧,被氧化,具有还原性,是常用的还原剂;氧化铜失去氧,被还原,具有氧化性。

学生:理解、识记。

老师:单质碳还可以还原其他金属氧化物,比如工业上用焦炭还原铁矿石中的氧化铁,得到单质铁,大家试着写出化学方程式。

学生:在学案上写化学方程式。

老师:展示课件,再次分析氧化、还原反应。讲解单质碳除了还原金属氧化物,还可以夺取一些非金属氧化物中的氧,比如碳可以和二氧化碳反应,生成一氧化碳。

学生:理解、识记。在学案上书写化学方程式。

老师:展示课件。强调这个反应是吸收热量的,在这个反应中既体现了碳的还原性同时又体现了二氧化碳具有氧化性。

(设计意图:此环节教师用精炼的语言从得氧、失氧的角度分析还原反应,学生着重理解并关注实验过程中的注意事项。通过举一反三,让学生试着写出碳还原氧化铁的化学方程式并介绍碳和二氧化碳的反应,目的是让学生明白氧化和还原,同时渗透化学反应伴随的能量变化。此环节通过观察演示实验视频,培养学生观察能力、分析能力。通过分析还原反应培养学生逻辑思维能力。通过举一反三,培养学生运用知识的能力,突破难点。)

2.1.4.4 课堂小结,归纳新知

师生互动:共同总结本节课所学知识,并说出根据碳的化学性质想到的碳的用途有哪些?

(设计意图:此环节通过总结梳理使知识条理化,并再一次深化结构、性质、用途的关系。)

2.1.4.5 反馈练习,运用新知

课内训练

【生】完成学案上的练习题。以小组为单位,讨论交流,提出需要解决的问题。其他组的同学互动,教师引导,师生共同解决存在的问题。(练习题见学案。)

课后延伸(课下通过组内讨论或查阅资料完成)

由碳燃烧的两种情况,同学们想到了哪些保护环境的措施?

（设计意图：此环节设计符合本节课所讲内容的习题，由浅入深，教会学生如何运用新知识。以小组讨论交流互助的形式培养学生合作探究的团队精神。通过课后延伸环节，将课堂知识延伸到课下，培养学生的环境保护意识。）

2.1.4.6 板书设计

（将知识条理化，简单明了，重点突出，起到提纲挈领的作用。）

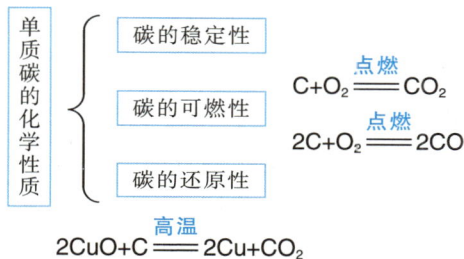

$$\text{单质碳的化学性质}\begin{cases}\text{碳的稳定性}\\ \text{碳的可燃性} \quad C+O_2 \xrightarrow{\text{点燃}} CO_2 \\ \qquad\qquad\quad 2C+O_2 \xrightarrow{\text{点燃}} 2CO \\ \text{碳的还原性}\end{cases}$$

$$2CuO+C \xrightarrow{\text{高温}} 2Cu+CO_2$$

2.1.4.7 教学评价设计

1.评价形式与工具

（1）课堂提问，（2）书面练习，（3）测验，（4）其他。

2.评价量表内容（测试题、作业描述等）

见学案（学案附后）。

2.1.5 教学反思

在《单质碳的化学性质》这节课的教学设计中，授课教师不仅关注课程标准、教材和教法，更关注学生，充分体现了教学过程中学生的主体作用。教学中教师并不是简单地再现教材内容，也没有以枯燥、呆板的形式把单质碳的化学性质传授给学生，而是把教学内容放在联系现实生活和循序渐进的问题情境中加以呈现，引起学生的探究欲望。例如由千百年前古人的字画至今仍清晰如初，来感悟常温下单质碳化学性质的稳定，等等。

授课教师设计的三维目标，抓住了本课时内容的重点和难点。注重了现代教育技术手段与实验探究和传统的板书有机结合起来。本节课对新知识的引入，注重从学生原有的知识基础出发，并结合学生的生活实际来引导学生认识和学习新知识，并不失时机地渗透环境问题，提高学生的环保意识。

在教学过程中教师以问题和学案为载体创设学习契机，将教学内容转化为问题加以引导，唤起学生的探究欲望和探究兴趣。让学生带着问题观察实验现象，引导学生思考并分析，切实感悟到"结构决定性质，性质决定用途"的化学学科观念。

本节课利用现代教育技术手段创设了丰富的教学情境，课件画面制作精美，以水墨画为背景，在吸引学生的眼球的同时也隐喻单质碳的稳定性。用小视频放大实验效果，以学案提炼重点内容，使课堂教学的容量加大、效率提高，效果更好。为了让学生看清实验现象并关注实验中的注意事项，老师在播放演示实验视频的过程中可以暂停播放以达到强调的目的，突出重点，突破难点。在整个教学过程中，现代教育技术手段没有代替传统的板书，没有代替学生思考，没有代替师生互动，而是恰到好处地发挥了辅助教学的作用。

在本节课的教学中，从学生已有的知识经验作为本节课的出发点，引导学生猜想单质碳的化学性质，让学生很容易接受。同时，教师又根据学生已掌握的知识：元素的化学性质与最外层电子数有关，让学生得出，一般情形下，碳的化学性质比较稳定的结论。渗透结构决定性质、性质决定用途的辩证观点。根据前面所学知道，碳能在氧气中燃烧，知道碳具有可燃性，从生活中发现问题，提出问题。让化学学习与实际生活相联系，学生就会学得更感兴趣。对于单质碳的还原性这一教学难点，本节课采用多媒体演示实验，引导学生观察实验现象，并分析得出结论。

本节课以学案为载体，使学生的学习能落在实处，重点知识一目了然。学案中的拓展延伸作为整体教学的一部分，体现了探究主线贯穿始终，将课内课外融为一体，又适时地引导学生思考如何保护人类赖以生存的环境，增强学生的环保意识，寓德育教育于学科教学之中。

总的来说，本节课采取以问题驱动的方式组织教学。在教学过程中，注意创设真实的问题情景，引导学生自主提出问题，鼓励学生大胆质疑，通过交流讨论，进而自主解决问题，体现了新课程大力倡导的"自主探究"的理念。本节课深度融合信息技术，STSE 教育思想贯穿始终，取得了较好的效果。

本节课学案

课题	单质碳的化学性质（第六单元课题1第二课时）	课时安排	1 课时
学科	初中　　　　　　化学	授课教师	刘贺红

学习目标	内　容	备注
1.通过原子结构分析和碳的化学性质实验,掌握碳在常温下化学性质的稳定性和高温下化学性质的活泼性。 2.通过碳与氧气、氧化铜等反应实验的探究,掌握碳的可燃性和还原性。 3.学会从得氧和失氧的角度理解氧化反应和还原反应。 4.通过这节课的学习加深理解结构决定性质、性质决定用途的辩证关系		

学习过程

课前预习

1.常温下,碳的化学性质＿＿＿＿,在点燃条件下,当碳在氧气或空气里燃烧时生成＿＿＿＿,同时放出＿＿＿＿化学方程式为＿＿＿＿＿＿＿＿＿＿;当碳燃烧不充分时,生成＿＿＿＿同时放出热量,化学方程式为＿＿＿＿＿＿＿＿＿。

2.在较高温度下,碳能跟某些氧化物反应,能夺取某些含氧化合物里的＿＿＿＿＿＿＿＿＿＿,具有＿＿＿＿性。如高温下与氧化铜反应的现象为＿＿＿＿＿化学方程式为＿＿＿＿＿＿＿＿＿＿＿＿＿＿＿＿＿＿。

课内学习

一、温故知新

1.金刚石、石墨和碳60都是由＿＿＿＿元素组成的单质。但是由于它们的不同,因此它们的＿＿＿＿＿＿＿＿存在着差异。

2.金刚石是天然矿物中最＿＿＿＿的物质,石墨可作电极,是因为它具有优良的＿＿＿＿性。

3.木炭和活性炭都具有＿＿＿＿＿＿的结构,所以它们相似的性质是＿＿＿＿＿＿。

二、情境导学

碳到底具有哪些化学性质呢?请观看视频

三、探究促学　碳的化学性质

分析碳的原子结构:$+6\big)2\big)4$,最外层电子数为4,既不易失电子,又不易得的电子,所以常温下,碳的化学性质不活泼。但是随着温度的升高,碳的活泼性明显增强。

内　容	备注
1.可燃性 (1)氧气充足的情况下,碳与氧气反应的化学方程式为 _____。 (2)氧气不充足的情况下,碳与氧气反应的化学方程式为 _____。 2.还原性 (1)还原金属氧化物: ①木炭和氧化铜反应的现象为 _____ ;化学方程 式为 _____ 。 实验注意事项: 1、酒精灯加网罩的目的是: _____ 。 2、加热前先 _____ 。 3、试管口应 _____ 。 4、实验完毕后,要先 _____ 。 ②焦炭和氧化铁反应的化学方程式 _____ 。 (2)还原非金属氧化物 碳在高温条件下还原二氧化碳,化学反应方程式为 _____ 。 小结:还原反应:含氧化合物里的氧被夺去的反应。 四、反馈测学 1.下列关于碳单质的说法正确的是(　　) A.碳60的相对分子质量为720 B.金刚石、石墨和碳60都是由碳元素组成,结构相同 C.木炭具有还原性,常温下可以将氧化铜中的铜还原出来 D.石墨很软,不能用于制石墨电极 2.《清明上河图》流传至今,风采依旧,其原因是碳在常温下具有(　　) A.稳定性　　　B.氧化性　　　C.可燃性　　　D.还原性 3.某物质在空气中完全燃烧后,生成的气体能使澄清的使石灰水变浑浊,该物质一定是(　　) A.含碳元素的化合物　　　B.含碳元素的物质 C.含碳元素的单质　　　D.无法判断 4.下列变化属于化学变化的是(　　) A.石墨导电　　　B.活性炭吸附有毒气体	

内 容	备注
C.金刚石切割大理石　　　　D.木炭还原氧化铜 5.下列物质既有可燃性,又有还原性的是(　　) A.氧气　　　B.木炭　　　C.氮气　　　D.二氧化硫 6.在一定条件下,下列物质中不能与单质碳发生化学反应的是(　　) A.CO　　　B.CO_2　　　C.O_2　　　D.CuO 7.两份质量相等的碳,一份与足量的氧气完全反应生成二氧化碳,另一份与氧气反应全部生成一氧化碳,则前者与后者消耗氧气的质量比为(　　) A.3:4　　　B.3:8　　　C.2:1　　　D.1:2 8.将3克碳放在6克氧气中燃烧,可生成的物质(　　)。 A.只有二氧化碳　　　　B.只有一氧化碳 C.既有二氧化碳又有一氧化碳　　D.以上说法都不对 9.(2018年五区县期末)下图是木炭粉和氧化铜在一定条件下进行反应的实验装置 C+CuO ① ② 澄清的石灰水 (1)酒精灯上网罩的作用是 ＿＿＿＿＿＿＿＿＿＿＿＿＿＿＿＿＿＿＿＿。 (2)木炭与氧化铜高温时反应的化学方程式 ＿＿＿＿＿＿＿＿＿＿＿＿＿＿＿＿＿＿＿＿＿＿＿＿＿。 (3)上述反应说明木炭具有＿＿＿＿＿＿(填"氧化"或"还原")性。 (4)反应的实验现象 ＿＿＿＿＿＿＿＿＿＿＿＿＿＿＿＿＿＿＿。 10.将足量的木炭粉和氧化铜粉末混合均匀,取8.6克此固体高温加热,完全反应后,冷却称量剩余固体为6.4克,求:原混合物中碳粉与氧化铜的质量各为多少克?(铜的相对原子质量取64) 五、拓展用学(课下通过组内讨论或查阅资料完成) 由碳燃烧的两种情况,同学们想到了哪些保护环境的措施?	

参考文献

[1]国家教委.九年义务教育中学化学教学大纲[M]北京:人民教育出版社,1994.

[2]程忆芳.化学教学中的环境教育[J].淮南职业技术学院学报.2006(3).

[3]徐冬青.环境问题:21世纪中国面临的严峻挑战[J].群言,2002(10).

[4]鲍高强.化学教学中环境教育的渗透[J].内蒙古石油化工,2004(01).

[5]牛文元.我国生态环境能力建设任重道远[J].群言,2002(10).

[6]刘玲玲.从环境教育视角解析新化学课程标准[J].化学教育,2003(Z1).

[7]王乃莹.论中学化学教学中的环保意识培养[J].通化师范学院学报,2004(05).

[8]中国大百科全书出版社编辑部.中国大百科全书:环境科学[M].北京:中国大百科全书出版社,1993.

[9]杨朝飞.环境保护与环境文化[M].北京:中国政法大学出版社,1994.

[10]中华人民共和国教育部.中小学德育工作指南实施手册[M].北京:教育科学出版社2017.

[11]中华人民共和国教育部.义务教育化学课程标准(2011年版)[S]北京:北京师范大学出版社,2012.

2.2 燃烧与灭火(苏湘)

2.2.1 教材分析

2.2.1.1 内容分析

《燃烧与灭火》是九年级化学人教版教材第七单元课题 1 的内容。本单元从学生司空见惯的燃烧和灭火入手，目的是以学生已有的生活经验作为学习起点，使学生从化学科学的角度认识燃烧就是种化学反应，让学生体会到化学就在身边，化学就是生活，激发学生学习化学的兴趣和愿望，使学生自然而然地"从生活走进化学"。本课题中的"燃烧"和"灭火"是生活中常见的现象，从远古时代的燃烧在生活和生产中的应用，到现代燃烧在生产生活和科技发展中的作用，形象地说明了燃烧与人类社会的密切关系。学生通过日常生活经验的积累，以及在学习本节课之前对氧气的学习，已经认识了一些物质在空气和氧气中的燃烧，学习了不同物质在氧气中的燃烧现象以及物质的物理性质、化学性质，建立了可燃物燃烧的剧烈程度是与氧气的浓度和可燃物与氧气的接触面积都有关系的认识，具备了对燃烧现象及灭火原理进行深入研究、进而获得理论上的升华的能力和条件。

本课题是对学生曾经学习过的"燃烧"进行深入了解并且应用于实际，在内容的编排上更加贴近生活实际。学生认识到化学反应是可以通过控制反应条件控制反应的进行，控制燃烧的条件就能控制燃烧的进行；灭火的原理就是破坏维持燃烧的条件；优化燃烧的条件，就能促进燃烧，从而达到节约能源、减少环境污染的目的，对学生生活实际有着重要的指导作用。学生在学习中将再次体会到化学研究的就是自己身边的物质，对于增强化学教学的实践性、提升学生的科学素养，都是极其重要的。本单元知识上承我们身边的物质，物质构成的奥秘等知识，下接常见的酸和碱，对于以前的知识是一种补充和完善，对于下一节"燃料的合理利用与开发"以及高中将要学习的"化学反应中能量的变化"都会起到铺垫作用，是帮助学生实现由知识向能力转换的一座桥梁。

本单元教材特别重视根据学习内容的特点和学生的认知发展水平，设计和精选相关图片，课题一共编入图 7-1、图 7-2 等 11 幅生产生活实际图片，通过这

些形象直观、内涵丰富的场景再现,不仅激发了学生阅读教材的欲望,而且促进了学生对知识的理解,加强了化学与生活实际的联系,发展了学生的情感和智能。教学中通过运用这些图片,可以培养学生获取信息并对信息进行分析加工处理的能力。

本单元蕴含着大量的实验题材,极具实践性,即基于生活实践,又在课堂中得到了提升。本课题教材共设置了两个"实验"、两个"讨论"和一个"探究"活动,主要包括三部分内容:一是对燃烧的条件的探究;二是根据燃烧的条件推断灭火的原理;三是有关易燃物、易爆物的安全知识。通过对本课第一课时的研究,明确燃烧的条件应包括以下三点:一是可燃物,一般具有可燃性。这与物质的化学变化和性质有关,与第六单元的碳及碳的氧化物有关;二是氧气、空气。这与我们周围的空气有关;三是温度达到可燃物的着火点(燃烧的最低温度)。在燃烧的条件中,三点必须同时存在,缺一不可。灭火的原理就是阻止燃烧的条件的发生,可以通过以下三点:一是将可燃物隔绝开,是针对于燃烧条件的第一点;二是隔绝空气或氧气,让可燃物不与氧气或空气接触,是针对于燃烧条件的第二点;三是降温,使温度低于可燃物的着火点,是针对于燃烧条件的第三点。灭火的原理对应于燃烧条件的任一点即可以起到控制火势的作用。生活中不仅要了解灭火原理,还要知道灭火器的使用,教材通过两个"资料卡片"丰富易燃物与易爆物的安全知识,让学生亲身体验燃烧与灭火、燃烧与爆炸,培养应用化学知识解决生产、生活中的实际问题的能力。

2.2.1.2 学情分析

本课的施教对象是初中三年级学生,从理论水平来说,学生在小学的自然课上接触过燃烧,在初三化学第一、第二、第六单元已经学习过铁丝、硫、木炭、蜡烛、一氧化碳在空气和在氧气中的燃烧;从生活经验来说,燃烧在生活中司空见惯,学生并不陌生。但是学生还不能从化学的角度正确、全面的认识什么是燃烧,燃烧需要满足什么条件,虽然知道灭火的方法但不知道原理。

本节课就是要从学生已有的知识和经验出发,结合课堂中的实验现象,把零散的知识积累、归纳、总结,分析得出燃烧的条件,进而得知灭火的方法,让学生由粗浅的感性体验上升到准确的理论认识,体会科学的认知事物的方法。同时也尽可能地让学生回顾生活中关于燃烧的各种现象和一些触目惊心的火灾事实,深刻体验五味俱全的知识大餐,明白知识来源于生活,同时通过科学学习,珍爱生命,学会更科学的生活方式。

经过前段时间的学习,学生虽然在学习过程中已经形成了一定的学习方法,但学习能力、分析解决问题的能力还有待提高。教材中关于本节课燃烧与灭火的大部分知识,学生均能通过课前的自行看书预习达到初步认知的程度,但是学生知识的学习和问题的分析还比较浅显,更多是停留在表象和表层,缺乏深入的思考与剖析。学生通过前面的学习具有一定的实验动手能力和实验探究能力,讨论的思维积极,课堂气氛活跃,有助于学生主观能动性的释放。但学生考虑问题的系统性不强,解决问题能力尚不完备,需要教师在本课题的教学中通过大量实验的设计思路讨论,帮助学生掌握探究实验的整体流程和控制变量的科学实验方法。

2.2.2 教学理念

2.2.2.1 教学理念选择原因概述

化学课程标准明确提出"义务教育阶段化学课程中的科学探究是学生积极主动的获取化学知识,认识和理解化学问题的重要实践活动""是一种重要的学习方法,也是义务教育阶段化学课程的重要内容"。科学探究是通过"做"来学习,强化学生的过程体验。从教育心理学的角度看,人的活动都是由一定的动机引起的。通过教材分析发现,本课教学内容是基于学生对物质的燃烧、生活中的燃烧现象、燃烧的条件和灭火的原理具有一定的感性认识和生活经验的实际情况进行学习。为此,本课教学的设计坚持以学生发展为本的教育思想,以信息化教学为理念,在教学中通过与信息技术精细化融合,创设探究式学习情景,以生活实际和知识应用为背景,利用大量且丰富的视频影像、图片、实验录像,激发学生的求知欲望,培养学生的思维能力,引导学生分析、归纳燃烧的条件、灭火的原理以及自救的措施,为学生提供更多的机会主动去体验探究过程,初步形成科学探究的能力,帮助学生进行深入的理论研究和能力提升,同时加强理解控制变量法在实验中的应用,进而增强学生对化学学习的求知欲,让学生真正成为课堂上的主人。

贴近生活,联系社会实际是激发学习兴趣的重要方法,也是学生适应现代生活和未来发展、提高科学素养和人文素养的需要。因此,本课教学设计充分利用多

媒体辅助教学,从学生熟悉的燃烧现象、生活场景入手,创设情景,调动学生的感官与思维,根据燃烧条件得出灭火方法,分析生活中常用的灭火方法及所用原理。在教学中同时充分发挥"互联网+化学实验"的重要作用,创造出能让学生产生积极的、健康的、强烈的求知欲望情绪的情景。让学生在高度兴奋的情境中,维持学习兴趣。让学生从兴奋到好奇,由好奇转而思考,由思考进而探究,在探究中使思维上升到逻辑和理性分析,最后转化为语言表达,获取新知、提升能力。学生在教师运用不同手段创造的美好情境中,不断激发学习兴趣,获得良好的学习效果并提高科学素养。

本课在信息融合教学中探索通过纸笔平板电脑营造网络学习氛围,在探究"灭火的原理"过程中,通过纸笔、平板电脑记录、共享探究实验的过程,分析评价每一个小组学习成果,让每个学生既是学习者,又是课堂学习资源的创造者。有效培养学生独立思考、求异思维、创新能力和团队合作精神。帮助学生直观的理解重点、突破难点,引导他们感受身边的化学物质和化学变化,增强学习的兴趣,发现问题、展开探究。

本课尝试把学习的主动权交给学生,放手让学生去探究、去观察、去讨论,让学生在实际操作中去感觉、去验证,从而发现知识、理解知识、掌握知识。本课时教学设计的基本思路是通过创设情境提出问题→针对问题的探究"燃烧的条件"→合作探究"灭火的原理"→巩固应用→火场自救知识体验,提高学生自身安全意识。教学中充分利用展示台、实物、图片、实验探究和课件、VR模拟场景体验等教学手段营造良好的课堂氛围,结合实验探究,讨论的情景设置,给学生更多的时间主动学习。

2.2.2.2 教学重、难点分析及教学策略选择

初中化学课程标准中,本单元是"化学与社会发展——化学与能源资源利用、保护好我们的环境""物质的化学变化—化学变化的基本特征—化学变化时伴随有能量变化"的重要教学内容。它体现了化学与生活、社会、人类的关系和作用,体现科学、技术、社会的相互关系,是体现化学教育价值的重要内容之一。为此,加强本单元内容的教学,对于增强化学教育的实践性,体现STS的理念,培养学生对自然、社会的责任感和正确的价值观,提高公民的科学素质,都是极其重要的。

依据课程标准,将本课题教学安排为两课时,本节课是第一课时,针对本课的学习内容,包括燃烧条件、控制变量思想、灭火、易燃易爆安全知识、化学和社会的联系,确定以下教学重难点:

(1)教学重点:燃烧的条件和灭火的原理。

(2)教学难点:

1)燃烧的条件和灭火的原理。

2)科学探究过程中用控制变量思想提出合理问题及对获得事实进行分析,并得出结论的科学方法。

(3)教学策略:

1)教学重点的解决:教师通过多媒体辅助教学,用贴近生活的真实素材创设问题情景,让学生从已有的生活经验出发,激发兴趣,调动思维,有利于充分发挥学生学习积极性。通过学生亲自动手操作、探究实验、观察现象、分析原因、获取新知,再将新知运用推演到生活生产实际的用途中。

2)教学难点的突破:教学中学生要通过对燃烧与灭火的学习,认识发生燃烧、爆炸的条件,了解防火、灭火的原理。本课通过将"燃烧"实验设置为由学生参与的探究活动,即对仅仅验证白磷在热水中虽温度达到着火点,但由于没有接触氧气而无法燃烧的实验进行了延伸:将氧气通入烧杯中白磷的上方后白磷在水下出乎学生意料的燃烧,这个现象极大地激励学生去探索其中的缘由,探究活动也顺理成章地被推上高潮,学生在非常自然的情境中总结得出燃烧所要具备的三个条件,原有的关于燃烧的体验在课堂中得到了理论上的提升。

在"燃烧"和"灭火"的探究活动中,通过借助信息技术融合构建而成的课堂学习网络,引导学生通过"控制变量法"进行探究活动,并将操作与结论及时交流、讨论、分析、总结,帮助学生理清思路、获取证据、进行推理、得出结论。很好地培养了学生的兴趣爱好、激发他们的好奇心和求知欲,使学生对化学学习产生浓厚兴趣和强烈需要的同时,掌握科学探究的研究方法。

2.2.2.3 教学准备

(1)教法准备:采用"情境导入→实验探究→多媒体辅助教学→交流讨论→巩固总结"模式,学生主体的教育理念。课堂上教师作为主导者,通过问题情景的创

设引导学生主动参与、积极思考、合理探究、充分交流,让学生在尽可能充足的时间内,得到充分的学习体验。

(2)学法预设:通过指导学生进行科学探究的基本途径:猜想假设→实验验证→观察比较→获取结论,引导学生学习观察现象、实行猜想、实验探究、推理判断、得出结论的科学探究基本历程。

(3)教学设计思路:情境创设提出问题→针对问题的演示对比实验中讨论、交流、归纳、总结"燃烧的条件"→学生分组设计实验,交流、归纳"灭火的原理"→用所学知识解决生活中实际问题→学习火场自救知识,提高学生自身安全意识。

(4)信息技术准备:利用多媒体课件辅助教学、"燃烧的条件"实验教学视频、氢气球爆炸实验视频、《西游记》片段视频、纸笔、平板电脑营造学习网络以及 VR 虚拟校园逃生场景等信息技术手段,将实际生产生活场景、情境引入课堂,让学生身临其境感受化学与生活的紧密联系。利用清晰的信息化呈现,总结知识框架,帮助学生对燃烧与灭火的知识进行系统化构建,以课件、视频及实验为载体,完成本节课的教学任务。

(5)教学器材准备:

仪器及药品:小蜡烛、烧杯、碳酸钠溶液、盐酸、胶头滴管。

设施及设备:多媒体、纸笔 iPad 电脑、实物摄录展示台。

2.2.3 教学目标

2.2.3.1 知识与技能

(1)探究物质燃烧的条件,了解灭火的方法和原理。

(2)知道一些防火和自救的常识,培养学生自护自救能力。

2.2.3.2 过程与方法

(1)通过信息技术环境下的化学实验学习,探究问题的基本方法。

(2)通过实验探究,认识控制变量法在化学学习中的重要作用。

(3)通过活动和探究,体会对获得的事实进行分析并得出结论的科学方法。

2.2.3.3 情感态度与价值观

(1)通过视频播放、实验演示使学生科学地认识研究燃烧、灭火对人类社会发展的作用,体会化学知识来自生活,学习安全知识,学会珍爱生命。

(2)通过学生主动分析、乐于探究、勤于动手,在掌握基本知识和基本技能的同时,形成积极主动的学习态度、学会学习、形成正确的价值观。

2.2.4 教学过程

教学环节	活动目标	教学内容	活动设计	媒体应用及分析
情景引入	1.激发好奇心理及求知欲,为学生进行科学探究提供一个问题情景环境。 2.培养学生发现问题、解决问题的思维能力	1.引言:火是人类文明进步的标志,自燧人氏钻木取火到火为人类利用,人们对燃烧现象进行了大量探索。燃烧是人类最早利用的化学反应,你能列举身边利用燃烧的例子吗?如果使用不当又会怎样呢? 2.投影:2019年9月开始的澳大利亚森林大火,燃烧了长达5个多月才基本扑灭。过火面积达180万公顷,有1400多千米的海岸线都在燃烧,相当于从我国东北烧到了江浙沪。造成了非常严重的损失,数以千计的居民被迫逃离家园。 导入:燃烧是一把"双刀剑"。要想让它为人类造福而不引发灾难,就需要学习"燃烧和灭火"的有关知识	观看生产生活中燃烧照片,一组有关火灾现场的图片,猜想: 1.火灾发生的原因是什么? 2.为什么大火未能及时扑灭? 3.要扑灭这么大的火,用什么方法最快? 4.灭火时,应注意什么?	多媒体展示钻木取火、古埃及人炼铜、烹饪食物、火箭升空以及澳大利亚森林火灾图片,联系生活实际创设情境,激发学生求知欲
实验探究:燃烧的条件	1.用明显的实验现象验证学生的推理,使学生体验推理探究获得成功的乐趣,增强学生探究知	1.录像播放实验:在一个500毫升烧杯中加入300毫升热水,将一块黄豆粒大小的白磷放在一个金属盖内并放入热水中。然后在烧杯上盖上一片薄铜片,铜片上一	观查并讨论: 1.实验中薄铜片上的白磷燃烧而红磷不燃烧的事实,说明燃烧需要什么条件?	1.利用实物摄录展台投影演示实验,通过放大画面,便于所用同学清楚地观察到实验现象

教学环节	活动目标	教学内容	活动设计	媒体应用及分析
	识的信心,培养学生探究意识,从而突出了本节课的重点,解决本节课的难点。 2.根据实验现象并在讨论和交流的基础上,由不同的实验事实再次得出燃烧所需要的条件。培养学生的科学探究能力和严谨的思维方式,了解对比实验在科学探究中的重要性	端放一小撮干燥的红磷,另一端放一块用滤纸吸去表面上水的白磷,观察现象。 白磷 红磷 薄铜片 热水 白磷 2.实验探究:如何让热水中的白磷燃烧? 氧气 热水 白磷 引入控制变量思想:一次只改变其中的某一个因素,而控制其他因素不变,使多因素的问题,变成几个单因素的问题分别加以研究,最后将几个单因素的问题的研究结果加以综合,这种方法叫控制变量法。 总结:物质燃烧需要三个条件(强调三个条件缺一不可): (1)可燃物;(2)可燃物接触氧气(或空气);(3)可燃物温度达到所需的最低温度(即着火点)	2.薄铜片上的白磷燃烧而热水中的白磷不燃烧的事实说明燃烧还需要什么条件? 3.探究热水中的白磷燃烧的条件:通入少量氧气。 归纳、体会在燃烧条件探究中控制变量思想的应用	2.探究实验过程中用多媒体搭建"火三角" 温度达到着火点 火 氧气 可燃物 帮助学生对物质燃烧的三个条件形成形象记忆。 课件以图表方式归纳展示白磷、红磷的燃烧情况与变量的关系,呈现控制变量的研究方法

教学环节	活动目标	教学内容	活动设计	媒体应用及分析
合作探究：灭火的原理	1.通过分组实验和小组讨论培养学生合作意识和合作能力，引导学生解决问题，培养学生通过分析、归纳实验现象、总结获取实验结论的能力。 2.指导学生从实际生活经验入手，得出灭火的原理或方法。通过讨论并解释日常生活中常见的灭火措施，理论联系实际，进一步理解燃烧与灭火的关系，突破难点	提问：燃烧需要三个条件，这三个条件必须同时具备吗？如果缺少一个，燃烧会怎样？ 分组实验： 点燃3支蜡烛，在其中一支蜡烛上扣一个烧杯；将另两只蜡烛分别放在两个烧杯中；然后向一个烧杯中加适量碳酸钠和盐酸。 I　II　III 视频播放：《西游记》第41回孙悟空大战红孩儿中龙王灭火片段。 问题1：水是不是能灭各种火呢？ 问题2：在家里炒菜时油锅中的油不慎着火，如何处理？为什么？ 问题3：扑灭森林火灾时的有效方法之一是将大火蔓延线路前的一片树木砍掉，为什么？ 问题4：扑灭森林火灾还有什么有效方法？ 总结： 灭火的原理（强调三个方法满足一点即可）： (1)清除可燃物；(2)隔绝氧气(或空气)；(3)降低温度到可燃物着火点以下。	分组实验、观察蜡烛变化并交流分析变化的原因，并得出结论： 三支蜡烛熄灭的原因。 蜡烛1是燃烧导致烧杯内氧气耗尽； 蜡烛3是生成的二氧化碳将蜡烛与空气隔开；体会控制变量思想在灭火原理中的应用。 观看视频，结合生活现象对问题讨论交流，尝试用将理论联系实际，进一步理解燃烧与灭火的关系	学生通过纸笔平板电脑拍摄分组实验过程、记录现象，回传实验报告，形成网络学习的环境。在此氛围下，学生自主对自己认知进行重新建构。形成组内生生互动、组间互动、师生互动等多向互动方式，扩展了学生进行知识探究的自主性。 通过经典影视节目的生动画面，再现联系学习学生熟悉的生活情境，调动学生的感官与思维，指导学生应用灭火知识解决生活实际问题

续表

教学环节	活动目标	教学内容	活动设计	媒体应用及分析
活动探究：安全知识	1.让学生初步了解灭火器的原理以及初步学会灭火器的选择和使用。 2.联系实际，让学生体会化学学习的价值，掌握自救的安全知识	视频播放：氢气球爆炸实验 视频： 1.燃烧和爆炸有关的图标。 2.灭火器的选择和使用。 3.家庭火灾预防措施及扑救常识	观察实验现象讨论与交流： 1.生活中常见易燃物、易爆物的安全知识。 2.联系生活，若遇到火灾，有哪些自救的方法	通过多媒体播放，提供丰富的课程资源，通过多种感觉器官的刺激，提高了学生的记忆和联想能力
拓展与巩固	让学生理论联系实际，提高学生对火灾的安全防范意识	学校安全逃生体验： 根据学校的特点，虚拟校园发生火灾场景，体验灭火、自救措施	通过 VR 虚拟场景，体验、交流	通过模拟体验式学习将所学直接运用于生活实际
归纳与整理	增加教学的趣味性，激发学生的学习兴趣和求知欲，并且利于加深学生的记忆效果。 培养学生自我归纳总结的能力	提问：本节课你学到了什么？ 板书整理	交流学习收获	PPT 总结本课所学知识，帮助学生建构燃烧与灭火相关知识联系
板书提纲	第七单元课题一：燃烧与灭火 燃烧的条件 —— 可燃物 ⟶ 清除可燃物 氧气 ⟶ 隔绝氧气 温度达到着火点 ⟶ 降低温度到可燃物着火点以下 灭火的原理			

2.2.5 教学反思

本课教学基于对教材的理解和把握，以学生已有的生活经验作为学习起点，使学生从化学科学的角度认识燃烧这种化学反应，让学生体会到化学就在身边，化学就是生活，激发学生学习化学的兴趣和愿望，使学生自然而然地"从生活走进化学"。课前充分考虑学生的学习基础、生活经验与能力水平，确定"信息技术与实验探究精细化融合"的教学策略。

信息技术与化学课堂教学的精细化融合，体现在精细化备课、精细化教学设计、精细化教学上。在教学中将信息技术运用到合理、恰当的地方，可以产生动感的画面，化抽象为具体，激发学生的学习兴趣和学习的主动性，提高课堂的教学质量和学生的学习效率。

本课通过信息技术与探究式教学精细化融合的探索，有效利用信息技术手段，发挥创设学习情景、搭建合作探究学习环境、构设课堂学习网络平台，进而帮助学生建构知识体系的作用。引导学生进行探究活动，并将操作与结论及时交流、讨论、分析、总结，帮助学生理清思路、获取证据、进行推理、得出结论。通过本课教学，很好地培养了学生的兴趣爱好、激发学生的好奇心和求知欲，使学生对化学学习产生浓厚兴趣和强烈需要的同时，掌握科学探究的方法。

2.2.5.1 信息技术精细化创设学习情景

好的开头是课堂成功的一半，著名特级教师于漪曾经说过："课的第一锤要敲在学生的心灵上，激发起他们思维的火花，或像磁石一样把学生牢牢地吸引住"。本课中，导入环节充分利用多媒体课件，以燃烧在生产生活中广泛应用的丰富图片式情景再现和长达 5 个多月的澳大利亚森林大火的触目惊心视频的强烈对比，通过场景设计，将学生带入现实生活，创设问题情境，深深地吸引住了学生的注意力，激发学生的求知欲望，使他们情绪饱满地主动接受新知识。

课前利用计算机、多媒体搜集文字、视频、动画等多种信息传输为一体，精心制作了学生熟悉、激发兴趣，形象具体的教学视频，如《西游记》第 41 回"孙悟空大战红孩儿"关于燃烧的影像视频，在教学实际中播放就极具真实感和表现力，使学生动情入境，集中注意力，在生动轻松的学习情境，快速进入学习状态，为提高学习效率和效果奠定良好的基础。

2.2.5.2 信息技术精细化营造学习环境

本课教学中尝试依托信息技术,为学生营造主动学习、知识建构的讨论和学习环境。例如:在"燃烧的条件"的探究中结合实验现象,通过多媒体课件呈现问题线索,问题一是铜片上白磷燃烧而红磷不燃烧,说明燃烧的条件是什么?问题二是铜片上白磷燃烧而热水中白磷不燃烧,说明燃烧还需要什么条件?问题三是如果让热水中白磷燃烧,需要什么条件?问题四是通过讨论你可以总结出燃烧需要哪些条件。伴随学生通过对问题的思考、讨论,多媒体课件形成了围绕"燃烧的条件"的一条完整的"问题线索链",帮助学生深入、系统学习。

在对"燃烧的条件"控制变量组织讨论环节中,通过多媒体课件呈现出对上述问题线索的讨论过程,如"问题一铜片上白磷燃烧而红磷不燃烧,说明燃烧的条件是什么"的课件"梳理图"为:

可燃物+	氧气	温度	生成物+能量
铜片上白磷	☑	☑	燃烧
铜片上红磷	☑	×	不燃烧

再如"问题二:铜片上白磷燃烧而热水中白磷不燃烧,说明燃烧还需要什么条件"的课件"梳理图"为:

可燃物+	氧气	温度	生成物+能量
铜片上白磷	☑	☑	燃烧
热水中白磷	×	☑	不燃烧

通过课件演示,帮助学生清晰、直观地建立起控制变量思想,在精细化营造的学习问题环境中迅速落实本课教学知识点、解决本课重点、突破教学难点,减轻了授课压力,带动全班各层次水平的学生参与到学习中。

2.2.5.3 信息技术精细化搭建沟通平台

教师在信息化环境下的教学活动不单单仅限于使用信息化工具,更不能是为了用而用。精细化融合不仅要求教师要把技术转换成教学能力,运用到教学活动中并成为常态,更要将信息技术工具的使用真正做到适时、适当、适度。本课教学中的信息化整合,从设计到应用力求找准信息技术与教学内容之间的融合点,使其中每一项技术的使用都是为教学设计服务,为满足学生为主体的课堂教学服务。例如,教学中通过纸笔平板电脑拍摄分组实验过程、记录现象,回传实验报告,形成网络学习、沟通平台。通过网络平台的构建,为师生互动、生生互动、组间互动、学生与学习内容等多向互动提供服务。学生能够在互动平台中得到最及时的学习帮助、找到合作伙伴完成学习活动,自主对个人形成的认知再度进行重新建构。平台扩展了学生进行知识探究的自主性和积极性,全面培养了学生的创新与合作、认知与系统的思维。

反思本课教学,通过教师活动、学生活动双线并行,实现学生学习能力发展线提升。其中,"教师活动"线表现为:创设情境→组织问题解决→知识引导整理→指导练习应用→提供反馈评价;"学生活动线"表现为:注意与预期→探索与交流→概括与系统→取得应用知识→改组认知结构;"学生学习能力发展"表现为:激活原有认知结构→获得知识技能策略→形成知识技能结构→知识技能迁移→构建活动经验结构。通过与信息技术精细化结合,在培养学生观察问题、分析问题和解决问题的综合能力、提升学生的化学学科核心素养上取得一定的教学效果。总体表现在以下三点:

(1)以学生为主体,以活动为主线,学生的学习兴趣浓厚,对于知识掌握的比较牢固。在教学过程中,在教师引导下,通过探究性学习,让学生充分动手操作、观察体验、合作交流,帮助学生理解和巩固学科知识,规范和熟练实验基本技能,形成科学概念。通过师生交流、生生交流,碰撞思维,达成共识。

(2)通过信息化精细融合下的"信息化+实验"探究式教学,有效突破教学重点与难点。通过教材中的化学实验探究燃烧的条件,降低了难度,使学生较轻松地得出燃烧的条件,并分析出灭火的方法。学生通过教师的演示实验,对燃烧的条件有更准确、深刻的认识。通过分组实验,在实验中去体验、去感受,进而激发了学生的探究欲望和学习热情。

(3)现代信息化教育媒体运用相对适当、合理。教学中通过创设情景、实物摄录展台高清度显示实验完整过程、纸笔平板电脑营造网络学习氛围、VR 模拟场景体验等手段,直观、形象、生动、有效地刺激了学生的多种感官,吸引了学生注意力,有助于培养学生的观察能力,提高了学生参与活动的积极性,学生表现出极大的兴趣,既体现了技术满足人类需求的人文关怀,也把发现问题、解决问题的过程展示给学生,引导学生进入主题,树立了应用技术解决问题的技术意识。

信息化时代下的教育已经迎来重大变革,无论是学习软件、教学软件、甚或是

智能教育机器人的不断开发与升级,迫使教师要认真思考如何用信息技术改变自身的教学方式,如何用互联网迭代升级自己的知识以及如何提升自身的创新思维和批判性思维。反思本课教学,确实存在一些不足之处:

(1)信息化时代下的教师需要的不仅仅是传授知识,更重要的是培养学生的学习能力。虽然体现了学生的主体作用,但课堂的开放度不够,仍然是学生按照教师的设计的思路活动,没有激发出学生的创新思维,没能真正把课堂还给学生。在信息技术下的化学课堂中,今后可以尝试将诱发主题相关的情景可根据学生需要反复浏览,根据教学任务设计的有吸引力的、可操作的内容,学生可根据自己的情趣和特点进行探究。以真正实现让信息技术为课堂服务,学生的参与使技术与知识更具活力和生命力的美好目的。

(2)本课中有些知识点,例如易燃易爆物的相关知识不一定只有通过课上教师传授才能让学生能够获得,可以借助信息技术创设一定的学习情景,借助其已有的学习经验,利用必要的学习资料,通过课前预习而得。这样可以让学生真正成为学习的主人,从而形成自主体验、自主探究、自主实践的品质,让教师成为学生建构知识的设计者、支持者和促进者。

参考文献

[1]课程教材研究所.人教版义务教育教科书教师教学用书(2016版)[M].北京:人民教育出版社,2016.

[2]中华人民共和国教育部.义务教育化学课程标准(2011年版)[S].北京:北京师范大学出版社,2011.

[3]余柳霖.谈信息技术支持下的课堂教学变革[J].新时代教育(学生版),2018(45).

[4]陈志伟,陈秉初.中学科学教学论[M].北京:科学出版社,2012.

2.3 一氧化碳(董佩臣)

2.3.1 教材分析

2.3.1.1 地位与作用

《一氧化碳》安排在第六单元课题 3 第二课时,一氧化碳是继二氧化碳之后又一种常见的碳的氧化物。通过本节课的学习,既可以了解这两种碳的氧化物在性质上的差异,又可以总结氢气、碳、一氧化碳三者在化学性质上的相似性。从而使有关知识得到巩固和深化。

2.3.1.2 设计思路

本节课从设计上,先引导学生了解一氧化碳的毒性,然后再认识物理性质和其他化学性质。这是因为一氧化碳的毒性是同学们在日常生活中有所了解的,这样更符合化学学科的认知规律。同时也为探究一氧化碳还原氧化铜的尾气处理打下了基础。

2.3.1.3 设计意图

通过力求贴近生活的实验,使学生保持和增强对生活和自然界中化学现象的好奇心和探究欲,发展学习化学的兴趣。通过对一氧化碳还原氧化铜尾气处理的研究,使学生逐步树立珍惜资源、爱护环境的观念。

2.3.2 教学理念

2.3.2.1 教学理念

为学生提供主动探索的空间,在知识的形成和发展过程中养成科学的态度,获得科学的方法。整个教学活动中,在重视教师及他人对学生学习状况进行评价的同时,更要重视学生个体的自我评价。

2.3.2.2 学情分析

一氧化碳的毒性是学生从日常生活中了解的,本节课从设计上,先引导学生了解一氧化碳的毒性,然后再认识物理性质和其他化学性质。这样更符合化学学科的认知规律。同时也为探究一氧化碳还原氧化铜的尾气处理打下了基础。所以学习起来相对简单易于接受。关于一氧化碳还原氧化铜实验装置的设计,应注意考虑学生基础,可以选择整套装置进行设计,也可以只讨论尾气的

改进。

2.3.2.3 理论支撑

本节课的教学设计突出了新课程标准中通过有关资料的搜集,使学生初步学会用归纳、概括等方法对获取的信息进行加工。通过小组讨论,使学生能主动与他人进行交流,清楚的表达自己的观点,逐步形成良好的学习习惯和学习方法。

2.3.3 教学目标

2.3.3.1 知识与技能

(1)通过实验探究,了解一氧化碳的可燃性、还原性以及毒性。

(2)了解一氧化碳的物理性质。

2.3.3.2 过程与方法

(1)通过一氧化碳有关资料的搜集,使学生初步学会用归纳、概括等方法对获取的信息进行加工。

(2)通过小组讨论,使学生能主动与他人进行交流,清楚地表达自己的观点,逐步形成良好的学习习惯和学习方法。

2.3.3.3 情感态度与价值观

(1)通过力求贴近生活的实验,使学生保持和增强对生活和自然界中化学现象的好奇心和探究欲,发展学习化学的兴趣。

(2)通过对一氧化碳还原氧化铜尾气处理的研究,使学生逐步树立珍惜资源、爱护环境的观念。

2.3.4 教学重难点分析及解决措施

2.3.4.1 重点与难点

(1)重点:本节课的重点是一氧化碳的化学性质。

(2)难点:本节课的难点是在氢气、碳还原氧化铜装置的基础上,设计一氧化碳还原氧化铜的实验装置。学生是第一次遇到综合实验的设计,需要考虑一氧化碳易爆、生成物的检验、尾气的处理、洗气瓶的使用等多个环节,对于学生来说有一定的难度。

2.3.4.2 解决措施

从现实生活入手,先引导学生了解一氧化碳的毒性,然后再认识物理性质和其他化学性质。一氧化碳毒性、可燃性的实验能够探究极大地激发学生的求知欲,从学生的已有经验出发,给学生主动参与实验的机会,同时向学生渗透探究问题的科学方法。再对比氢气、碳的化学性质,探究一氧化碳的还原性,从而突出本节课的重点。氢气、碳都具有可燃性,同时还具有还原性。那么一氧化碳呢?在教师的引导下提出猜想和假设,如果一氧化碳能够还原氧化铜,那么产物可能是什么? 对比氢气和碳还原氧化铜的实验装置,设计一氧化碳还原氧化铜的实验装置。学生在探究过程中可能会遇到各种问题,教师适时点拨。使学生对探究活动进行反思,并能提出改进的具体建议,同时体验到探究活动的乐趣和学习成功的喜悦。

2.3.5 教学设计

2.3.5.1 创设情境、导入新课

老师:【设问】同学们听说过煤气中毒吗?有谁亲身经历过或听别人描述过煤气中毒的体验呀?给大家说说。

学生:思考、回答。

老师:你们知道煤气的主要成分是什么吗?我们已学过二氧化碳的性质,从化学式上看一个一氧化碳分子比一个二氧化碳分子少一个氧原子,那么生活中你都了解哪些有关一氧化碳的知识呢?

学生:根据已有的知识经验和生活常识,提出一氧化碳的可燃性、毒性等。

老师:【引入】很多同学知道一氧化碳有毒,还有同学说"一氧化碳有气味儿"(这是混淆了煤气和一氧化碳),多媒体展示两篇关于一氧化碳中毒的报道。安徽芜湖短短两年内就有 50 多人死于煤气中毒。贵州毕节 5 名儿童一氧化碳中毒死亡。再来观察这个实验(视频),用两个烧杯分别罩住两只小白鼠,向其中一只通入一氧化碳,片刻之后吸入一氧化碳的小白鼠死亡。

设计意图:①从现实生活和兴趣实验入手,极大的激发学生的求知欲。②从学生出现的问题着手研究,体现以学生为主体的教育理念。③与二氧化碳对比,使学生逐步学会使用合理的学习方法。

2.3.5.2 探索新知、互动创新

老师:看来一氧化碳确实有毒,它为什么能使人中毒呢?同学们一起来探究实验内容(一)。

实验内容(一):一氧化碳的毒性

实验仪器、药品、用品:试管架、试管(若干)、集有一氧化碳且密封的试管、注射器(戴针头)、小烧杯、鲜鸡血、火柴。观察重点:鸡血颜色的变化。

老师:液体药品没告诉用量,取多少?

学生:1~2mL

老师:【演示】用注射器吸 2mL 鸡血,1mL 注入空试管中,1mL 注入含一氧化碳的试管中,此时注射器不要拔出。注意观察鸡血颜色的变化?(先向试管中注入少量的鸡血,留作对比。传统的气体和液体反应,一般是把气体持续不断地通入液体中,但由于一氧化碳有毒,容易污染空气。改进后的实验在一个密闭的容器中进行,既增大了安全系数,又得到了较为明显的现象。两只试管放在白色背景下对比会比较明显。)新鲜的血液为暗红色,通入一氧化碳后变成樱桃红。

学生:阅读教材了解一氧化碳的中毒机理。

设计意图:这样做加强了对学生的环保教育和安全教育。

老师:【讲解】在正常的血液中血红蛋白与氧气结合,呈暗红色,血红蛋白如果与一氧化碳结合,血液较为鲜红,呈樱桃红。一氧化碳与血红蛋白结合的能力比氧气与血红蛋白结合的能力强 200 多倍。因此,人吸入一氧化碳,就会造成缺氧,如果较长时间吸入较多的一氧化碳便会致人死亡。

老师:这属于一氧化碳的什么性质?(板书)一氧化碳还具有哪些物理性质呢?请同学们阅读教材,总结一氧化碳的物理性质。(找学生回答并板书。)

学生:阅读教材以及对贮气瓶中一氧化碳的观察,总结一氧化碳的物理性质。通常情况下:一氧化碳是无色、无味的气体,密度略小于空气,难溶于水。

老师:好,我们看几个练习。

(1)有人说在煤炉上放一壶水就能防止一氧化碳中毒,这种说法对吗?为什么?

学生:不对,一氧化碳难溶于水。

(2)煤气厂为什么常在家用煤气(含有一氧化碳)中掺入微量具有特殊气味的

气体？

学生：一氧化碳无色无味，加入有特殊气味的气体提示人们一氧化碳泄漏。

(3)如果发生煤气泄漏应当怎么办？

A.迅速做人工呼吸

B.立即打开换气扇开关

C.拨打急救电话 120

D.立即关闭煤气阀门，打开门窗

(引导：一氧化碳有可燃性，与空气混合后遇火花可能发生爆炸。大家讨论后回答。)

学生：打电话或打开电器开关都可能产生电火花，可燃性气体与空气混合遇明火可能发生爆炸。

设计意图：通过实验和学生之间的问与答，把学生的学习与现实生活又拉近了一步，使学生产生能够学以致用的兴奋感，了解化学与生活的密切联系，从而逐步学会分析和解决与化学有关的一些简单的实际问题。

老师：【设问】碳有可燃性，燃烧产物是什么？那么一氧化碳燃烧的产物又是什么呢？请同学们看实验内容(二)。

实验内容(二)：一氧化碳的可燃性

实验仪器、药品、用品：集有一氧化碳且密封良好的锥形瓶、火柴、澄清石灰水。

思考：如何点燃一氧化碳，才确保安全？

观察重点：物质燃烧时产生的现象。完成对一氧化碳燃烧产物的探究。先讨论两个问题：合理点燃一氧化碳的方法，如何对假设的产物进行验证。(找学生说实验方案。)先打开瓶塞还是先点火？为什么？

学生：先点着火，放在试管口，再打开瓶塞，防止一氧化碳泄漏。

学生：产生蓝色火焰，生成一种能使澄清石灰水变浑浊的气体，根据实验现象写出化学方程式。

设计意图：这样做的目的在于注意从学生的已有经验出发，给学生主动参与实验的机会；同时向学生渗透探究问题的科学方法，即提出问题—猜想与假设—制定计划—进行实验—得到结论—表达与交流，这是我们进行科学探究的一

般思路。

老师：【设问】氢气、碳都具有可燃性，同时还具有还原性。那么一氧化碳呢？如果一氧化碳能够还原氧化铜，那么产物可能是什么呢？

请同学们仔细研究一氧化碳还原氧化铜的装置。

学生：对比氢气和碳还原氧化铜的实验装置，设计一氧化碳还原氧化铜的实验装置。（由于一氧化碳有剧毒，考虑学生的安全问题，由教师提供足够的仪器图片如酒精灯、导管、气球、水槽、集气瓶等，提供的"仪器"不一定都用，药品任意用，学生拼出实验装置图。）

学生在探究过程中可能会遇到各种问题，教师适时点拨。

设计意图：使学生对探究活动进行反思，并能提出改进的具体建议，同时体验到探究活动的乐趣和学习成功的喜悦。

学生通过讨论、研究，发现了许多可行装置，如

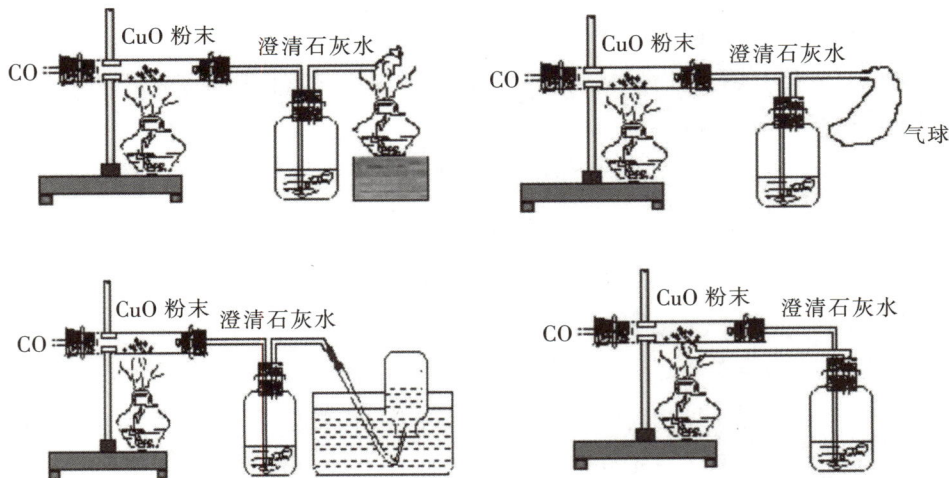

教师对将尾气用导管连至加热氧化铜处燃烧的这个尾气处理方案既防止了一氧化碳污染环境又节约了能源，化废为宝，给予表扬。

由学生归纳操作程序，引发讨论，得出通气—加热（排净装置内空气，防止爆炸）—停热—通气（防止灼热的铜再次被氧化）—尾气处理的实验程序。

老师：【演示】探究一氧化碳的还原性，还可以采用什么方案呢？

实验内容(三):一氧化碳的还原性

用排石灰水法收集了一瓶一氧化碳,将红亮的铜一端插入橡胶塞,另一端加热,使表面被氧化,现在呈什么颜色? 这是什么物质? 再加热,然后迅速插入锥形瓶中,同时用橡胶塞塞好锥形瓶。

同学们看? 谁来描述一下反应的实验现象?

学生:红色的铜丝在空气中加热后表面变黑,遇一氧化碳后又变红,同时澄清的石灰水变浑浊。

设计意图:通过教师设计的经典改进实验,让学生认识到不一定要沿着教材、前人设计的思路走,要有自己的独立创新,使学生的集中思维向求异思维发展,从而培养学生的创新意识。

学生:根据黑变红、澄清石灰水变浑浊的实验现象写出化学方程式。

老师:【设问】实际上,一氧化碳不但能还原氧化铜,还能还原氧化铁等其它金属氧化物,所以工业生产中一氧化碳有什么用途? 那么它有可燃性,有什么用途?

学生:思考一氧化碳的性质,写出一氧化碳还原氧化铁的化学方程式,并对比碳,可以看出一氧化碳也可以夺走某些含氧化合物中的氧,体现了一氧化碳的还原性。归纳一氧化碳的用途:冶炼金属,燃料。

老师:引导学生根据一氧化碳的化学性质总结一氧化碳的用途,体现性质决定用途的观点。学生初次书写一氧化碳还原氧化铁的化学方程式,配平是有难度的,可以待部分学生书写后,再总结规律,即一氧化碳分子夺走一个氧原子形成一个二氧化碳分子,所以一氧化碳和二氧化碳的化学计量数相等。

2.3.5.3 交流评价、回归生活

学生完成课堂练习并进行讨论。

(1)煤气的主要成分是一氧化碳,下列说法不属于一氧化碳性质的是(　　)

A.煤气有还原性　　　B.煤气有毒　　　C.煤气可以燃烧　　　D.煤气有味

学生:毒性、可燃性、还原性都是一氧化碳的化学性质。煤气的主要成分是一氧化碳,一氧化碳本身无色无味。煤气中添加了有特殊气味的乙硫醇,用于提示人们煤气泄漏。故选 D。

(2)吸烟对人体有害。燃着的香烟产生的烟气中含有一种能与血液中血红蛋

白结合的有毒气体,它是＿＿＿＿＿＿＿＿＿＿＿＿＿＿。

学生:一氧化碳与血红蛋白结合产生碳氧血红蛋白。

(3)一氧化碳可用作气体燃料,是根据其具有＿＿＿＿＿＿性。一氧化碳又可以用来冶炼金属,是根据其具有＿＿＿＿＿＿性。

学生:可燃性;还原性。

(4)讨论如何对一氧化碳的污染进行防治。

学生:学生通过课前搜集资料认识到,人为排放的一氧化碳,一半以上来自汽车尾气,所以提出许多建议如:开发新能源代替化石燃料,改进发动机使燃料充分燃烧,甚至使用"双发动机"使一氧化碳循环利用。

设计意图:教师对同学们的建议给予高度的评价,使他们以后更加关注与化学有关的社会问题,初步形成主动参与社会决策的意识。

2.3.5.4 归纳总结、提炼方法

【播放】一氧化碳自白书:

我的名字是一氧化碳,状态是气体,因为我是无色无味的,因此即使我在你们眼前,你们也看不到我。也正是因为我很隐蔽,所以让许多人容易忽略我的存在。我知道现在一提起我,很多人都横眉冷对,谈我色变。这也不怪你们,因为我生下来就有毒性,加之我不易被人发现,所以因为我中毒而死亡的不计其数。但这也不能全怪我。因为人们在使用一些含碳燃料时并不注意燃料充分燃烧,结果生成了我。而我和氧气同时被人或动物吸进肺时,血液中的血红蛋白这辆车将我放在车上而将氧气甩在车外,他载着我从身体中穿过时,不能给任何器官提供氧气,时间一长,人或动物因缺氧而死亡。我也因此犯下了许多罪案,提起来我也很难受,所以只要人们给我提供条件比如说点燃或加热,我就尽快夺氧而改头换面,变成二氧化碳,逃脱罪名。在我改头换面的同时,我终于发现了我的优点,让我存在下去的理由。比如在点燃时我发生变化的同时放了热,这样人们可以利用我去做燃料。当在加热时我变成了二氧化碳,与此同时我因为夺氧而成为还原剂,我又能为人们冶炼出金属。但这并不能洗刷人们对我的片面认识,这使我很痛心。我多么希望人们能客观地认识我,像认识氧气、氮气、二氧化碳那样认识我,重新审视我,重新为我打一个合格分。

【小结】通过本节课的学习,你有哪些收获(知识方面、学法方面)?

（1）学生总结,这节课学习的主要知识。

生:一氧化碳的物理性质(无色、无味、气体,密度略小于空气,难溶于水);化学性质(毒性、可燃性、还原性)

（2）师生总结,在学习中应用了哪些重要的学习方法?

研究一氧化碳毒性、可燃性、还原性都运用了实验探究法;研究一氧化碳还原性对照氢气和碳的化学性质,运用了对比学习法。

（3）你认为课前搜集资料和课上的小组活动对你有帮助吗?有什么帮助?

课前通过一氧化碳有关资料的搜集,可以使自己初步学会用归纳、概括等方法对获取的信息进行加工。通过小组讨论,能主动与他人进行交流,清楚的表达自己的观点,逐步形成良好的学习习惯和学习方法。

设计意图:教师与学生共同反思,把知识纳入系统。

2.3.5.5 作业布置、巩固提高

评价一氧化碳的功与过。

"功":燃烧放热,常见的燃料;具有还原性,可以用来冶炼金属。"过":使人中毒,污染空气。

选做题:思考一氧化碳与二氧化碳的转化与鉴别方法(利用化学方法)。

转化:一氧化碳燃烧或还原氧化铜可转化成二氧化碳;二氧化碳通过炽热的碳层可转化为一氧化碳。

鉴别:燃着的木条分别深入待测气体,使木条熄灭的原气体为二氧化碳,气体燃烧,产生蓝色火焰的原气体为一氧化碳(可燃性);分别倒入澄清的石灰水,振荡,使石灰水变浑浊的原气体为二氧化碳,无明显变化的为一氧化碳(二氧化碳与石灰水的反应);分别倒入紫色的石蕊试液,振荡,使紫色石蕊试液变红的原气体为二氧化碳,无明显变化的为一氧化碳(二氧化碳与水的反应);分别倒入新鲜的鸡血,振荡,使鸡血由暗红色变为鲜红色的原气体为一氧化碳,无明显变化的为二氧化碳(一氧化碳的毒性);分别通入灼热的氧化铜,能使黑色粉末变红的原气体为一氧化碳,无明显变化的为二氧化碳(一氧化碳的还原性)。以上实验均应在通风橱内完成。

设计意图:弹性的作业布置,使基础不同的学生都学有所获,符合因材施教的原则。

2.3.6 板书设计

一氧化碳

一、一氧化碳的性质　　　　　　　　二、一氧化碳的用途

1.物理性质　　　　　　　　　　　　燃料,冶炼金属(如炼铁)

(1)色、态、味;(2)密度;(3)溶解性。

2.化学性质　　　　　　　　　　　　三、一氧化碳对空气的污染

(1)毒性;(2)可燃性;(3)还原性。

板书的设计力争使重点知识一目了然。

2.3.7 教学反思

2.3.7.1 关于创新实验

为了让学生直观地感受一氧化碳中毒原理,首先用浓硫酸给草酸脱水制得一氧化碳,实验有一定的危险,所以录制了视频,以便以后使用。任何一点实验的改进和创新往往比想象当中的要难。尤其是一氧化碳的毒性,需要新鲜的血液,到市场上宰杀活鸡,以获得新鲜的血液。第一只鸡的血液还没有拿回到学校,就开始凝固了,实验时根本没法用,是不是血液不够新鲜呢？第二次干脆买来一只活鸡,在实验室宰杀,以便获得新鲜的血液,实验的结果让人失望,血液仍然很快凝固,达不到实验要求。资料中一氧化碳可以使血液由暗红色变为红色的现象是如何得到的呢?没有新鲜的血液如何实验呢?如何解决血液凝固的问题呢?为了使学生了解一氧化碳的毒性,我不能放弃。在请教了生物老师并查阅了大量相关资料后,我做了相应改进,在烧杯中事先加入了抗血凝剂(5%的柠檬酸钠溶液),然后到市场上买活鸡,取新鲜的血液滴入烧杯中。这样得到的新鲜血液可以达到实验标准,而且可以保存一段时间。一氧化碳有剧毒,如何防止一氧化碳在实验中泄漏呢?我校服务区紧邻区医院,我想到了用医用胶塞来密封试管,气密性好且可以反复使用。对,发动学生,利用在医院工作的家长的便利,学生为我找来了一些用过的医用胶塞。向密闭的集有一氧化碳的试管中注入血液,瞬间血液由暗红色变为鲜红色。这一实验过程被录成视频,10多年过去了,现在的教学中仍然在使用。回顾往昔,像这样一个实验用了两天的时间去研究,或是一节优质课用一周以上的时间去反复

推敲,对我来说像是家常便饭。过程当中也经常会遇到瓶颈,但我坚信办法总比困难多。而且每一次取得突破,都是一次新的提高。就像我经常跟学生说的"坚持、坚持,其实你距离成功只差一步!"

2.3.7.2 "互动—探究—激励—创新"教学模式的构建

经过多年教学实践,本人构建了"互动—探究—激励—创新"的教学模式。既在课堂上利用语言、手势、眼神及教学环节的设计,使学生感知成功、受到鼓舞。充分利用化学实验及教学设计,使学生能够在教师与学生的互动、学生与学生之间的互动中活跃思维,在相互激励中突破传统,从而使学生敢于发言、善于动手、勇于创新,让课堂成为激情与智慧的天堂。该教学方法的基本程序为:

(1)创设情境、提出有驱动性的探究问题。

1)探究问题的情境要有驱动性,才能促使学生进一步自觉、主动地参与探究。有驱动性的问题情境往往生动形象、内容丰富、贴近生活实际。创设情境的手段可以是化学实验、化学史、推理假说,也可以是资料再现、实物展示等方式。

2)提出探究问题时,要设问明确,形成思维清晰的"问题串"。探究问题虽然具有开放性,但在语言表达时都应该内容科学、表达准确、用词精练,不宜转弯太多。这就要求教师要尽量避免课堂设问的随意性,对于课堂探究问题的提出,要在课前字斟句酌地精心设计,以提高设问的有效性。

(2)组间充分互动,引发思维冲突。

1)在课堂实验探究之前,各组可以对实验方案进行初步交流。因为课堂时间短暂,要完成一定量的学习内容,假如没有交流这步,教师不知学生所为,学生不知教师所想,势必造成教与学的盲目性,从而无法在相对短的时间内较好地完成教学任务。只有通过交流,才能做到知己知彼,教师和学生才会朝着共同的方向去努力。这样才能使师生、学生之间思维碰撞,溅出智慧的火花。而且通过交流,还可以及时纠正学生的某些不合理因素(资料整理方法、实验操作方法、安全问题、环保问题等),排除部分隐患。

2)探究活动结束后,组间要进行深入交流。在交流开始时,教师要明确规则,使台上同学表达清楚,台下同学能够较快地进入状态,能够听进去、看进去,还能够提出质疑的问题和好的建议,使全班同学都有连续不断的想法,引发同学之间的思维冲突。

(3)善用激励性评价,鼓励创新

1)赞扬不能只停留在表面现象上,要深入地夸赞学生独特的方法、过程,学生通过努力不容易做到的事情。在评价时,不仅要评价学生回答的知识,更重要的是评价学生的思维过程,以及学生所用的方法等。对学生活动进行恰当的评价,激发的是学生的非智力因素,激活的是学生的内因,对学生的发展、对教师的教学意义深远。

2)一个人没有知识,就无所谓能力,学过的知识不会用,也不能形成能力。学习的效果不仅体现在会不会应用,更体现在会不会创造性地应用。当完成一定阶段的教学后,教师就应当引导学生创造性的应用新知识。学生获得新知识,利用新知识进行创新型的设计,是思维上的又一次升华,同时又激发了学生学习的积极性,使学生的创造性思维得到了发挥,为"学生创造性地学"创造了环境和条件。

第 **7** 章

基于深度学习的教学设计

第 1 节　深度学习的意义

1.1 深度学习的内涵

深度学习的概念源自于人工神经网络的研究。1976 年,美国学者 Ference Marion 和 Roger Salio 首先提出了深度学习(Deep Learning)和浅层学习(Surface Learning) 这两个有关学习的概念。之后,国内学者也对深度学习的基本理论和策略进行 大量深入的研究。深度学习是基于理解的学习,是学习者自主地、批判地学习整 合过的新知识,并融入到原有的认知结构中,从而达到培养高阶思维、通过知识 迁移解决实际问题的过程。深度学习强调学生主动学习、批判学习、终身学习、 创新学习,是一种高效、有意义的学习方式,有助于培养学生思维品质、提升学 生的核心素养。

深度学习是一种培养高阶思维的学习方式,是形成和发展学生核心素养的重 要手段,是落实"立德树人"根本任务的有力保障。深度学习对应的浅层学习,浅层 学习是一种机械式的学习方式,学习者只是被动接受并记住孤立、零散的知识,缺 乏对知识的精细加工;深度学习是在理解的基础上,积极主动批判性地学习知识 或信息,并将已学知识迁移运用到新情境新素材,解决新问题,从而实现有意义的

学习。浅层学习与深度学习是一个交互性过程,是一种过渡性的学习,深度学习离不开浅层学习,深度学习应建立在浅层学习的基础上,对知识进行批判理解、整合建构、迁移应用。

通过对深度学习进行研究现状的文献分析及概念界定后,深度学习可以从理解与批判、联系与建构、迁移与应用三个思维层面精心设计教学目标及评价目标,在具体教学内容中使深度学习的评价具体化,将学生的思维活动做为深度学习的评价方向,利用课堂表现、测试卷等外显方式来检验学生是否达成深度学习。理解与批判层面主要判断学生是否基于已有知识的理解,用批判的眼光看待新知识,逐步加深对其中深层知识和复杂概念的理解。学生在教师提供的教学情境中以批判性的思维或怀疑的态度看待新的知识和问题,这是深度学习发生的必要条件,只有在理解的基础上记忆,在思考的过程中批判,才能够促进学生对知识的掌握和深化。联系与建构层面主要判断学生是否主动进行知识建构,将新知识与已有概念和原理进行联系,并将其融入到现有的认知结构中,从而促进对新信息的深度理解、长时记忆和实践运用。若在将新旧知识进行整合的过程中引发了认知冲突,学生要改变自己的图式,建立新的认知平衡来达到将知识内化,提高思维水平的目的。迁移与应用层面主要判断学生是否将学习到的知识、获得的技能迁移运用到新情境中来解决问题,做到学以致用。知识的迁移与应用是深度学习的特征和终极目标,体现了其与浅层学习的本质区别。

1.2 初中化学深度学习

初中化学是化学教育的启蒙课程,知识比较浅显、零散,逻辑思维要求不高,概念呈现方式不要求严密,所以初中化学的学习经常会停留在浅层次,但是并不是说初中化学就不需要深度学习。初中化学核心概念的理解和三重表征思维的形成都需要深度的学习。

其中核心概念的学习是化学学习的重点,因而核心概念的教学应当也是课堂教学的重点。然而,近年来国内外的研究表明,多数初中化学教师对于促进核心概念的理解教学重视程度不足,同时由于现行课程更强调化学与社会生活的联系,使得教师在教学中偏重联系学生的生活实际,而弱化了核心概念的理解教学,因此导致学生被迫选择机械记忆的方法来学习概念。此外,在教学过程中教师不重视阶段性复习课对学生进一步理解概念的重要意义,在复习教学过程中仅重视知识点、考点的回顾,以题海战术为手段强调对概念定义的记忆,导致学生对于化学的学习往往停留在识记的表层水平,难以形成化学三重表征的思维方式,无法达到对概念的进一步理解,影响学生对化学学习的兴趣和解决化学问题的能力。

三重表征思维的形成也是学生深度理解化学学科的重要表现,但是学生三重表征的学习存在困难,所以教师在教学设计时,应考虑深度学习的实现。

"如何有效促进深度学习"已然成为当前教育研究的热点内容。如何通过具体的课堂教学实现学生的深度学习是教师们值得思考的问题。

第2节 教学设计案例

2.1 分子和原子(第1课时)(康永军)

2.1.1 教材分析

2.1.1.1 教学内容分析

从课标和教材分析,本节课的教学内容对应《义务教育化学课程标准(2011年版)》中的"物质构成的奥秘"主题下"微粒构成物质"的二级主题,具体要求是"认识物质的微粒性,知道分子、原子等是构成物质微粒";"能用微粒的观点解释某些常见的现象"。本节课是学生从微观角度认识物质的起始课,教材安排在学习空气、氧气等宏观物质基础上,结合学生在物理、生物和生活经验中已有的对微观粒子的经验,以及通过实验观察了解分子基本性质为突破口,进而通过分析化学变化过程的本质,初步得出分子、原子的概念。教材第三单元是全面、深入研究物质微粒构成的部分,这节课要为第三单元的教学奠定基础,为构成全面、科学的微粒观做好准备,课题教学一般需要2学时,本节课为第1课时。

从学科本质分析,著名物理学家费曼说过:"如果在某次大灾难中,所有的科

学知识都将被毁灭,只有一句话能够传给下一代,那么怎样的说法能够以最少的词汇包含最多的信息呢? 我相信那就是原子假说(或原子事实,或随便你叫它什么名字),即万物都是由原子构成,原子是一些小粒子,它们永不停息的运动,当它们分开一个小距离时彼此吸引,被挤到一堆时则相互排斥,只要稍微想一想,你就会看到,在这句话里包含了关于这个世界的极大量的信息。"这个蕴含"这个世界的极大量的信息"就是微粒观,微粒观是化学科学素养中的重要观念。观念是一种"见识"或"见地",解决"怎样想、为什么这样想"的问题,是化学科学的基本思想方法和核心的认识构架,较之具体的知识,是学生科学素养中最为本质的部分,是科学教育为基本的任务。只有让学生切实建立物质构成的微粒观,才能为学生今后的学习和发展打下坚实的基础。教学实践也表明,不少学生感到化学难学,不得入门,是因为没有建立宏观——微观相互联系的思维方式,即没有形成物质构成的微粒观念。以往的教学通常都是把物质是由原子、分子构成的结论直接告诉学生,然后学习分子、原子的性质,这样就把人们为什么提出原子、分子这种假说的初衷,把原子、分子假说形成过程忽略了,也就舍弃了这个理论中蕴含的极大的人类智慧,忽视了知识形成过程对培养学生创造力的重要价值。可见,本节课的重点不仅仅是让学生记住一些知识,更重要的是要让学生感受"物质是由微粒构成的"观念是他们自己的思维创造物,而不是由别人告诉的结论。

2.1.1.2 学生学情分析

(1)知识:

已学习了物质的三态、物质热胀冷缩等相关知识,为学习新知识做了铺垫。但分子、原子、离子是肉眼看不到的,学生会感到抽象和难于理解,教学中可通过多个宏观实验让学生去感觉、体会和认知。

(2)技能:

已有在互联网背景下进行在线学的经验;已具备实验基本操作技能,学习了科学探究方法,可以开展小组实验探究。

(3)心理:

已认识了物质的奇妙变化并产生好奇心。对于"物质是由什么构成的?",对于生活中闻花香、蔗糖溶于水、给足球打气等有着强烈的探究欲。

(4)合作学习、差异学习：

已有异质分组，优带差，化差异为资源的学习经验，可较好的完成小组合作学习。

2.1.1.3 教学重难点分析及解决措施

1.重点与难点

(1)教学重点：

1)分子和原子概念的形成。

2)理解物质是由分子、原子等微小粒子构成的。

(2)教学难点：

1)建立微观粒子运动的想象表象，并初步体会它与宏观物体运动的不同点。

2)如何理解原子是化学变化中的最小粒子？

3)分子和原子间的区别和联系。

2.解决措施

本课题是学生对微观世界认识的开始。首先从学生熟悉的日常现象提出问题，引起学生思考；然后确立物质是由分子、原子等微小粒子组成的观点；接着通过实验与探究得出"分子是不断运动的"的结论，并利用这一结论对一些现象做出具体解释。另外，课本还介绍了有关分子间间隔的内容，紧接着通过两个讨论题，把对微观世界的探索引向深入，引导学生用分子、原子的观点分析、比较以前学习过的一些变化和化学反应，进一步从化学变化中认识分子、原子的特性，形成概念。

由于本课题是学生从宏观世界走向微观世界的开始，一些观点和结论不像认识宏观世界那样容易理解，所以培养学生的抽象思维能力、想象力和分析、推理能力便成了学好本课题的关键和难点。在教学过程中，主要从以下几方面着手对难点进行突破。

(1)给学生提供更多的实验探究的机会。

(2)采取更为开放的探究方式，让学生体验科学过程。

(3)多提供一些日常现象，引导学生观察、分析变化现象，力求把日常现象与课本理论结合起来。

(4)培养学生的抽象思维能力、想象力和分析、推理能力。

2.1.2 教学理念

2.1.2.1 设计意图

　　教不等于学,所有有深度的教学都必须建立在促进学生深度学习的基础上。然而我们的课堂教学仍然被困在了过去:学生是为了应试而机械地学习、记忆、训练,导致学生会做题,却不会解决真实的问题;学生学习的是一些脱离情境的和碎片化的知识、概念和割裂的技能,难以迁移应用;教学方式多采用"讲授告知式",即使采用新课改倡导的"自主、合作、探究"的方式,"形式化""浅表化"现象也非常严重。作为课程改革的直接实施者——一线教师迫切的需要一种能够帮助他们将新课改理念转化为教学行为的实践操作模型,为教师提供教学设计的基本方法和策略。

　　为此,以"分子"一课为例,尝试以"元问题"为核心教学设计,试图引导一线教师思考:什么样的学习内容更有价值——"让学生学什么?"什么样的学习目标更有意义——"学生应学会什么?";什么样的活动更有利于学习目标的实现——"学生应该怎么学?"等教学系统中的基本问题,为教师提供思考教学问题的基本思想方法,研究建立落实课改理念的实践模型,形成教师探索教学改革的脚手架,努力落实基础教育课程改革的目标和任务,切实促进学生深度学习和持久发展。

　　以"元问题"为核心,进行"分子"一课的教学设计时,首先,要对"分子"一课的教学内容进行知识本体分析,不仅包括对学科本体知识的理解,还包括对学科知识所蕴含的学科价值和社会价值分析,以此确定"分子"一课的"元问题"。其次,要根据确定的"元问题"和学生学习过程中的可能会出现的问题,梳理或重新组织教学内容,从而衍生出不同阶段、不同层次、不同角度的问题,元问题与衍生问题之间,或衍生问题与衍生问题之间,就形成了课时的问题体系,它有可能是问题集,也可能是问题链,还可能是问题网等。最后,依据知识线索、学生的认识发展水平、教学目标和学生认识发展障碍点,设计与问题体系相匹配的学习活动,并依据问题体系、学习活动设计相应的情境、素材、证据,将问题体系、学习活动和情境、证据等素材相融合,形成完整的教学设计。

2.1.2.2 教学流程

　　向深度学习的元问题教学聚焦知识本质,关注知识的形成过程、学生思维的发展过程。为此,本节课围绕"人类是如何认识分子的?"这一元问题,依据人类认识分子的时间线索,以"想象阶段中分子""真实阶段的分子""实验分子的性质""确定分子的定义"等四个阶段,以与之对应的问题链为驱动,学生在经历漫长历史长河中人们对分子认识不断加深的过程中,帮助学生建立物质构成的微粒观念,形成基于微粒观看问题的思想和方法。具体教学线索如下:

学生现有水平	学生未来水平	核心性问题	活动内容	活动形式	活动素材
知道分子、原子等词汇	理解前人解决物质是由什么构成的解决方法——想象	人们为什么会认为物质是由微粒构成的呢?	酒精汽化和冷凝实验	引导学生思考酒精汽化后为什么看不见?冷凝后又看见了?充分讨论、甚至争论	密封在塑料袋中的乙醇放入85℃热水中,过一会儿,放在空气中
认识了分子、原子等词汇是人类想象的结果	确定分子、原子等微观粒子的存在	分子、原子等微粒是不是真实存在呢?	展示分子、原子等微观粒子照片	观察、交流、总结	水不断放大的示意图。扫描隧道下的苯分子、硅原子,水分子、氨分子、二氧化碳分子模型
确认了物质是由分子、原子等粒子构成	了解分子的性质	分子有哪些基本性质?生活中哪些现象能够说明呢?	课本中氨水扩散实验	观察实验现象、分析原因、联想生活经验,总结性质	课本演示实验、生活现象
了解分子的性质	理解分子定义	什么是分子呢?	实验演示:木炭在空气中和在氧气中燃烧	观察实验,思考这两个实验中发生的反应一样吗?为什么?	木炭燃烧实验

问题体系形成之后,接着就需要根据元问题以及衍生的问题体系设计学习活动,设计学习活动时,不仅要考虑学生的现有水平、可能未来到达的水平,还要始终瞄准与之对应的核心问题,据此确定活动内容、形式、素材等。

2.1.3 教学目标

2.1.3.1 知识与技能

(1)认识物质是由分子、原子等微小粒子构成的。

(2)认识分子是保持物质化学性质的最小粒子。

(3)认识原子是化学变化的最小粒子,原子可以相互结合形成分子。

2.1.3.2 过程与方法

(1)学习运用日常现象与课本理论结合的方法,用课本理论来解释日常现象。

(2)充分发挥学生的空间想象力。

(3)学习运用比较、分析、归纳等方法对实验所得信息进行加工。

2.1.3.3 情感·态度·价值观

(1)对学生进行科学态度教育和辩证地看问题的思想方法教育。

(2)逐步提高抽象思维的能力、想象力和分析、推理能力。

(3)渗透物质的无限可分的辩证唯物主义的观点及科学态度和科学方法的教育。

2.1.4 教学过程

2.1.4.1 实验驱动、大胆假设

分组实验:观察密封在塑料袋里的酒精。将塑料袋放入 85 ℃以上的热水里,观察现象;取出,在空气中停留一会儿,观察现象。

提出问题:你观察到什么现象?

核心问题:为什么酒精汽化后就看不见了,液化后又看得见了?

学生解释:

(1)气化了,变成了气体就看不见了。

追问:为什么气体就看不见了?

(2)气体是无色的,就看不见了。

追问:无色的酒精为什么就看得见?

(3)物质聚在一起看得见,分散了不能反射光线就看不见。

追问:物质分散了为什么不能反射光线?

(4)酒精气化分散变成小微粒,眼睛就看不见了。

追问:微粒是因为分散变小的,还是分散前本来就小?

设计意图:通过对实验现象的分析,以及步步紧逼的问题,迫使学生必须经过独立思考,给出一个自己能够认可的合理解释。让学生充分发挥想象力,经历科学家提出"分子原子论"直觉想象的思维过程。前人把物质想象成(或大胆假设成)肉眼看不见的微粒构成,是一种创造。道尔顿作为科学大师,它的创造性表现为超出常人的直觉及想象。今天,人们最终看到了原子、分子,真正知道肉眼看不见的"微"究竟小到什么程度,才更加体会到前人关于物质由微粒构成的想法具有多么大的创造性。正因为如此,让不具有化学思维方式的人(包括初学化学的学生)想象出一种物质是由不连续的、看不见的微粒构成的,是很困难的,同时,这种源于直觉、想象的创造力又是不能用讲授方式去教的。教学上我们能够有所作为的就是创设问题情境,用问题"逼"学生去想,想通了、顿悟了、解释得让别人信服了,教学的目的就达到了。

讨论分析:归纳已有的几种解释,请同学们分组讨论这些解释是否合理。

学生分组讨论、汇报结论,形成共识:如果把看得见的酒精想象成是有很多很多小到眼睛看不见的微粒聚集而成的,当酒精受热时就会分散开来,成为一个一个的微粒,这种微粒被称为酒精分子,分子很小是我们眼睛看不见的,所以我们就看不见了,当遇冷的时候,一个一个的酒精分子又聚集在一起,聚集多了我们就又看得到液体的酒精了。

设问并解释:你赞同这种想象吗?你觉得这样的解释合理吗?分子实际上是一种想象的产物,是发明出来用于解释现象的一种说法,这种想象的说法称之为"假说"或"猜想"。

设计意图:假说的创立,不能是一个被告知的过程。学生自己的想象和同学之

间的交流共享是必不可少的,有了上述过程,保证了学生表述在口头上的关于微观粒子的词句是自我建构的,会从内心和情感上接受它们,如果没有这个过程,学生把分子、原子的知识即便是记下来了,也很难相信他们。另外这个过程也是当年道尔顿就是在探究混合气体的均匀性和气体的扩散等问题的过程中,通过苦苦思索才提出了科学的原子理论过程的重演,学生能够体验到分子原子论的提出,是人类智慧的创造。

2.1.4.2 温故知新、实验验证

教师:听说同学们物理课上已经学过分子的性质,谁能说说,并且要用生活事例或实验加以说明。

学生交流:分子的 3 条基本性质,以及生活中具体实例或实验。

演示实验:课本中浓氨水与酚酞试液的反应。

提出问题:这个实验体现了分子的哪些性质?

学生回答:分子在不断的运动着。

追问:既然分子是不断运动着的,为什么酚酞变红而氨水却未变红?

回答:与分子运动速率有关。

演示实验:将品红分别放入盛有热水和冷水的烧杯中。

学生观察现象并总结:分子的 3 条基本性质,而且温度越高,分子速率越快。

设计意图,这个教学环节是在组织学生谈论对分子的已有经验展开的,从中抽取出对分子性质的初步认识。教师通过酚酞与氨水反应的演示实验,进一步验证了分子是在不断运动的性质,同时鼓励学生发现并提出问题,针对学生提出的问题,教师展示了第二个演示实验,让学生认识到温度对分子运动速率是有影响的,这个环节的教学活动是适宜学生实际水平的,引导学生从经验性向科学性,从语言性描述走向实证性依据,因而更清晰地了解分子的存在状态,这节课用到的两个演示实验都源于教材又有所改进,实验一补充了用试管对比实验,说明氨气使酚酞变红而水不能的性质,使整体实验更科学合理,教材中的实验二品红在水中扩散的实验,在功能和教学上顺序上进行了调整,实现了由建立模型功能变为应用模型功能。

2.1.4.3 深入探究、得出概念

认识活动一:结合浓氨水与酚酞反应的实验,提出以下问题,

(1)氨水的气味是哪种分子形成的? 为什么?

(2)氨水挥发是物理变化还是化学变化? 为什么?

认识活动二:观看视频木炭分别在空气中燃烧和在纯氧中燃烧,加入石灰水都变浑浊,提出问题:这两个实验中发生的反应一样吗? 为什么?

认识活动三:观看视频,液态空气上方放一根燃烧的木条,木条熄灭一段时间后,再放燃烧的木条,保持原样的燃烧,再一段时间后木条燃烧更旺,提出问题:对上述现象进行解释说明。

核心问题:分子最本质的特征是什么? 分子应该怎么定义呢?

设计意图:这个教学环节要帮助学生明确分子的概念,是整节课的教学难点,教师提供了三个认识活动,让学生比较物理变化、化学变化中分子的状态,进而初步感知两个变化中的本质区别,这是典型的培养学生对物质组成和构成基本认识的教学,本环节共包括三个认识层次和开放度不同的活动,体现教学活动的层次性。活动一主要是建立分子与物质性质的关联,要是通过问题设计引导学生逐渐从宏观到微观来认识物质的性质;在建立了分子与物质,与物质的性质的关联后,学生能够在微观水平认识物质。活动二由学生自主建构对变化的微观认识。活动三体现了认识发展成果的应用。由于是建立在具体反应的基础上,学生谈论的内容就会很具体,因而也变得更容易,却帮助学生比较深刻地理解概念,这种从具体到抽象,从宏观到微观的方法,使教学变得深入浅出,教学难点得到突破。

2.1.4.4 反思评价、应用拓展

投影:爱因斯坦是能问极为简单问题的人,你问过这些问题吗?

为什么敞口容器中的水会逐渐减少,从温度越高越少的越快?

为什么墙内开花墙外香?

为什么香水汽油为什么要密封保存? 挥发是怎么回事?

物体为什么会有热胀冷缩现象?

同种原子可以结合成分子,不同种原子不能结合成分子这句话对吗?为什么?

设计意图:学生是否建立物质构成的微粒观念,不在于是否记住相关词语,要看学生是否把该词语蕴含的观念变成了自己的一种信念,一种看问题的思想和方法,检测观念是否形成,就是要看用该观念对相关问题解释是否合理,令人信服,听得起反驳,所以在本节课教学最后开展学生的解释活动是很必要的。

2.1.5 教学反思

(1)通过本节课的教学设计,可以看出指向深度学习的教学必然是以锻炼学生思维能力,发展核心素养为目标,而不是看学生"刷了多少题";是以让学生不仅知道学什么,更知道如何学,如何学得更有意思、更有意义、更具挑战为内容,而不是看学生学习的"有多深,有多多";是以学生的"主动想、合着做"为方式,而不是让学生"跟着学、照着做"。深度学习让学生的成长从提高解答试题能力转向提高解决问题的能力,进而转向提高做事的能力,而以元问题为基础的教学,学生经历了提出问题、理解问题、解决并产生新问题的过程,具体知识作为解决问题的工具被探索、被发现,本质就是深度学习的过程。

(2)基于元问题引发学生的深度学习,教师要做几件事:1.确定教学中的元问题;2.围绕元问题,发展问题体系,确定通过什么样的问题体系来提升、发展学生;3.结合学生的最近发展区和问题体系,设计系列活动,帮助学生亲身经历知识的发现与建构过程,使学生真正成为教学的主体。为此,可以采取以"元问题"为核心,以"知识问题化""问题体系化""体系学生化"为三维的"三维一核"设计模型。模型如下:

确定元问题(知识问题化):
提炼学科本质的、核心的知识,将其问题化,成为学生深度学习的源动力

元问题

优化元问题(问题体系化):
将元问题转化为引导教和学的"问题链""问题集""问题网"等问题体系,用问题驱动学习,促进学生深度学习

规划活动项(体系学生化):
根据问题体系、结合学生已有水平和可能的未来水平,设计教学活动、学生活动和评价活动,最终完成知识建构,发展核心素养

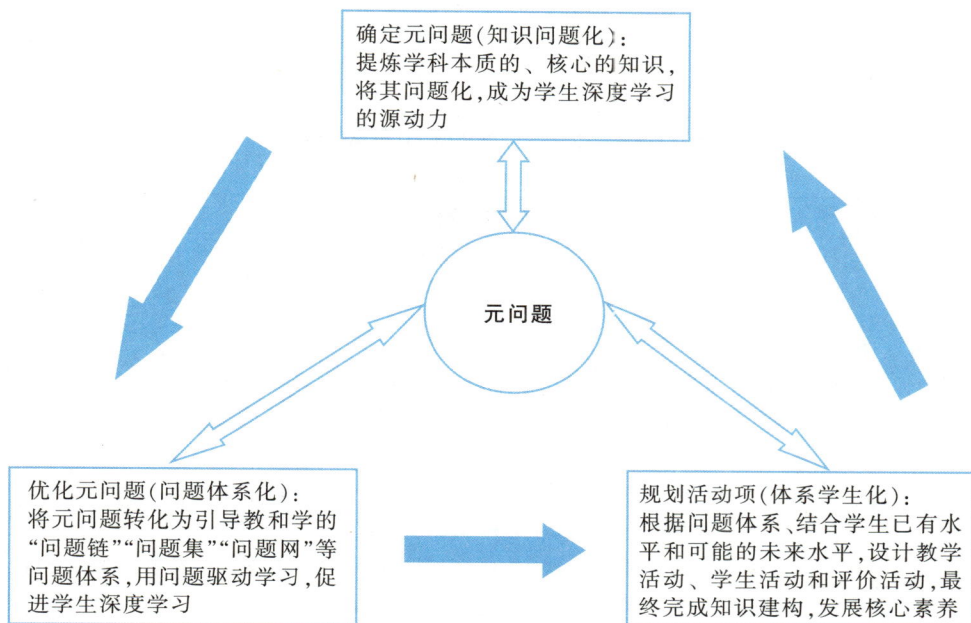

　　(3)"三维一核"的教学设计模型,无论是从引发学生深度学习,发展学生核心素养的课改理念落实,还是从师生、家长对于分数的要求、教师对于理念转化为行动的工具需求都是切实可行的。这种设计的模式,既关注了学生深度学习能力的提升,也关注了学生核心素养的发展,同时强调教师的有效引导,走的是理性中间道路。

2.2 金刚石、石墨和碳 60 的深度学习(程颖)

课题名称:金刚石、石墨和碳 60 的深度学习	
软硬件环境	交互式电子白板、学生无端;互联网;人教社数字教材;普通教室
教学前期分析	
教材分析	本课例教学内容为《义务教育化学课程标准》中"物质构成的奥秘""化学物质的多样性""微粒构成物质""认识化学元素""物质组成的表示"所涉及的内容。化学研究的对象是物质及其变化,化学学科的特点是从分子、原子的角度研究物质,"粒子观"和"元素观"是化学学科的核心观念。从微观角度认识物质及其变化是学生应具备的学科能力。本节课教师引导学生从微观角度认识物质的多样性,使学生认识物质的结构、性质与用途的关系
学情分析	(1)学生已有的知识基础:通过教学中前几节课的学习,学生已经建立起粒子观,可以从微观角度解释许多宏观现象。 (2)学生已有的思维习惯:通过前几单元的学习,学生已有了由现象推知性质、由性质了解用途的思维,但对于结构与性质的关系并不清楚。 (3)学生对多种碳单质结构与性质的关系不了解;对同种元素组成的物质可能是混合物认识不清;对碳和炭认识不清
教学目标	(1)通过人教社电子教材的视频资料,使学生了解金刚石、石墨和碳 60 的物理性质、结构和用途。培养学生自主学习能力。 (2)通过对资料的讨论,使学生进一步认识碳的几种单质的性质,学会处理信息的方法,培养学生的科学素养。 (3)通过讨论碳单质的结构、性质和用途,使学生认识三者的关系,学会从微观角度认识和分析物质的性质,提高学生宏观辨识和微观辨探析能力和语言表达能力
教学重点	微观角度解释多种碳单质的不同;碳单质的结构、性质和用途的关系
教学难点	使学生认识多种碳单质的微观结构;认识结构与性质和用途的关系
教学策略	小组合作式教学,利用人教社电子教材,根据教师呈现的碳几种单质的性质及结构和用途的资料,分析得出碳的结构、性质和用途的关系
教学用具	人教社电子教材;自制 PPT;碳单质的结构模型;活性炭吸附性实验的仪器

教学过程设计				
教学环节	教师活动	学生活动	设计意图	资源使用
课的导入,引起学生兴趣	展示碳的几种单质图片,都是由碳组成的单质,外观差别很大	思考	创设学生讨论的情境,让学生思考金刚石和石墨的不同,引起学生的兴趣	自制PPT,人教社数字教材金刚石和石墨的图片
认识金刚石和石墨的物理性质及用途	展示搜集到的有关金刚石的视频资料。引导学生分析从视频资料中获取有用的信息,并把信息进行分类	从视频资料中获取有用的信息,并把信息进行分类	从这些资料中如何分析得到有用的信息,并且按照一定的依据把这些资料进行分类归纳思考,培养学生自主学习的能力是这个环节要引导学生掌握的重点内容	人教数字教材金刚石性质和用途的视频、石墨性质和用途的视频;人教社电子教材金刚石和石墨用途图片;金刚石和石墨微观结构图片
金刚石和石墨物理性质差别大的微观原因,及物质性质、用途和结构的关系	提出问题:金刚石和石墨的用途为什么有差别?都是由碳元素组成的单质,为什么它们的物理性质差别这么大呢?物质的结构性质和用途的关系是什么样的呢?	思考,回答问题	学生通过金刚石和石墨的结构、性质用途的相关信息的认识和思考,得出物质的性质决定用途的结论,通过探究物理性质差别大的原因认识到结构对性质的影响	人教社数字教材金刚石和石墨的微观结构动画
物质的多样性:无定形碳及碳60和新型碳单质	播放人教社数字教材视频,及教材图片,引导学生认识无定形碳和新型的碳单质	学生从展示无定形碳、碳60和石墨烯的结构性质和用途的资料并把资料分析归类找到这些碳单质的结构、性质和用途的知识内容	使学生体会物质的多样性,认识到化学随着科技的发展,碳的单质的一些新形态有可能会被发现,碳的单质的用途也将不断扩大。使学生体会化学对人类生活的积极影响	人教社数字教材碳60的微观结构图片,碳60结构和用途的视频;人教社数字教材碳单质的研究进展视频

续表

教学环节	教师活动	学生活动	设计意图	资源使用
小结归纳	引导学生归纳总结本节课的重点内容	思考讨论,归纳总结	有的放矢地按照教师所给的提示,总结反思整节课的收获	自制PPT
评价训练	课堂测试	思考回答	通过评价巩固知识内容,了解学生的学习状况和知识习的情况	人教数字教材课后练习
教学评价	(1)教师随机性评价。对课堂表现中积极发言、主动探究及主题活动中表现优异的个人或小组给予奖励。 (2)个人阶段自评。通过自评促进学生自我反思。 (3)纸笔测试。通过完成活动,了解学生的学习状况和知识习的情况			
板书设计	课时5 金刚石、石墨、碳60和石墨烯 (1)金刚石与石墨性质差别大的原因 (2)结构、性质(物理性质)、用途			

教学过程设计

板书设计表格:

		金刚石	石墨
	性质		
	结构		
	用途		

(3)物质结构性质和用途的关系:物质结构性质和用途的关系:结构决定性质,性质反映结构

教学反思

(1)培养学生自主的学习能力,教师通过整节课的引导利用人教社数字教材资源提供了分析元素单质的微观和宏观视角,学生通过自己总结和归纳,体会自主学习的过程。

(2)关键问题的提出符合学生的认知发展规律,由表及里深入到问题的本质,使学生能较快得出物质结构、性质和用途的关系。

(3)通过学生整理视频资料并对资料进行处理,以及小组讨论的过程,使学生学会研究元素单质的方法,培养学生的证据推理能力。

(4)通过解决关键性问题,及纸笔测试,以及课堂学生的趣味实验展示,都是对学生进行的不断评价,体现了整个教学中的教学评一体化。

(5)数字教材中的视频和结构动画都很好地诠释了碳单质的性质、结构和用途。数字教材对本节课非常适用,达到预期教学目标;学生对于数字教材感兴趣、专注程度较高

第 **8** 章

基于信息技术的教学设计

第 1 节　信息技术在教学中的应用

1.1 信息技术促进有效教学

初中化学课程标准提出,灵活运用多样化的教学方式和手段。在教学中,教师应从实际出发,有针对性地运用实物、模型、标本、图表、幻灯机和投影仪等多种教学媒体和手段,尤其要注重有效地发挥现代信息技术的作用。利用计算机模拟化学实验有助于学生理解知识,但模拟实验无法全面体现化学实验的功能,不能替代化学实验;在用计算机模拟微观粒子的变化过程时应注意避免科学性错误。

化学中的动态变化问题是化学教学中难度较大、比较复杂的问题,借助现代仪器和手段揭示反应的本质,利用特有的思维方式理解反应的本质,实现深度学习。化学教学提倡信息技术与化学教学深度融合,鼓励教师应用信息技术提高课堂教学效率和质量,培养学生运用软件技术学习化学及处理数据的能力。信息技术与教学内容整合是深度学习的重要方式,信息技术从深度上改变了人们的学习方式和思维方式,促进高阶思维的形成和深度学习的发生。

因此,如何将信息技术应用于教学中是一个重要的研究主题。随着教育技术的不断发展,新的教育技术、教育手段不断出现,将信息技术应用到教学中,提升教学的有效性是重要的教学研究课题。尤其是化学学科,以实验为基础,以微观为特征,教育技术的使用必将降低学习的难度。

1.2 常见信息技术

1.2.1 实验方面的手持技术

"手持实验技术"又称"手持技术"(held technology),顾名思义,在掌上就可以操作的技术,因而又称"掌上技术",将手持技术与网络技术整合构成的现代科学实验室称为"掌上实验室"。手持技术是由数据采集器、传感器(又称为探头)和配套的软件组成的定量采集和处理数据系统。利用计算机强大的运算和数据处理功能,能更好地把握实验的动态以及对实验结果进行分析、推测,同时还可以通过接口软件对掌上技术的硬件进行更加精确的操作。手持技术是一套先进的科学实验仪器,运用手持技术可以实现许多传统技术难以进行的实验,为学生解决问题提供强有力的工具支撑。手持技术的显著优点是能定量测量实验数据,这无疑是中学化学实验的一次大改革,打破了中学化学技术以定性实验与验证性实验为主的局面。手持技术可以广泛应用于理科实验中,可以方便而迅速地收集各类物理、化学、生物、环境等数据,如位移、速度、温度、声音、光、电、力、pH 值、心电图等。是一套先进的便携式数据采集系统,可以利用它对许多自然现象和科学实验进行探究性学习。

手持实验技术的特点决定了手持技术在化学教学中的广泛应用。便携:数据采集器和传感器都较小,实验时在手掌上就可以操作,可随时随地地进行定量实验探究活动。实时:数据变化过程与实验过程同时进行,与计算机连接,就能将显示变化过程的各种形式同时演示出来,与微型摄像头连接,就能将实验的整个操作过程演示出来并储存在计算机的硬盘中,实验后可以重复演示。准确:既可以用仪器或电脑自动收集数据,又可人工控制收集,实验数据可以精确到 0.5%,完全符合中学对实验数据准确度的要求。综合:数据采集器可与各种传感器连接,可同时进行物理、化学、生物、体育、环境、气象等学科实验的定量探究。直观:手持技术可以以图像、图表等多种形式动态实时地显示实验的变化过程。可以在自己喜欢的一种显示方式中任意查看某一时刻、某一段时间或整个过程的实验数据。

目前很多学校手持技术已进入课堂教学，手持技术成为提升教学有效性的一种常见的教学手段，多种多样的操作界面和传感器探头被应用于科学实验活动，其易于采集数据、呈现实时图像的功能正在改变着实验活动的现状。手持技术方法拓展了实验活动的领域，为学生提供通过改变变量来设计实验的机会，进而让学生使用这种方法拥有更多的时间来思考他们所获数据的意义，为学生提供发现与验证科学的学习机会。

手持技术在化学教学中应用较广泛，是研究化学动态变化常用的仪器，可以培养学生探究能力和创新精神，实现深度学习。

1.2.2 思维训练方面的思维导图

思维导图是英国教育专家东尼·博赞在 1970 年发明的，是一种放射状的、辐射性的思维表达方式，这种表征形式具有条理性和联系性、发散性与联想性等特点，属于发散思维的表达。近年来国内外的化学教学研究表明，思维导图在化学教学中的应用非常广泛，这种表征形式能够帮助学生将化学知识系统化、网络化，从而促进学生对知识的理解。

图式理论主要研究知识是如何表征的，怎样的表征方式有利于知识的理解。目前应用较多的是概念图和思维导图，尤其是思维导图在化学教学中应用广泛，对学生概念的系统化、网络化起到很好的促进作用，使思维可视化。思维导图是一种思维工具，作为一种图形技术，是用来组织与表征知识的工具，强调的是人们的思维发展过程的多向性、综合性和跳跃性。

例如，以思维导图的形式呈现化学核心概念的三重表征，使思维可视化，更直观，更系统，逻辑性更好，有效地促进学生形成三重表征的思维方式。

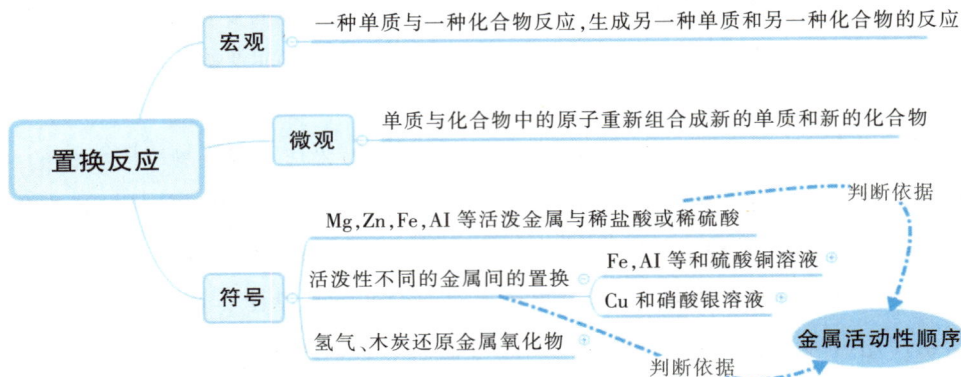

置换反应
- 宏观 —— 一种单质与一种化合物反应,生成另一种单质和另一种化合物的反应
- 微观 —— 单质与化合物中的原子重新组合成新的单质和新的化合物
- 符号
  - Mg,Zn,Fe,Al 等活泼金属与稀盐酸或稀硫酸
  - 活泼性不同的金属间的置换
    - Fe,Al 等和硫酸铜溶液
    - Cu 和硝酸银溶液
  - 氢气、木炭还原金属氧化物

判断依据 → 金属活动性顺序
判断依据

1.2.3 化学软件

随着计算机在化学教学和化学研究中的应用,出现了很多的化学软件。

化学仿真实验室,为了解决实际教学中一些不能完成的实验,或者解决课堂教学中学生实验观察的重复性,各种仿真实验软件不断出现,在操作程序、实验种类、界面等方面都不断创新,更有利于教学效果的提升。

ChemSketch 是一款美观易用、功能强大的化学画图软件,Chemsketch(化学绘图工具)官方版可以单独使用也可以配合其他软件操作,拥有结构模式、画图模式、分子性质模式供使用者选择。高中化学教材介绍了 ChemSketch,在初中化学中也可以使用,提升有效教学。

1.2.4 网络资源

丰富的网络资源既是课堂教学的有力补充,也可应用于课堂。例如人教智慧教学平台,为中小学教师和教学教研管理者提供备课、授课以及教学管理等功能,包括数字教材、备课工具、授课工具、学科工具、课堂活动工具等模块,基于数字教材库、素材库、课件库、习题库资源支撑,支持教师课堂教学应用场景。再如天津基础教育资源公共服务平台,包含了国家课程教学资源及应用系统、天津市特色课程资源、拓展类学习资源及应用系统。

第 2 节　教学设计案例

2.1 碳和碳的化合物复习(毛振芳)

2.1.1 教材分析

2.1.1.1 内容分析

第六单元　碳与碳的氧化物——初中研究最细致的元素

本单元包含金刚石、石墨、碳 60,二氧化碳制取的研究,二氧化碳与一氧化碳共三个课题。

(1)本单元首先深入细致的研究碳的单质,即金刚石、石墨、碳 60,从化学学科发展的角度引导学生认识物质的多样性,对物质的结构与性质,性质与用途之间的关系有初步的认识,充分了解物质的结构决定物质的性质,物质的性质决定物质的用途,而物质的性质体现物质的结构,物质的用途体现物质的性质。

(2)气体制取实验技能是初中化学实验中的重点、也是难点,本单元重点学习二氧化碳的实验室制法,在实验室制氧气的基础上探究实验室制取二氧化碳的药品和仪器装置的选择。

(3)密切联系生活实际介绍二氧化碳和一氧化碳的性质和用途,尤其注重科学探究,培养学生深入思考的习惯。学生对于空气中二氧化碳含量易产生片面认识、二氧化碳不供给呼吸的性质和一氧化碳的毒性易混淆,二氧化碳使石蕊溶液变红的原因认识等问题进行深入理解,走出认识上的误区。

(4)通过碳、一氧化碳进行还原反应实验现象的分析,了解还原反应。还原反应也是一类重要的化学反应,通过分析为将来进一步学习氧化还原反应打下基础,注重知识的连续性。

(5)关于温室效应的教学,教师可以通过采用"调查与研究""同学交流与讨论""制作黑板报、手抄报"等形式引导学生学会辩证的认识客观事物,既要看到二氧化碳有利的一面,又要看到二氧化碳不利的一面,引导学生学会辩证看待问题,

能够充分利用物质的优势避开不足。

在复习课中教师会对单元学习知识进行整体的复习,但往往只注重习题和知识的反复练习而忽略对教材的使用,从而对教材知识的整体把握达不到系统的认识与梳理,然而在不断的实践中发现充分应用信息技术融合于课堂教学进行单元复习更有利于教师对教材的把握,更有利于学生对知识的整体认知与掌握。

本节课例充分将信息技术融入到教学当中,通过信息技术主要能解决两点问题:第一,在学习课中教材是学生学习的最根本的材料,而复习课中教师往往忽略对教材的使用,所以在复习课中改变只是讲练习题的做法,而是应用人教智慧教学平台在复习课中再次展现教材中的重点问题,播放视频,使学生充分熟悉教材,巩固知识。第二,通过图片、视频给学生视觉上的冲击,利用希沃白板设计小游戏提高学生上课的积极性,结合图片、视频让学生进行讲解,有理有据,使课堂教学充满生机,于无形中增大课堂容量,提高 45 分钟的效率,打造高效课堂。

2.1.1.2 学情分析

本节课是在学生整体学习完第六单元的基础上进行的单元知识复习,学生已经具备了整体单元知识的储备,对二氧化碳的性质、用途和制法都有了比较清晰的认识与了解,同时通过前六个单元的学习,学生对单元知识的复习掌握了一定的复习思路和方法。通过教师前五个单元的教学训练,学生已经具备大方上台讲解知识的能力,对信息技术与课堂教学的融合也具备一定的适应能力,能够自主操作多媒体设备。所以充分发挥信息技术融于课堂教学的优势,充分发挥学生的主观能动性进行本节课的复习对学生而言又是一次体验和锻炼,通过课堂各个环节的体验,充分锻炼学生的学习能力,从而巩固知识,提升素养。

2.1.2 教学理念

(1)本节课主要是将信息技术融入化学教学,是在"互联网+"背景的现代素质教育理念下发现的一个非常实用的教学方式。通过对教材的分析应用信息技术能够更加有效地解决微观结构决定物质性质的认识,能够对二氧化碳的有利与不利之处进行更加准确的分析。

(2)本节课的教学设计意图:采用"情境导入—学生讲解—游戏活动—探究分

析—汇报总结"的五步教学环节,每一个环节都巧妙的运用现代化信息技术,分别采用人教智慧教学平台、视频、图片、游戏等形式提高学生学习的积极性,提高课堂教学效率,打造高效课堂教学。

1)情境导入:利用视频的震撼效果,带领学生进入要学习的情境,为新课的学习做好准备。

2)学生讲解:学生结合教材中截选的图片进行知识的讲解,将教材学习知识以图片形式展现在学生面前,促进学生充分利用教材,落实教材学习内容,同时请学生结合图片进行讲解,充分搭建平台,给学生展示能力的机会,课堂上学生上台讲解既要求学生对知识熟练掌握,又能够有效锻炼学生的语言表达能力,同时也能够将其他同学的注意力集中到课堂知识点,通过对上台同学讲解正确与否的分析判断提升对知识点的理解和掌握,是一个一举多得的教学环节。

3)游戏活动:利用希沃白板射击游戏环节,请两位同学在大屏幕上进行物质转化选择的闯关游戏。本环节根据碳单质与碳的化合物之间可以相互进行转化的思想进行活动设计,学生在闯关活动中通过玩游戏复习了含碳物质之间的相互转化,落实了元素及化合物知识的学习。

4)探究分析:通过人教智慧教学平台展示实验室制取氧气、二氧化碳仪器的选择,组合等不同之处进行分析,视频展示实验室制取二氧化碳不同仪器选择的优势,根据不同需要进行不同的选择,促进学生掌握了化学知识。学生通过对比分析,通过视频进一步探究,更加清楚实验室制氧气和制二氧化碳装置的不同之处,达到事半功倍的效果。

5)汇报总结:由学生表达自己在课堂中的收获,梳理整节课的教学内容,使一节课的知识在学生的头脑中系统化,形成一条清晰的主线。尤其注重践行低碳的生活方式,引导学生树立低碳生活的意识,从自身做起,从小事做起,进行低碳减排,了解作为新时代的青少年肩负的责任和使命,增强学生的社会责任感。

2.1.3 本节课例教学设计

2.1.3.1 教学目标

知识与技能:

(1)进一步巩固碳的单质及化合物之间相互转化的化学反应及化学方程式的

书写,能够自己设计物质之间相互转化的关系图。

(2)进一步掌握碳单质、一氧化碳和二氧化碳的性质及其用途;

(3)进一步掌握实验室制取二氧化碳的方法,建立解决实验室制取气体相应问题的思维框架。

(4)进一步树立学生的环境保护意识,能够从自身做起,做到低碳减排。

过程与方法:

(1)引导学生在合作、探究、自主学习过程中,领悟科学学习化学的方法。

(2)利用分类的方法将所学的知识进行归纳、总结,达到对知识系统掌握的目的。

情感态度与价值观:

(1)运用信息技术手段、积极探究等方法激发学生学习的积极性。

(2)发动学生大方上台讲解,提升学生的表达与自我学习能力。

(3)通过环境保护的教育,增强学生的低碳意识,践行低碳生活方式。

2.1.3.2 教学重难点分析及解决措施

(1)重点:系统掌握碳与碳的化合物之间相互转化的反应,掌握生成与消耗二氧化碳的反应,掌握二氧化碳的实验室制法。

(2)难点:使学生认识低碳的重要性,能用实际行动进行低碳。

(3)解决措施:

1)充分运用现代化的信息技术与教学融合,将含碳化合物列出,设计游戏,学生自由组合,闯关更多者获得胜利。利用信息技术增强课堂学习的趣味性,充分调动学生学习的积极性,信息技术帮助解决教学重点问题。

2)利用人教智慧教学平台,充分展示与教学相关的资料,让学生结合视频、图片进行讲解,对知识有深刻的认识和了解。让复习课充分结合教材,充分应用教材来解决问题。尤其书后习题中每一题的前面都有不同的小图标都具备不同的功能,教师开发出这些功能,在课堂教学中合理有效地使用,充分提高课堂效率。

2.1.3.3 教学准备

多媒体辅助:小视频(环境问题、实验室制二氧化碳装置、全社会节约行动)、环境保护图片、希沃白板设计小游戏、人教智慧教学平台。

2.1.3.4 教学环节

情境导入——创设情境、引入课题

↓

学生讲解——知识回顾、提升能力

↓

游戏活动——物质转化、激发兴趣

↓

探究分析——实验室制法、探究分析

↓

汇报总结——播放视频、激发行动

2.1.3.5 课堂教学环节实录

1.情境引入——创设情境、引入课题

活动目标:吸引注意力,引起学生对环境问题的关注,为课堂学习做好准备,通过视频引起学生的共鸣。

教学内容:引导学生更多的了解二氧化碳引起的环境问题

实施过程:

教师:同学们,今天我们来对第六单元碳和碳的化合物进行复习。下面大家先来看一段视频,看看从视频中能得到什么启示。

学生:观看视频

教师:刚才大家看到了许多令人震惊的场景,都有什么呢?

学生:有冰川融化,海平面上升,暴雨、洪水、海啸等。

教师:同学们,你们知道吗? 这些恶劣气候的出现都和什么有关吗?

学生:温室效应!

教师:那大家知道引起温室效应的主要物质都有什么呢?

学生:有二氧化碳、甲烷等含碳化合物还有臭氧。

教师:所以目前世界各国都在积极推进低碳经济,践行低碳的生活方式。那么

这节课我们就一起对碳及碳的化合物进行复习。

媒体应用及分析:用现代化信息技术截选有震撼力的视频,引起学生的视觉冲击,引领学生更多的了解温室效应的危害,为教学做好准备。

2.学生讲解——知识回顾、提升能力

学生活动①:

活动目标:了解环境问题与空气中越来越多的二氧化碳有着密切的关系,产生二氧化碳的途径及学习过那些含碳的单质及化合物。

教学内容:总结学习过的含碳的物质及能产生二氧化碳的反应与途径。

实施过程:

教师:请同学们说出我们学习过哪些碳的单质和化合物?

学生:单质有金刚石、石墨、碳60;化合物有一氧化碳、二氧化碳、碳酸、碳酸钙等碳酸盐……将来还会学习到许多有机化合物,他们都含有碳元素。

教师:那么今天这节课我们就对碳单质、一氧化碳、二氧化碳的性质、用途及二氧化碳的实验室制法进行重点复习,下面把课堂下一环节交给同学们。

学生代表:下面请同学们说一说,我们学习过哪些途径可以产生二氧化碳?

学生:煤、石油、天然气等化石燃料的燃烧,人、动植物的呼吸,动植物的腐烂、腐败等都会产生二氧化碳。

学生代表:它们在转化生成二氧化碳的过程中都表现出哪些性质呢?

学生:可以利用碳的可燃性和还原性发生反应生成二氧化碳,利用一氧化碳的可燃性和还原性生成二氧化碳,利用碳酸的不稳定性分解生成二氧化碳,碳酸钙可以和稀盐酸反应生成二氧化碳,像甲烷这样的有机物也可以通过燃烧的途径转化为二氧化碳。

学生代表:那么如果从碳元素化合价的角度分析,他们在转化过程中碳元素化合价都有什么变化吗?

学生:碳单质中碳元素的化合价为零价,一氧化碳中碳元素的化合价为正二价,而在二氧化碳、碳酸钙和碳酸中碳元素的化合价都为正四价,所以碳、一氧化碳转化为二氧化碳的过程中碳元素的价态发生了改变,而碳酸钙和碳酸转化为二氧化碳时碳元素的化合价没有发生改变。

教师:大家说得非常棒! 对于有机物转化为二氧化碳时碳元素价态的变化我们以后在高中的学习中会继续学习,现在暂不做研究了。

媒体应用及分析:通过图片展示碳单质与碳的化合物之间的转化关系图以及每种物质中碳元素的化合价,帮助学生简单分析初中化学重要知识,也就是化合价的变化,引导学生会从反应的本质分析问题。

学生活动②:

活动目标:会进行含碳物质之间的相互转化,准确写出反应的化学方程式。

教学内容:完成碳、一氧化碳、二氧化碳及其他含碳化合物之间相互转化关系的化学方程式。

实施过程:

学生代表:通过以上分析,我们先来分析它们之间的关系,写出反应的转化关系图。

学生:书写转化关系图。

学生代表:让我们大家准确写出它们之间相互转化的化学方程式吧!

教师:拍照展示学生书写的物质之间相互转化关系图,以及写出的化学反应方程式。

教师:在这里请同学们注意,书写化学式一定要规范,像一氧化碳中碳元素与氧元素都应该大写,如果把氧元素小写一氧化碳就变成了钴元素而不是一氧化碳了,还有要注意反应条件和生成物状态的标注,像这里的点燃、高温,这里的气体符号、沉淀符号等,不能遗漏,还有方程式的配平问题,尤其像一氧化碳还原氧化铁的反应更加要注意。

媒体应用及分析:利用希沃授课助手将学生写出的转化图及方程式进行展示,教师再结合学生书写中出现的问题进行重点讲解,方便快捷。

学生活动③:

活动目标:充分掌握碳、一氧化碳和二氧化碳的性质及用途。

教学内容:复习碳、一氧化碳和二氧化碳的性质和用途。

实施过程:

学生代表:下面大家来看我这有一组图片,我们一起说说图中说明碳的什么用途,体现出碳具有什么性质。

学生:碳的单质中重点有金刚石和石墨,金刚石可以做钻头说明金刚石的硬度很大,可以做钻石说明有璀璨的光泽;石墨可以做铅笔芯说明石墨很软,在纸上划过可以留下痕迹,石墨能做电池的电极说明石墨具有导电性,活性炭可以做防毒面具的滤毒剂,说明活性炭具有很强的吸附性,木炭还可以用作燃料说明具有可燃性,当然除这些之外,木炭还具有还原性可以作还原剂,可以冶炼金属。

学生代表:再看这几张图片,请大家说说看,说明了二氧化碳有哪些用途,表现了二氧化碳的什么性质。

学生:二氧化碳可以用来做汽水,体现了二氧化碳能够与水发生反应生成碳酸的性质,做气体肥料说明二氧化碳能促进植物更好的进行光合作用,还可以用来灭火说明二氧化碳既不燃烧也不支持燃烧,而且密度比空气的密度大的性质。

学生代表:再看这张图片是固态二氧化碳,也叫"干冰",可以做制冷剂,这是为什们呢?

学生:因为干冰升华能够吸收环境中大量的热,从而使空气中水蒸气凝结成小水滴。除此以外,二氧化碳还是重要的化工原料,可以用于生产纯碱。

学生代表:那一氧化碳又有哪些性质和用途呢?

学生:一氧化碳主要用于做燃料,是家庭中使用的煤气的主要成分,还是炼铁时最常用的还原剂,通常所说的煤气中毒指的就是一氧化碳中毒,因为一氧化碳与血液中的血红蛋白结合能力强,阻止了氧气与血红蛋白的结合,会使人缺氧窒息死亡,这也表现了一氧化碳的毒性。

媒体应用及分析:截选教材中出现的图片,通过大屏幕进行展示和回顾,在复习课中通过现代化信息技术充分发挥教材的作用。

3.游戏活动——物质转化、激发兴趣

活动目标:熟练掌握含碳物质之间的相互转化关系。

教学内容:掌握碳、一氧化碳、二氧化碳及其他含碳化合物之间相互转化的关系。

实施过程:

教师:利用希沃白板设计好游戏。

学生:进行游戏活动。在出现的物质中进行选择,按反应物、生成物和反应条件进行选择,都正确的为一组,比赛哪组选出的正确多,多的组胜出。

媒体应用及分析:利用希沃白板设计游戏环节,让学生对物质之间相互转化进行组合,检验学生知识的掌握情况,激励学生在信息技术融于化学教学的课堂中学有所获,促进学生真正养成良好的学习习惯。

4.探究分析——实验室制法、探究分析

活动目标:能够从反应物的状态和反应条件以及生成气体的密度和溶解性来分析发生和收集装置的选择。

教学内容:掌握二氧化碳的实验室制法中关于药品和仪器选择的方法。

教师:引导学生分析实验室制取二氧化碳药品的选择方法和确定的药品。实验室制取二氧化碳仪器装置的选择依据。

	制取原理	反应物的状态	反应条件
二氧化碳	石灰石与大理石(或石灰石)反应		
氧气	加热高锰酸钾		
	加热氯酸钾		
	分解过氧化氢溶液		

	气体的密度与空气的比较(大或小)	是否溶于水,是否与水反应
二氧化碳		
氧气		

教师:同学们知道在实验室中掌握气体的制备方法是基本的实验技能,在本单元中就二氧化碳的实验室制法进行了重点的探究,今天我们再来重点复习实验室制取二氧化碳药品和实验装置的探究过程。

教师:首先大家来回顾实验室制取某种气体时设计与评价实验方案需考虑的因素有哪些?

学生:①反应原料易获得;②操作应简单、安全,易于实现;③所制得的气体应便于收集,纯度高,符合演示实验的需要。

教师:下面思考我们学习过哪些反应可以生成二氧化碳?

学生:①石灰石与盐酸反应;②蜡烛的燃烧;③碳充分燃烧;④碳酸钠粉末与盐酸的反应;⑤高温煅烧石灰石;⑥碳在高温下还原氧化铜、氧化铁、四氧化三铁;

⑦人或动植物的呼吸。

教师：是不是这些反应都可以用于实验室制取二氧化碳呢？

学生：根据考虑因素判断，我觉得不是，有的反应需要高温条件，耗费能源，有的反应产生气体不纯，所以不是所有反应都可以用来实验室制取二氧化碳。

教师：大家再来看资料二：H^+和CO_3^{2-}可以结合生成生成碳酸，碳酸不稳定又分解生成二氧化碳气体，反应较快，装置简单，便于收集。

教师：在实验室中常见的含CO_3^{2-}的固体主要有块状石灰石，粉末状石灰石和粉末状碳酸钠，究竟选择哪一种呢？液体药品是选择稀盐酸还是选择稀硫酸呢？根据三种固体药品和两种液体药品设计出不重不漏的实验方案，我们应确定选择哪种药品呢？

教师：同学们，知道要设计几组实验去进行对照吗？

学生：要设计两组共六个实验，其中三种固体与稀盐酸反应一组，三种固体与稀硫酸反应一组，利用右图装置完成，先向小试管中加入澄清的石灰水，再向大试管中加入固体，倒入酸后，迅速盖紧胶塞，观察产生气泡的速率和剩余物的情况，从而判断实验室中制取二氧化碳应选择的药品。

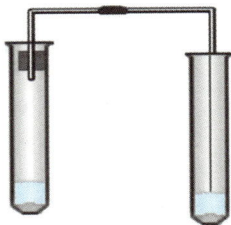

学生：分析现象可以知道，碳酸钠、碳酸钙粉末与盐酸反应速率太快，不易收集。大理石与稀硫酸反应刚开始有气泡，一会逐渐停止，因为生成的硫酸钙微溶于水，会包在大理石的表面上，阻碍反应进一步发生。如果将稀盐酸换作浓盐酸也不可以，因为浓盐酸具有挥发性，挥发出氯化氢气体，使产生的二氧化碳气体不纯。所以确定实验室制二氧化碳应选择的药品是大理石或石灰石和稀盐酸。

教师：确定了药品，那对于实验室制取二氧化碳的仪器装置又如何选择，选择哪些装置会更加理想呢？观察图片，请大家讨论说出选择哪些仪器制取二氧化碳并说出选择的依据。

学生：结合大屏幕讲解，这套装置的特点就是简单，易于连接，然而它只能一次性的加入药品，如果收集到的气体的量不足而需要再添加液体，就不方便了。

学生：我们学习过在实验室中能用来添加液体药品的是长颈漏斗。大家看，在试管或锥形瓶上添加长颈漏斗这样就可以随时添加液体药品了。在这套装置中尤其要注意的是长颈漏斗下端一定要伸入到液面以下，也就是要进行液封，否则的话气体将会从长颈漏斗逸出，使集气瓶中收集不到气体。

教师：通过前面的药品探究实验可以看到，粉末状药品与液体反应的速率非常快，一下子产生大量的气体，不利于气体的收集与观察，那么如果想产生连续的比较稳定的气流，也就是要控制反应的速率，又该对装置进行怎样的改进呢？

学生：在实验室中有一种仪器和长颈漏斗很相似，然而却有一个活塞可以控制滴加药品的量，那就是分液漏斗，我们可以再对装置进行改进，将长颈漏斗换成分液漏斗或者注射器则可以通过控制滴加药品的量来控制反应速率，从而获得连续均匀的气流。

教师：如果我们又想当收集到一定量的气体后使反应停止去进行性质实验，当再次需要气体时使反应重新发生，也就是能够随时控制反应的发生和停止，这又需要对装置进行怎样的改进呢？

教师：大家来看一段视频，仔细观察视频中给出的仪器经过怎样的变化达到了控制反应的发生和停止的目的。

学生：从视频中我们看到在大试管的中下部加了一块小的隔板，可别小瞧这块小隔板，它起到了巨大的作用，把固体放在隔板上，当关闭止水夹时装置内部气压增大，将酸液压回长颈漏斗中，此时固液分离，反应停止，而当打开弹簧夹，装置内气压减小，酸液流下与周围固体接触又重新发生反应，产生气体。

教师：根据以上分析，我们总结实验室制取二氧化碳时由于反应物为固体和液体的混合物，反应条件为常温，所以不需要酒精灯，而二氧化碳的密度比空气密度大，可以用向上排空气法，能溶于水不能用排水法，所以不需要水槽，由此确定实验室制取二氧化碳的装置可以有以下几套：请同学们分析下每套装置有什么优势。

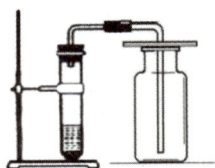

① ② ③

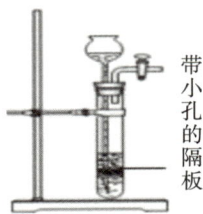

④ ⑤ ⑥

带小孔的隔板

学生：①②套装置比较简单，③套通过添加长颈漏斗可以随时添加液体药品，④⑤套通过分液漏斗和注射器能够控制滴加液体药品的量，从而控制反应速率。而⑥套利用隔板可以达到控制反应的发生与停止的目的。这些装置在实验室中制取二氧化碳时可依据不同的需要进行选择。

媒体应用及分析：利用人教智慧教学平台展示教材学习内容，对二氧化碳的实验室制法进行有效复习。利用信息技术录制有针对性的小视频，分析固体和液体药品的选择依据，尤其通过视频能够解决学生对控制反应的发生与停止的理解，能够真正学以致用，落实教学重点。

5.播放视频、激发行动

活动目标：了解更多低碳方法，能够从自身做起践行低碳的生活方式。

教学内容：对环境问题的分析及保护环境措施的研究。

实施过程：

教师：通过前面的复习，我们进一步了解了二氧化碳的性质、用途和实验室制法。知道二氧化碳在生活、生产和实验探究中有许多重要的应用，然而二氧化碳在空气中的含量是越多越好吗？

学生：当然不是，因为二氧化碳的含量过高，会引起严重的环境问题，同学看，引起的环境问题主要有冰川融化、粮食减产、物种灭绝、海平面上升，以及极端气候和空气污染等。

教师:看着这些由温室效应引起的恶劣后果,还有刚才视频中那些令人震惊的场景,同学们是不是想到了什么,有什么想说的吗?

学生:要想办法减少空气中二氧化碳的含量使它恢复正常。

学生:目前世界上各个国家都在关注低碳减排,2009 年底在美丽的哥本哈根召开了世界气候大会, 会后联合国收到 55 个国家递交的到 2020 年温室气体减排和控制的承诺。天津的一些单位和机构也在义务宣传低碳减排。

学生:2010 年 5 月在我国上海召开的世博会中提出了"低碳世博,减排人人有责"的活动场景。

学生:目前我们了解到在我国"十四五"规划中,以 2025 年和 2035 年为节点,逐步实现碳排放达峰后稳中有降,生态环境根本好转的目标。

教师:现在我们的城市、国家乃至全世界都在积极投入到低碳减排的大军中,那么同学们想一想,从我们自身能为低碳、为环保做些什么呢?

教师:大家先观看一段视频,看看能带来什么启示?

学生:从视频中我们看到节水、节电、多走路上班、上学以及多吃蔬菜少吃肉,都是低碳的好方法。

学生:我们在生活中纸张的双面使用也是低碳的一个途径。

学生:使用的水笔,只换笔芯不换笔杆,也是低碳的好方法。

教师:同学们刚才非常踊跃的进行发言,找到许多能够从自身做起进行低碳的好方法,由此可见只要我们做生活中的有心人,就一定能为低碳贡献自己的力量。

媒体应用及分析:利用信息技术展示图片,观看视频,了解更多低碳的方法,促进学生能够从自身做起,在生活中进行低碳,使低碳生活的意识成为每位同学的一种习惯。

教学反思:

本节是一节综合性的化学复习课,课堂以碳和碳的化合物知识为主线,以二氧化碳引起的环境问题为暗线,引导学生进行探究与学习,充分利用现代化信息技术促进学生主动学习。整节课用一连串有效的问题串联起来,引导学生不断思

考,以学生为教学主体,充分发挥学生的主观能动性,充分利用人教智慧教学平台、把复习课与教材知识充分结合,促进学生在复习的过程中充分利用教材,回归教材。通过希沃白板设计的闯关小游戏充分调动学生学习的积极性,在体验中有效进行学习。通过图片、视频给学生强烈的视觉冲击,促进学生在感受中自然对知识进行掌握和理解。

这节课的教学,比较成功的地方有:一是教学知识主线与环境保护暗线的铺设,使学生学习的目标明确,教学层次,学习目的清晰;二是人教智慧教学平台的应用促使学生熟悉教材,利用教材进行学习。三是智能小游戏环节开拓了学生的思维,调动了学生学习的积极性,加强了知识的落实。四是环保视频与图片观看增强了视觉的冲击,使学生在感受中接受信息。五是让学生结合生活实际进行发言,使学生充分体会到环保人人有责,应该从自身做起,促进学生社会责任感增强。六是学生充分发挥主动性,增长了知识锻炼了能力。

反思不足之处:课堂整体安排量比较大,使学生书写方程式落笔的过程略显仓促,对于从个人做起进行低碳的发言没有足够的时间让学生说的更实际和引起同学的共鸣。今后努力的方向:进一步研究分析课标、教材、研究教法,设计高效的课堂教学环节,开发更加新颖有效的现代信息技术手段,将现代化信息技术更加巧妙地与课堂教学进行融合,优化信息技术融于教学的各个环节,进一步探索、实践与创新信息技术与课堂教学融合的教学模式,充分发挥现代化信息技术与教学相融合的优势。不断激励学生在信息技术融于化学教学的课堂中学有所获,促进学生养成良好的学习习惯和优秀的信息技术与化学学习相融合的学习素养。

参考文献

[1]潘晓挥.提高高中信息技术教学有效性的策略[J].研究名师在线,2020(27).

[2]许雪梅,李祥平.现代信息技术与学科教学整合的研究[J].甘肃教育,2019(10).

[3]戴本荣.现代信息技术与课堂教学有效整合的探索与实践[J].中国培训,2018(7).

[4]冯建宁.运用信息技术提升初中化学课堂教学效率的探索[J].中学课程辅导(教师通讯),2019(24).

[5]张国喜.信息技术与初中化学学科的有效整合[J].基础教育.2015(19).

[6]张文华,叶晨,雷宇,等.信息技术与化学教学技能课程整合的研究与实践[J].高等理科教育,2011(6).

[7]曹子阳.现代信息技术与化学课程整合的切入点的探究[J].新课程(下),2018(1).

[8]赵红梅.信息技术与初中化学实验教学的整合[J].基础教育,2011(5).

[9]单玲.运用现代信息技术打造初中化学高效课堂[J].中学化学教学参考,2016(8).

[10]张玉梅.合理运用现代信息技术 打造初中化学高效课堂[J].中国教育技术备,2015(21).

2.2 酸碱性质及应用(复习课)(赵春华)

2.2.1 教材分析

在《义务教育化学课程标准(2011年版)》中明确了,本单元属于一级主题"身边的化学物质"的内容。本单元也是学生在初中化学中比较完整地学习"身边的化学物质"知识体系和学习"物质的分类"知识体系的最后一个单元。本节课的知识内容既能联系到金属、酸、碱及盐的有关性质,又能学习氧化物、酸、碱、盐等化合物的物质分类知识,是对初中化学总结与归纳的一个单元。本节内容总体来说难度较大,许多知识虽然学生比较熟悉,但能否把所学的知识形成系统并运用于解决实际问题还存在一定难度。

此外,调查表明,演示实验、学生实验的有效性远远大于课堂教学中教师的满堂说教式讲解。但是,无论是教师演示实验还是学生的分组实验都存在一些难以解决的弊端,如,所用药品为危险品、实验耗时长、危险系数大、有污染、反应装置大小不匹配选择困难、反应不易控制现象不明显等。而本单元实验多、实验分析多,在四十五分钟内有效提高实验效率与效果尤为重要。

并根据以往的经验,无论是学习能力强的学生还是学习能力欠佳的学生,在复习课中,都存在不同程度的学习倦怠。这种倦怠来自于复习内容的难度较新授课大幅提升、综合性强;也来自于不同能力学生的"吃不饱"和"吃不了",学习能力强的学生认为学习过了,没必要复习,学习能力较低的学生还不能完全掌握,无从下手;还来自于教学方法过于单一,尤其是认知规律性较强的内容,教学容易陷入单纯的"传授"与"灌输"模式;也有来自于教师的原因,教师往往重视新授课的备课,而忽略了复习课的设计。种种原因就造成一节复习课变成教师自导自演的独幕剧,复习效率低下。

2.2.2 教学理念

2.2.2.1 学生特征分析

本节课的学生特征分析依据对该阶段学生学习的情况以及该年龄段学生的思维发展情况而做出的:

(1)学生是九年级学生。

(2)具有较强的求知欲和好奇心。

(3)学生有过较多的探究学习的经验。

(4)学生有一定的信息技术应用的基础,可是学生的信息技术掌握水平与能力存在差异。

(5)学生学习过酸、碱、盐(部分)的相关基础知识。

(6)学生能够简单应用一定的化学知识解决问题。

(7)这个年龄阶段的学生化学学科思维发展处于形成阶段,但发展并不均衡。

2.2.2.2 问题解决途径

为了解决教材内容多、形成体系难、实验分析复杂、复习课无效率的问题,教师的主要任务是引导学生利用学到的化学知识理解、解释和解决问题,从而提升自身的化学学科思维;引导学生在具体的问题情境中,对酸、碱、盐性质的认识从感性认知上升到理性思维,提高化学学科核心素养。

从解决以上问题为切入口,提高复习课的有效性,使每一个学生都有良好的学习体验,体现实时反馈的重要性,实现学生个体与同学、教师之间的交流,查阅国内外的资料,结合对新媒体、新技术的理解,本节课是基于平板电脑技术的应用而进行的"一对一学习模式"的教学设计。

"一对一的学习模式"是指:基于无线网络、平板电脑、云平台等硬件支持下,实现每一位学生和老师交流互动,老师可以在最短的时间内掌握学生的不足、抓住让学生产生疑问的重点问题,针对每个学生的特点采用不同的手段进行指导解惑,为每一位学生量身定做的学习目标,有效地提高学生学习成绩的一种学习模式。教师完全站在学生的角度,以学生为出发点,整体应用不同的信息技术手段高效、有效地完成既定的教学目标,甚至完成高于既定目标的一种学习模式。

信息技术更新速度快,平板电脑、课堂交互系统被研发出来,在国外这些技术的使用已经相当广泛。基于网络、平板电脑支持的"一对一学习模式"更能贴切地体现信息技术在学科教学中的特点。化学虽然是一门以实验为主的基础自然科学,但是,数字化学习模式对化学学科的教学仍旧有重要的作用与意义。

2.2.3 教学目标

2.2.3.1 基于化学课程标准、应用数字化手段确定教学目标

《义务教育化学课程标准(2011 年版)》中明确了"身边的化学物质"这一主题,重点在于引导学生观察和探究身边的常见物质,了解它们对人类生活的影响;增强学生对化学的好奇心和探究欲望,激发学生学习化学的兴趣;帮助学生了解化学与生活、化学与社会发展、化学与技术进步之间的关系,使学生认识学习化学的重要意义。

从化学课程标准出发,基于平板电脑和无线网络的支持,为充分实现课堂上师生之间、学生之间的互动与交流,引导学生完成"意义与知识"建构,充分利用信息技术手段对信息进行处理和应用,分析、解决实际生活中的相关问题,最终使知识升华、方法内化,确定本节课的教学目标,如下图:

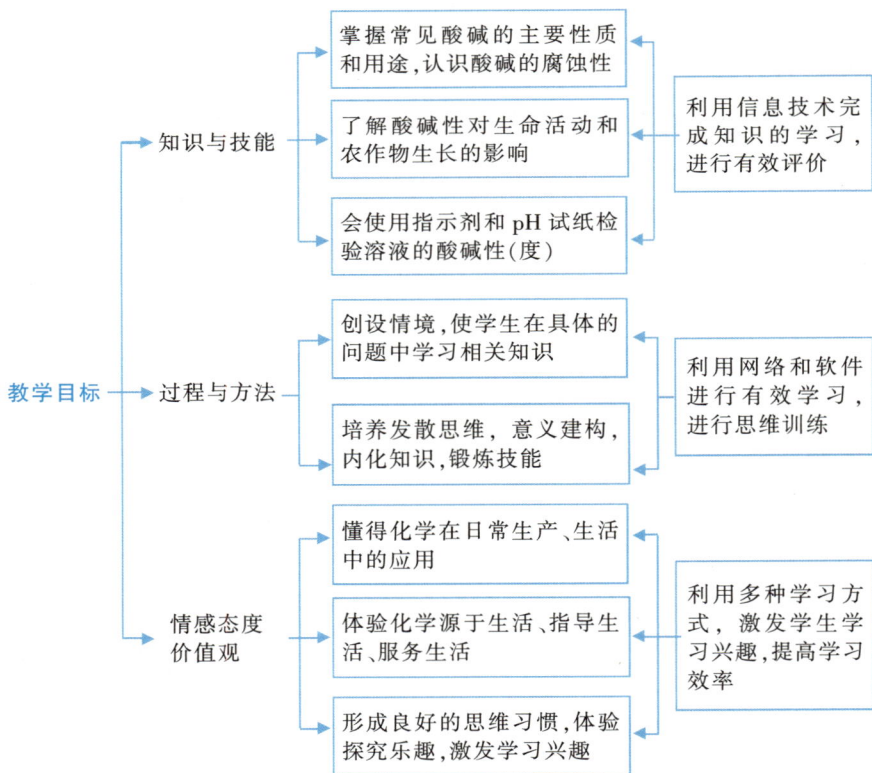

2.2.3.2 教学重难点及解决措施

1.重点与难点

(1)教学重点:酸、碱的化学性质。有关"酸碱盐性质及应用"思维导图的绘制。

(2)教学难点:酸、碱性质的综合应用。

2.解决措施

(1)创设学习情境:将与教学内容相联系的生活情景转化为学习情境,设计为课堂教学服务的一系列问题,组织教学内容,鼓励学生发现并提出有目标、有深度、有启发地延伸问题,激发学习兴趣,鼓励学生积极参与到实验的质疑、猜想、假设、验证以及探究规律的学习中。

(2)启发式的合作学习:利用交互系统建立学习小组,鼓励学生自主讨论交流、搜集处理信息、合作完成学习任务的探究式学习,教师启发引导。

(3)一对一学习模式:充分利用交互网络,着眼于个人潜力与人格发展的个性教学模式。

3.教学准备

(1)软件:教学交互系统。

交互系统的特点是可以师生互动、生生互动、个性化学习,并且实时反馈学生的学习状况。另外,交互系统为提供事实、建立经验,举例验证、建立概念,演绎原理、启发思维,归纳总结、复习巩固提供便利。

(2)硬件:平板电脑。

利用交互系统、绘制思维导图、观看各类课件、完成习题等。

(3)实验准备:教学过程中使用的酸、碱、盐试剂,根据教学设计准备的真假葡萄酒等试剂,以及必备的实验仪器。

2.2.4 教学过程

2.2.4.1 重要教学环节

环节一:翻转课堂

活动设计:

老师:课前,上传学习任务。课上,通过交互系统实时反馈的学生学习、答题结果,对重点问题进行分析。引导学生利用问题,理解本课题知识间的关系。(题目的

选取设计上,渗透本课题的重点内容。)

学生:课前,学生登录电子书包,完成学习任务。课上,通过实时反馈系统可以了解自己的学习进展,并在教师的引导下及时获取正确的学习信息。并理清"酸碱性质与应用"的重点内容。

活动目标:

将本课题的重点知识藏于习题中,通过交互系统实时反馈的学生答题结果,抓住学生学习中的错误、失误,有针对性地进行分析。避免了传统教学中教师出题、讲题,学生刷题,但仍一错再错、重做重错的无效复习。引导学生利用习题,完成本课题的建构。

设计意图:

翻转课堂学习模式下,学生课内外的有效学习时间进行更合理的调整,学生掌握学习的主动权,由被动的接受知识转变为主动学习。在该模式下,课上的宝贵时间,由点式学习转向更丰富、更系统、更有深度的学习方式,体验探究与创新、创造的过程,从而获得更深层次的理解。

学生在课前,根据教师提供的学习任务单,通过微课获取在已有经验和认知基础上通过自学可以解决的信息或知识,还可以在网络上搜索相关的有用信息,并且在网络上与同学进行讨论。在这一学习过程中,学生可以通过信息技术,利用各种学习资源,在任何时候去查阅需要的资料。教师也可以随时参与学生们的线上讨论,有更多的时间与每个人交流。而课堂上,师生需要完成对学习目标的检测,以及进一步的拓展。学生成为知识的探索者和学习过程中真正的认知主体。以学生的发展为中心,以尊重、信任和发挥学生的能动性为前提,由学生积极、主动、独立地发现问题,在教师的引导下,去寻找解决问题的方法,其目标是为了让学生通过实践获得更真实的学习体验,真正落实学科核心素养。在课后,学生自主规划学习进度、学习节奏和呈现知识的方式,主动建构知识体系。

与传统课堂进行对比,传统课堂的主要活动是集体讲解、课堂练习、小结整理、布置作业。而翻转课堂的主要活动见下图:

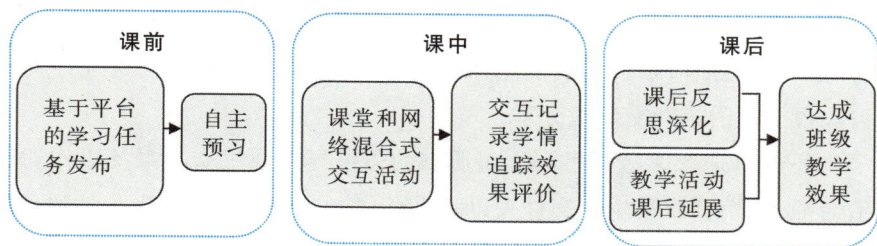

课堂教学目的在转变、教学观念在转变、教师进行教学设计的目的与意义在转变。翻转课堂有利于克服遗忘曲线,保持学习结果;有利于高阶目标的实现,对学习进行有效的提升;并且真正实现了个性化的分层教学,允许学生有不同的步调,发表自己的见解。"翻转"的目的是为了提高学习效率,为了学生自主达成知识的内化和能力的生成。

环节二:意义建构

活动设计:

老师:复习诊断后,引导学生完成"酸"或"碱"内容的思维导图。利用交互系统观察学生的完成情况,可以将完成较好的几个同学的思维导图展示出来。

学生:利用相关应用软件,完成"酸"或"碱"内容的思维导图,在绘制过程中,可与同学相互学习,取长补短,完善自己的知识网络。也可与老师进行实时交流,随时发现问题,解决问题。

活动目标:

从重点知识梳理、学法指导、总结升华等方面对本课题进行发散思维,利用软件完成思维导图。学生在绘制过程中,可与同学交流、也可与老师进行互动,随时发现问题、及时解决问题,不能立刻解决的可以质疑、存疑,在以后的课程中寻找答案。

利用交互系统的便利条件,实现生生、师生的交流,并有效提高教师的教学效益、提高学生的学习效率。

设计意图:

思维导图是表现发散性思维的有效图形思维工具,简单又极其有效。在复习课中,思维导图的应用在帮助学生意义建构上更加有效。传统教学中,也可以利用纸笔来画思维导图,但是耗时长,不易保存。利用思维导图软件,学生画起来更方

便且易于保存。思维导图绘制软件,使学生制作的导图更加美观;自带的颜色区分,使知识级别更加清晰。并且,利用课堂交互系统,教师与学生之间、学生与学生之间可以很方便的进行交流与分享。

学生还可以把每课题、每单元、每册书的思维导图通过交互系统以作业形式发送给老师。系统会自动生成文件夹,保存该同学的所有作业,学生和教师可以随时查看、取用。学生利用思维导图软件很好的将零散的知识碎片整合成一个系统,如,学生从知识点、在生活生产中的应用、学法指导、中考常见题型四个方面分别对酸、碱知识进行意义建构;然后又从中考题型入手,将酸、碱的相应知识联系在了一起,形成一个完整的学习体系。在处理一些实验题、探究题的时候,学生的思维更加完善、完整,不会再出现想题想一半、做题答一半的情况。在现在课时紧张的情况下,真正实现不多占学生一分钟,也能让学生学得轻松、考出质量。使学习不再枯燥,学生学习有了兴趣,有效课堂也不再是空话。

同时,为后续学习留下伏笔,在酸、碱、盐等知识全部学习结束后,在本课题思维导图的基础上完成本单元思维导图。检验学生对知识的理解,形成完整的知识网络体系。

环节三:知识应用(以"我的一天"为主线,解决生活中的实际问题)

活动设计:

老师:和学生一起完成小游戏。利用网络影院功能播放化学版《青花瓷》,再将不完整版的歌词通过课堂交互系统中的文件发送功能发送给学生,学生以抢答的方式填词。

利用交互平台的分组功能,根据学生实际的学习能力情况,分成若干学习能力相同的小组,将相关问题发送给学生,完成小组学习。在学生完成小组内的交流讨论后,引导、指导学生找出最佳答案。

学生:听歌放松之余,寻找歌中的化学原理,和同学老师一起完成小游戏。短暂的放松之后,继续完成小组内学习,通过小组交流,利用网络或所学知识,采取自主探究的形式完成问题的解决。并在教师引导下,根据各个小组的结果,找出最佳解决方式。

活动目标:

利用校级云平台的分组功能,将学生分成学习小组,完成小组学习。学生在完成小组交流、讨论后,给出方案。学生可以对其他小组的学习结果质疑,同时也要解答来自其他小组的提问。最终,共同研究分析,找出最佳方案。

方法层面:重点培养学生的交流合作能力,搜集、处理信息的能力,解决问题的能力。让学生学会有效利用各种学习手段与方法。

知识层面:充分体现化学学习的实用性。化学就在身边,利用化学解决生活问题,化学可以使生活更美好。使学生明白化学从哪里来,又将到哪里去。

情感层面:对学生进行生命教育、美的教育。

设计意图:

学习进程过半,学生在头脑风暴之后可能感觉疲倦,将学生熟悉的歌曲《青花瓷》贯以丰富的化学元素,利用网络影院功能进行播放,再将不完整版的歌词通过课堂交互系统中的文件发送功能发送给学生,学生以抢答的方式填写歌词,在轻松之余复习化学知识。将肢体运动、游戏等以巧妙的方式运用到教学中,会对学生的精力、情绪产生积极的影响,学生情绪轻松、愉悦、兴奋,学习参与度高,完全沉浸在老师的授课内容中。

利用交互系统的分组功能、课件播放功能等,以学生的一天为主线,将生活情境转化为学习情境,将一些生活中遇到的有关酸碱性质的小问题贯穿其中,以“学案”形式发送给学生,学生分小组,各自选择采取交流讨论、求助网络、实验探究等手段解决问题。搜索、讨论、验证过后,再以小组的形式,将答案发送到学校的资源共享平台,与其他小组的学生共享成果。培养利用数字化资源进行有效学习的能力,也努力实现教育过程的全面信息化。并且成功地解决了本节课的难点。

可以设计如下几个问题:酸奶的最佳饮用时间、真假葡萄酒的鉴别、如何除去鱼胆的苦味等。设计开放的课堂氛围,有趣的生活问题,可以激发学生的学习热情,在激荡的思绪中碰撞出智慧的火花。并将解决问题的方法理论化,根据解决的实际问题设计综合鉴别题,制作多媒体互动小课件,帮助学习理解。

化学学科的特点就是以实验为基础,教师本着“能做真的,不用假的”的原则进行正常的化学学科教学。可是,复习课不可能实现把曾经做过的实验都重做一遍。而且,一些有危险性、耗时长、反应现象不易控制的实验,不能被真正操作演示。传统教学中,教师的做法是用视频或者选择播放动画 flash 来代替。教学效果就是教师放,学生看。利用平板电脑,可以将所有的化学实验都放到“仿真实验室”

中,学生不仅可以利用有效的时间将所学实验都重新复习,而且一些不能被演示的实验也可以利用模拟的环境来完成。例如:探究燃烧条件时,由于涉及到白磷的燃烧,燃烧产物污染性大,有的教师就把演示实验变成播放实验,或者每年演示一次,而且必须在通风良好的环境或者通风厨中进行。有的教师对实验进行了改进,但也不能随用随做,白磷本身保存起来就很不方便。教学中就可以利用"仿真实验室"在平板电脑中模拟这个实验,从仪器、材料的准备,到实验方法、步骤的确定,最后,通过模拟实验来验证。在进行"酸、碱、盐"知识的复习时,实验多且大多操作复杂,将这些实验都真实的搬进课堂是不现实的,就可以将一些复杂的实验,设计成交互式的 flash 动画,让学生根据自己的思考,来验证、完成自己的实验设计。增加课堂上的师生互动,扩大课堂容量和内容深度。

环节四:课堂教学小结与评价

活动设计:

老师:将精心选择和设计的题目发送给学生,计时完成。及时反馈完成情况,引导学生对错误进行分析。对于完成情况好的学生,教师还可以实时增加测试。帮助学生从教学目标出发,从学会了什么、理解了什么、能做到什么、还想学习什么几个方面对本节课进行反思与评价。

学生:完成教师设计的有关本节课学习情况的调查题目,在教师指导下完成本课小结反思。完成互动系统中教师设计的"学生课堂学习表现评价表"。

活动目标:

学生和教师共同完成以下两个方面的过程性评价。

(1)充分利用信息技术提供的便利,利用交互系统中的在线习题、实时反馈与统计功能,完成本节课的学后反馈。本节课的教学难点就是酸碱知识的综合应用,完成课堂知识内容的反馈可以使学生对知识的掌握有所认识,也可以使教师了解学生的学习进展,调整教学方向。

(2)利用网络教学的特点,设计学生课堂学习表现评价表,让学生对自己和他人的课堂表现进行评价,也使学生对自己的学习状态进行调整。帮助学生总结本节课的收获与反思。

设计意图:

突破难点后,根据学生的学习情况,将三组不同难度的测试题,利用课堂交互系统的考试功能发送给学生,进行知识方面的教学评价。帮助学生复习重点,解惑难点,巩固学习内容,了解学习进展。使学生对化学知识和化学技能的掌握、对化学学科思维的理解更加深刻。同时也为教师提供更加准确的学生学习信息。

引导学生以学习目标的达成为基础,结合化学课程学习的实验观、价值观等化学观念畅谈本节课的收获与感悟,并且梳理本节课的重要学习内容,可以使知识得以内化,情感得以升华。

数字化的学习模式不同于传统教学,注重的是学生的个性学习,学生课堂学习表现评价表的使用就更为重要。教师根据课程目标自主设计富有个性的评价内容,对学生的学习状态进行个性分析与评价。表格的内容以及评价是客观的,但评价形式是多样的。下表为学生课堂学习表现评价表:

学生课堂学习表现评价表

项目	A级	B级	C级	自评	互评	师评
自主学习	课前认真完成学习任务单,主动学习,课堂检测认真	课前能基本完成学习任务,参与课堂检测	没有完成课前学习任务,课堂检测效果欠佳			
学习发言	听课认真、发言积极,有自己的独特见解	听课注意力偶有涣散、能发言,但少有自己的思考	听课注意力不集中、很少发言,不表达自己的观点			
合作学习	善于与同学合作,积极参与小组讨论与同学互动	能与同学合作,基本能参与小组活动但不提供见解	缺乏合作精神,不参与、不听取、态度消极			
课堂反馈	认真迅速地完成反馈,质量高	能完成反馈,速度比较慢或质量一般	不能完成反馈			
我的自评:						
同伴互评:						
老师点评:						

环节五:布置作业,课堂延伸

活动设计:

老师:根据学生的学习水平分层布置作业,精选习题。发送下一节课的课前

学习任务单。针对本节课设计课后实验，激发学生的学习兴趣，将化学学习延伸课外。

学生：学生根据兴趣及学习的程度，有选择地完成作业并可选择进行更深度的学习。阅读老师发送的学习任务单，课后完成。根据兴趣选择将要完成的课后实验。

活动目标：

在过程性评价的基础上，完成本节课终结性评价。分层设计有梯度的三组作业，让学生选做，使每一个学生都能找到适合自己的习题，从而实现了课标中"一切为了学生的发展"目标，解决学生中"合理+特长"的问题。并获取下一步的学习提纲，完成学习内容，翻转课堂。把化学延伸至课堂外、学校外，留给学生个性发展的空间。

学生将完成的课后实验录制成小视频，发送到电子书包，和同学交流分享。互动的学习氛围延伸到课下，给学生以鼓励，他们"不是一个人在战斗"。

设计意图：

课后作业是一节课重要的组成部分，是课堂知识的巩固与积累、内容的延伸与拓展、学习品质的培养与发展。本节课从教学的各个环节进行有效的分层，使每个学生都能找到自信、快乐学习，从而达到分层教学使每个学生都得到发展的目的。设计不同能力层次的作业，目的是面向全体学生，正视学生的个体差异，使每一位学生在原有的基础上都能得到发展，每一节课都有收获。学生的学习能力是在培养中不断提升的，所以分层设计的作业是开放式的，学生掌握选择权，在自己的能力范围内进行选择完成几项任务，循序渐进。

为了开拓学生视野，拓展课堂内容，鼓励学生走出课堂，进行调查研究并选择完成感兴趣的课后实验，如：自制汽水、酸碱指示剂、叶脉书签等。学生自主选择提交形式，可以是视频、照片等，将成果发送到共享平台，丰富学校化学学科资源。

2.2.4.2 预期获得的教学效果

基于信息技术支持的化学复习课程的教学设计，采用"一对一学习模式"，给学生提供能自主学习的课堂、拓展学习深度，同时实现信息技术与化学学科的深度融合。

课件的设计和使用上目的明确，给学生学习指明方向，体现教师的引导作用。

特别是翻转课堂、共同绘制思维导图进行交流,利用所学知识以及网络资源解决实际问题,给学生自主发展提供资源和环境。

采取新型的评价方式,习题只是评价学生学习效果的一部分,利用学生课堂学习表现评价表,对学生的学习态度、参与度、完成度进行过程性评价。并将评价延伸到整个单元的建构学习,使评价形式多样,对学生的评价也更加立体全面。

2.2.4.3 教学流程预设

总结教学过程如下图:

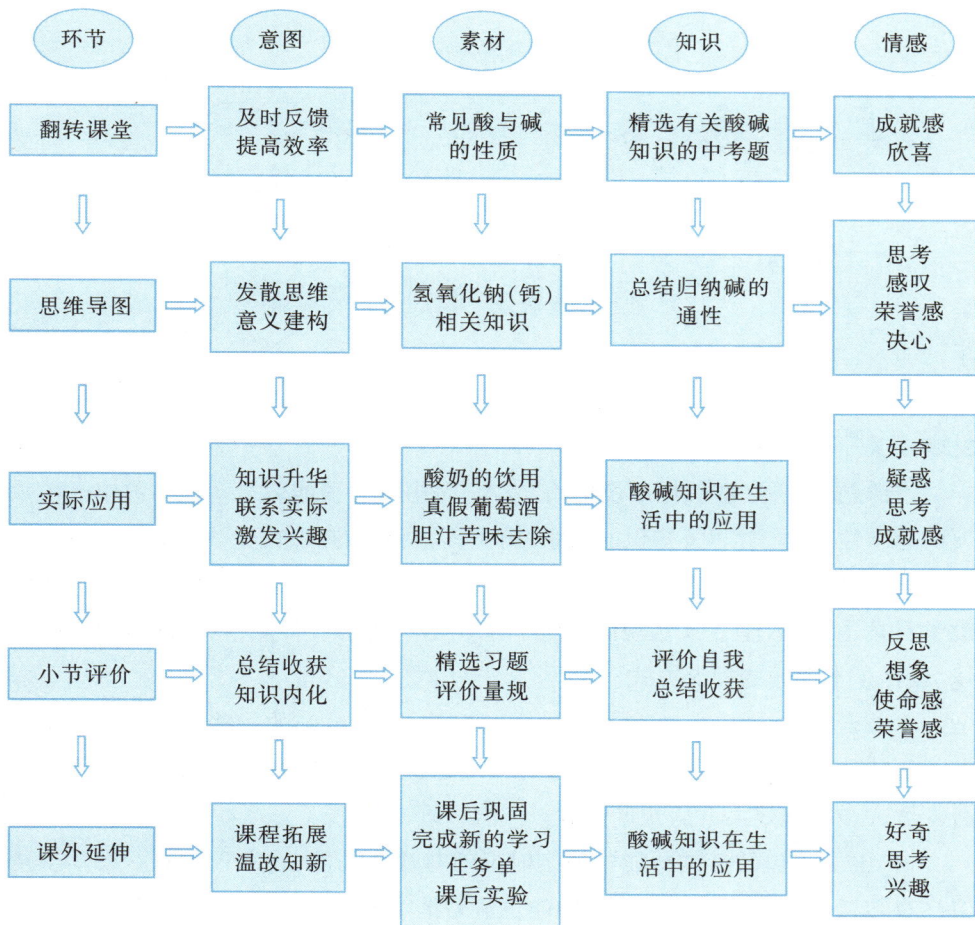

环节	意图	素材	知识	情感
翻转课堂	及时反馈 提高效率	常见酸与碱的性质	精选有关酸碱知识的中考题	成就感 欣喜
思维导图	发散思维 意义建构	氢氧化钠(钙)相关知识	总结归纳碱的通性	思考 感叹 荣誉感 决心
实际应用	知识升华 联系实际 激发兴趣	酸奶的饮用 真假葡萄酒 胆汁苦味去除	酸碱知识在生活中的应用	好奇 疑惑 思考 成就感
小节评价	总结收获 知识内化	精选习题 评价量规	评价自我 总结收获	反思 想象 使命感 荣誉感
课外延伸	课程拓展 温故知新	课后巩固 完成新的学习任务单 课后实验	酸碱知识在生活中的应用	好奇 思考 兴趣

2.2.4.4 板书设计

板书是课题内容最精华的体现。下图为本课题板书设计,采用图形模式,加深学生对教学重点的印象。

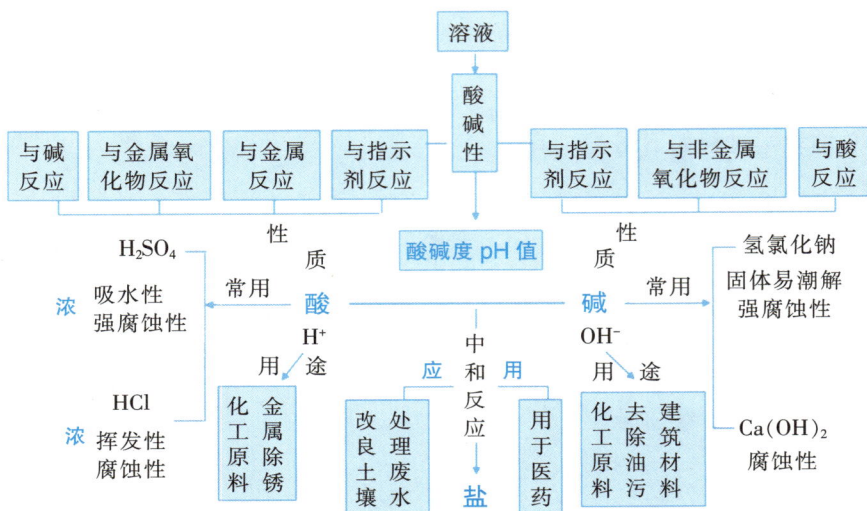

2.2.5 教学反思

2.2.5.1 关于本节课的教学设计

本课题的主题"酸碱性质及应用"复习,是中学有关酸碱盐知识学习中一个重要的总结性课题。对相关知识的联系、内化,以及酸碱知识在生活中的应用就是本节课的重难点。因此,教师采取的教学方式以及教师指导学生采取的学习方式是教学目标达成、教学效果实现的关键。基于学生的学习特点,以及网络使用的环境,设计了本课题的授课方式。

本节课重点应用了:电子书包的交互系统、平板电脑的一些软件,如,思维导图绘制软件、flash 播放器、WPS,以及无线网络搜索知识。采用新媒体、新技术后在教学方式和教学效果上的几点突破:

(1)电子书包的考试功能中的实时反馈与诊断功能,在课程中对帮助学生复习已有知识非常方便、快捷。让教师能更清楚地了解学生。并可根据学生情况适当增、减练习,随时调整教学活动以达成教学目标。

（2）思维导图的绘制能帮助学生意义建构,思维导图的绘制软件,使学生制作的导图更加美观、知识级别更清晰。应用电子书包的多屏展示功能、屏幕广播功能,将绘制比较好的导图在课堂上分享,方便快捷。并且信息量大,提高了学习效率,体现有效课堂。

（3）可以随机发送一些文件给学生学习,可以是文本文件、flash 等,选择性地进行对课堂学习有帮助的个性化学习。教师可根据学生的学习进度随时调整授课方式,使课堂更加丰富,使有效课堂不流于形式,更具时效性。

（4）这节课积极倡导翻转与拓展相结合的学习方式,引导学生走出书本的局限,走向宽广的化学天地,充分利用身边的化学课程资源。给学生提供开放的学习空间,珍视学生独特的学习体验,使知识不再枯燥,学习成为乐事。

学习过程中学生的合作分享、交流互动、深入研讨,使学生在充满智慧的争论中碰撞思维的火花,促进学生间的互动,培养合作学习的能力。在有限的课堂里拓展学生无限的想象,在无限的想象中收获体验。

（5）通过教学实践,"一对一学习模式"给学生提供自主学习的课堂,对学生解决问题、能力的培养、学科思维和创新思维的塑造都有着重要的作用。学生在课堂上,通过对各种教学资源特别是数字化教学资源的合理利用,可以获得比教师讲授更多的知识,激发学生的兴趣,并进行对自身知识的拓展与深化。这不仅是"互联网+"教育的结果,更是核心素养落地、学校教学的重要目标。

2.2.5.2 几点思考

（1）始于兴趣。

课堂教学围绕"培养什么人、怎样培养人、为谁培养人"的根本问题,进行更加深刻、内涵更加丰富的变革。教师不再为知识而教、为学科而教,而是为了素养而教,学科和教学都为学生核心素养服务。

教育家乌申斯基说过:"兴趣是最好的老师,没有任何兴趣而被迫进行的学习,会扼杀学生掌握知识的意愿。"信息技术手段的使用,可以激发兴趣,促使学生主动学习、积极思考,但何时、何地、何处使用信息技术,怎样使用信息技术支持教学都要慎重。不仅仅是信息技术手段,激发学生兴趣的方法多种多样,怎样才能在吸引学生的同时,引发他们自觉的深层思考,是我们还需进一步研究的问题。

（2）勇于挑战。

课堂教学始终是学生学习求知的主阵地，信息技术融合应是课堂教学的辅助。改变教师的主体地位，变主讲为引领，并不是指放开课堂，给学生完全自由。这个年龄段学生的自制力与自控力有限。学生的学需要教师的引，学生的质疑需要教师的点拨，课堂需要教师的统率和指导。精心设计的教学环节，鼓励学生迎接挑战，在解决问题中锤炼学习品质，在学习中锻炼意志。

新时代给教师提出了新任务，"五育"并举，学科教学不仅仅是教授专业知识，更重要的是教给学生学会做人、学会做事、学会做学问，化学学科教学的"育人"特点需要教师深度挖掘。

（3）重视过程。

化学是一门自然科学，以实验为基础。化学实验是学生获得亲身体验的重要且有效的途径，也是学生对化学感性认识的基础。如果都用视频文件代劳，就会失去化学以实验为基础的独有优势。对于微观事物宏观化、抽象概念具体化、物质结构三维立体化等，用信息技术辅助，利用视听觉的感受加深理解与分析还是非常必要的。

从价值观角度看，享受过程对一个人的成长至关重要，只有这样才能以一颗健康的心态面对挫折和失败，才能够从这些失败中吸取到有价值的东西，为下一次尝试打下基础。在新形势下，在化学课堂上能为学生留下什么？学生在今后的人生中，关于化学，他会想起什么？这是值得每位化学老师思考的问题。这也是要教给学生的适合终身学习的学习品质。

（4）不止于结果。

对于学生，一节课的设计，要善于留白，给学生发展和发挥的空间。课堂不只是教师的课堂，应是教师为培养学生精心创设的课堂，学生应成为课堂的主角。教师要讲解时洋洋洒洒，沉默时惜字如金。把思考的权利留给学生，让他们在课堂上、课堂下，发现自我、提升自我。

总之，教育不应该把年轻的生命和世界的美隔开，学生学习到的不能仅仅是试卷上的勾和叉，不能只是ABCD的选项，他们希望在课堂上学到的是能真正帮助他们解决现实生活中问题的技能与能力。教育不等于考试，而应该是教给一个个年轻的生命如何获取更多更丰富的感受。教师教学模式与学生学习方式的变革与创新,并不是对已有经验与方式方法的推翻,正是这些宝贵经验的总结与积累,使教师知道如何才能设计一个适合学生发展的课堂。并且,在这个课堂中,让学生体会化学之美,生活之美,生命之美。

任何教学设计都不应该是知识点的堆砌或学生活动的简单叠加,而是服务于核心素养和课程的,为解决实现教学目标过程中产生的问题而设计。教学设计不是一成不变的,学生在发展、科学的教育教学理念在发展,作为设计者的教师也要发展。教学设计是技术也是艺术,是作为教师毕生的研究课题。站在科研之上的教学,才是有灵魂的教学。具有较高科研水平的教师,更能把握课堂、把握学生,更能"深入浅出",更能激发学生的学习热情。在课堂上,将科研、教研进行到底。

参考文献

[1]中华人民共和国教育部.义务教育化学课程标准(2011年版)[S].北京:人民教育出版社,2011.

[2]毕华林.对高中化学学科核心素养的认识和理解[J].化学教学,2021(1).

[3]杨玉琴,倪娟.深度学习:指向核心素养的教学变革[J].当代教育科学,2017(8).

[4]李洪修,李哨兵.深度学习下翻转课堂的实施路径设计[J].中国电化教育,2017(7).

[5]安富海.促进深度学习的策略研究[J].课程.教材.教法,2014(11).

[6]何玲,黎加厚.促进学生深度学习[J].现代教育,2005(5).

[7]莎娜·皮普斯.深度教学[M].北京:中国青年出版社,2020.

2.3 水的净化(李荣环)

2.3.1 教材分析

九年级化学人教版上册第四单元自然界的水课题2《水的净化》新授课。从自然界的水出发,展现水与人类的密切关系的同时,在水的分布、组成、净化等基础上指导学生学习水的净化知识和技能。又以水为载体将硬水与软水内容及沉淀、过滤、蒸馏等化学基本实验操作技能的学习贯穿其中。本课题特点将内容与实际生活相联系,把化学的一些概念和基本操作融入生活中,使学生能够借助生活中的知识理解所学内容,将学到的知识应用到生活中。

2.3.2 教学理念

水是学生最熟悉的物质,让学生对身边最熟悉的水产生兴趣是很困难的。细致分析学情,学生已有的知识和经验:水的物理性质、知道水能溶解许多物质;自来水加热会产生水垢;对过滤基本操作,生活中过滤方法也有一定认识。学生有待开发知识领域:什么是硬水、软水?硬水有哪些危害?硬水如何转化为软水?深挖教材,对于学生未知的知识内容教材中介绍比较概括,如让学生自己读课文显得枯燥无味,对概念理解不够深入。有必要设计采取多种教法与学法相结合,使课堂教学多样化。采取充分融合信息技术的手段,从课本到网络,借助信息技术手段解决实际问题,降低学习难度,开阔学生视野,增长见识,使知识学得更深入更透彻。处于信息化时代的青少年对各类媒体技术不仅充满好奇,而且具备一定的使用能力。巧用媒体手段激发学生学习的兴趣,开展各类有效互动,创造机会让信息技术助推教与学方式更新颖多样,从而提升学生的信息采集、信息处理等综合能力,进而提高教学有效性。

2.3.3 教学目标

(1)知识与技能:了解硬水与软水的区别。了解吸附、沉淀、过滤和蒸馏等净化水的常用方法。初步学会使用过滤、蒸馏的方法对混合物进行分离。

(2)过程与方法:认识科学探究的意义和基本过程,能提出问题,进行初步的探究活动。

学习运用观察、实验、网络搜索等方法得到信息。

初步学会运用比较、分类、归纳、概括等方法对获取的信息进行加工。

能主动与他人进行交流和讨论,清晰表达自己的观点,逐步形成良好的学习习惯和方法。

(3)情感·态度·价值观:保持增强对生活和自然界中化学现象的好奇心和探究欲,发展学习化学的兴趣。

把学到的知识用以解决生活中的一些问题,缩短理论与实践之间的距离。

感受化学对改善人类生活和促进社会发展的积极作用,关注与化学有关的社会问题。

树立为社会进步和生活水平提高而努力学习化学的志向。

(4)教学重难点:硬水与软水的区别。

吸附、沉淀、过滤、蒸馏等净水方法。

2.3.4 教学准备

(1)实验用品:潮白河水、自制净水器、铁架台、烧杯、肥皂水、胶头滴管、自制纯净水、改进制蒸馏水的简易装置、火柴、冷水、试管、试管架、标签、金属片、坩埚钳。

(2)微课《硬水与软水》、PPT 课件、互联网、电子白板、实物投影仪、笔记本电脑、天津基础教育资源网人人通系统。

2.3.5 教学思路

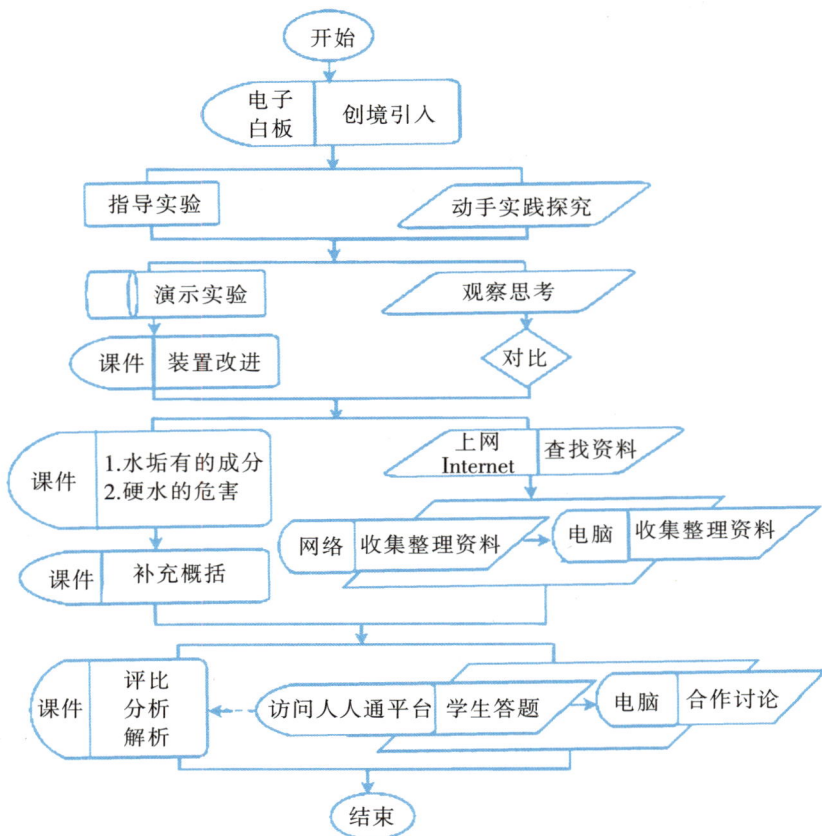

2.3.6 教学过程

2.3.6.1 课前预习环节

1.家庭小实验自制净水器

根据九年级学生的认知特点和心理发展特点,安排家庭小实验,为学生动手实践提供机会,使课内知识拓展延伸到课外,很好补充了课堂教学,是锻炼学生的动手制作能力和科学探究精神的重要手段。

教师提前布置作业家庭小实验自制净水器。学生依据教材提供原理和案例,利用课余时间按分组一起进行课外实践。根据学生喜好、知识掌握能力和兴趣,自己申请报名加入不同的实验小组,将学习由"被动"变为"主动"。在兴趣小组中有组织能力强的组长,有创新思维强的策划,有动手能力强的操作者,而学习有困难的学生由老师和组长协商纳入各个小组,安排力所能及的任务进行带动与帮扶,所有人积极参与各负其责,通力合作,个性特长也能充分发挥。他们努力去探究,互动交流,组长们热心帮组员们解决遇到的问题。这样尖子生能得到进一步提升,后进生遇到的问题得到了及时解决。实践中充分利用身边常见的物品代替实验仪器用品,月玻璃球代替小卵石、刷碗布代替纱布和脱脂棉,还用到一些瓶瓶罐罐、废物废料如饮料瓶、油桶、净水器替换滤芯、巧克力盒、五彩石、海绵、活性炭、棉布,等等,有改进有创新,制作出多款净水器。

家庭小实验丰富了化学课堂教学,促进组员间团结协作,形成帮扶互助局面。兴趣小组活动的成立将知识从课内延伸到课外,不论是知识扩展还是动手能力,合作互助意识都得到锻炼,培养学生勤于思考和敢于创新的精神。

2.微课预习《软水与硬水》

现在教学理念中,预习是学习者在学习过程中必备的步骤。常规预习方式主要是学生阅读课本,枯燥乏味不能收到好的效果,久而久之学生会失去兴趣,不会预习放弃预习,不能形成好的预习习惯。为此事先制作预设型微课《软水与硬水》,作为学生进到教室之前学习的来源,利用微课改变预习方式为翻转课堂服务。制作预习微课需要教师在平常当成一种备课行为,提前把课备好。学生在进入课堂学习之前可以先进行观看,在有声、有图、有视频、有详细知识点讲解氛围下自己

预习,然后带着遇到的问题进入课堂,继续进行讨论学习,这样效率比较高,达成好的预习效果。

2.3.6.2 创设情境引入新课

课件展示并问答祖国的母亲河——黄河;家乡宝坻的母亲河—潮白河,进行引入。学生观看课件,感受祖国的大好河山,家乡之美景。激发爱祖国、爱家乡之情感的同时对学生进行了思政教育。体会淡水资源的珍贵,以及淡水资源短缺,提高节约用水和防止水污染的爱水意识。随后课堂展示浑浊的潮白河水提出问题,利用自制净水器进行净化处理。这样提出的问题学生乐于解答,有效地激发了学生的学习兴趣。这样创设与学生生活实际相关的活动情境,激起学生探究问题的欲望。使化学教学与学生熟悉的现实生活巧妙自然地结合起来。让学生学以致用,感到学习化学的重要性。

2.3.6.3 活动探究环节

1.利用自制净水器净水

分组实验各个小组利用家庭小实验自制的净水器对潮白河水进行净化操作。分组实验中学生真正进入角色,动手动脑进行有目的的探究活动。活动中互帮互助减轻了学生的学习负担,还能增强同学间的友谊。小组长负责协调分配,分工协作,让每一位同学都动起来。按照仪器连接员、实验操作员、现象观察员、学案记录员、卫生清理员等进行分工。人人积极参与,责任感增强。探究过程中,教师拍摄下了各组实验过程的视频,利用希沃传屏展示在大屏幕上,教师组织学生进行观察交流,展示各组自制净水器,由学生代表讲解净水器的制作过程、原理。充分体现了学生的创新思维。实验后对各组净化后的水进行对比、互相评价。

2.有效问答互动

问题一:实验中利用了哪些净水方法?学生思考汇总出结论:吸附、过滤。

问题二:生活中有哪些地方用到这两种净水方法呢?学生思考讨论并举例:洗衣机中的滤网;茶壶中的滤网;家中净水器等。

问题三:此时得到较澄清的水是纯净物吗?能饮用吗?你们还有什么好办法吗?学生抢答:属于混合物;不能饮用,还存在一些细菌和杂质;可以把水烧开灭菌。教师展示实验装置模拟家里烧水。

　　问题四:对于水中肉眼看不到的物质同学想不想看看它们的真面目？学生兴趣又一次被激发,异口同声回答:想。请同学和教师一起进行实验演示,分别取等量的超市卖的纯净水和净化后的河水滴到金属片上,同时进行加热观察现象。利用实物投影向同学展示,净化后的河水的金属片上有污渍而纯净水的金属片仍然洁净。利用对比及时引出水壶中水垢。

　　以往硬水与软水的学习是学生靠阅读教材内容,然后对其中溶解的肉眼无法进行观察的钙镁化合物不能理解,只能靠死记硬背的学习方式得以改变。

　　问题五:水垢怎样形成的？水垢中含有什么物质呢？学生根据课前微课预习《软水与硬水》能够给出合理的解释,不仅能回答出含有较多可溶性钙镁化合物的水为硬水,不含或含较少可溶性钙镁化合物的水为软水的概念,有的同学还书写了"资料卡片":根据水中的钙盐与镁盐含量的多少。Ca^{2+}和 Mg^{2+}的总和相当10毫克 $CaCl_2$ 称之为1度。通常根据硬度的大小,把水分成硬水与软水。8度以下的为软水,8~16度的为中水,16度以上的为硬水,对水的硬度知识加以扩展。

　　通过及时反馈,有效问答,将所学知识进一步强化,学生收获成长,体会成功,得以进步。同时培养学生语言表达、动手实践和学以致用的能力。课堂问题选取有趣味性的流行元素等进行互动,有利于学生大胆发表自己的看法。问题可以是85%同学都熟悉的,这样由浅入深,阶梯式、递进式学习;也可以是85%同学答不上来的,带着疑问学习刺激创新意识,通过探究学习得出答案时收获成功喜悦,这样课堂氛围沸腾达到高潮,有效保持学习化学兴趣的持久性,从而顺利完成由熟知到新知的学习。

3.软水、硬水鉴别

适当改进和增加教材中实验,将教材演示实验变分组实验。学生根据教材资料,请同学们利用提供的仪器进行无标签的软水与硬水的鉴别实验。教师指导实验操作和注意事项,强调控制变量,等量水样,等量肥皂水。通过观察到明显的实验现象将桌上失去标签的硬水与软水鉴别开,泡沫多的为软水,泡沫少有浮渣的是硬水,并贴上标签完成实验。教师及时补充对烧开冷凝处理后的河水加入肥皂水实验,对比未经煮沸的河水泡沫较多,体会到烧开后得到的冷凝水的硬度降低了。教师在学生实验鉴别出的硬水中继续滴加肥皂水,看到泡沫多了起来,明白了洗衣服时为什么衣服没有太多污渍但却需要放入很多洗衣粉才会起泡沫的原因。用实验事实有利的说明硬水是有一定危害的。

4.硬水还有哪些危害

基于网络扩展探究,为学生能有更广阔的学习空间,精心设计学生乐于参与的网络探究活动,同学们课堂上使用电脑带着好奇心和求知欲利用网络搜索引擎搜索硬水危害,从中可以了解到很多课本以外的知识:硬水的危害,还有衣物不宜洗净;洗后的衣物发脆变硬;洁具上出现斑点;水池墙壁上出现水垢;形成水垢会浪费燃料;破坏仪器,造成危险;长期饮用高硬度的水,会引起心血管疾病,等等。通过自主学习汇总信息完成学案问题,在课堂上展示,小组间互相补充,实现即查即学即用。将学习由"被动"变为"主动",在感兴趣的探究中自己个性特长能充分得到发挥。学生利用信息技术手段感受丰富多彩的化学世界,使课内知识拓展延伸到课外,课外知识很好补充了课堂教学,知识面更广阔、丰富,开阔了视野,一些知识补充为后续硬水软化方法的学习埋下伏笔。基于网络的自主探究学习方式将知识延伸拓展,开拓学生思维,掌握更多的学习方法和途径,从中体会信息技术带来的快捷与便利,是辅助教与学的必备手段。

5.硬水软化方法

通过前面模拟家里烧水实验能降低水的硬度, 自然过渡到实验室的蒸馏方法。再利用数字教材播放视频《实验室制蒸馏水》,学生认真观看,了解实验原理和注意事项,借助多媒体教学,使教学难点得以顺利突破。对比教材中简易蒸馏装置与改进的蒸馏装置有何不同?优点有哪些?学生认真观察并抢答:温度计——便于观察水的沸点;加了冷水的玻璃管——加速水蒸气冷却作用;火焰网罩——集中火力提高温度。课堂上的有效交流是教学相长的重要保证。

2.3.6.4 板书设计

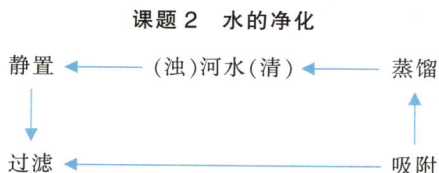

课题2 水的净化

静置 ◄———— (浊)河水(清) ◄———— 蒸馏

过滤 ◄———— 吸附

2.3.6.5 课堂检测环节

检测同学们本课知识学习情况,完成教师预留课堂检测卷。各组以组长身份登录天津基础教育平台——人人通系统,登录网址:http://tjedu.tjjy.com.cn 完成水的净化测试卷。每组内设置相同的题目,设置相同时间,同时发布给学生。答题过程中组长带头,集思广益,回答问题,提交试卷。教师可以通过练习统计学生完成情况,当堂练习以时间、正确率、优秀率进行评比优胜组,适时对表现突出同学进行表彰鼓励,并针对错误及时进行讲解评价。对于普遍错误,分析知识内容的缺失,调整内容进行及时修改与补充。

2.3.6.6 课堂小结

学生反思小结本节课的收获,鼓励主动发言交流自己观点与收获。为学生搭建交流平台,无论是围绕教学重点、难点掌握情况,还是技能方法提升,或是学习习惯养成,等等,学生畅所欲言,只要是感觉到自我收获进步都可以谈谈。学生不受限制的积极发言,有理有据的交流达成共识,教师给予积极鼓励与表扬。

2.3.6.7 布置作业分层

在我们普通的教学班要照顾不同类型学生的个性差异,就要注重"分层次教学"既有面向全体,又有因材施教。所以布置作业时有必做作业、选做作业和开放性作业。全体同学必须完成的作业为课后习题;选写作业为利用课余时间上网搜索更多的净水方法:物理方法、化学方法、生物方法等资料。开放性作业:根据不同层次学生,推送不同难度系数的题目。也可根据所学知识和不同层次的学生生成不同星级的试卷,进行作业布置。对于学生提交的作业可以进行一对一单独辅导

不占用集体时间。适合那些胆怯不敢主动向教师提问的学生,帮助学生答疑解惑,利于学生个性发展与培养。

2.3.7 教学反思

2.3.7.1 创造动手实践机会,激发学习的兴趣

1.基于化学教学与生活经验的融合思想

化学是以实验为基础的科学,搞好实验教学是巩固学生兴趣的有效途径。对 100 名学生做了一项关于实验教学问卷调查:结果有 10%希望自己独立做实验;15%希望老师演示;15%希望看视频;58%希望分组实验;2%不用做实验。由此可见学生还是很渴望做实验,但是有不敢做、怕做错等心理负担,渴望与别人合作交流。于是基于调查结果,首先设置家庭小实验自制净水器,创造条件让学生有更多机会亲自动手完成有趣的化学实验,并树立自信。家庭实验活动的开展,使学生通过自己动手实践自制净水器,挖掘生活素材,学会将生活中的物品代替实验室的仪器用品,设计了各式各样的净水装置变废为宝,在课外对不同类污水进行净化,这样知识的获得更具科学性也更有价值。学生实践中互帮互助学会方法,把枯燥的化学知识融入其中,学生在做中学,体会成功快乐,掌握技能,课上展示自己的作品分享成功与快乐,尽显有效性。培养创新思维增强动手技能。结合生活实际让学生学习一些对生活有用的化学知识,从学科到生活再到社会,较好体现了 STSE(科学、技术、社会、环境)教育的思想。

2.基于实验改进与创新意识培养的思想

对教材中实验进行针对性增补、改进是培养学生创新思维的关键,是树立终身学习意识的有效引导。硬水与软水鉴别方法增补加热法实验,巧妙将实验与实物投影相结合使学生清晰观察到硬水与软水加热后不同现象。揭开庐山真面目的同时,培养了学生严谨的科学作风和实事求是的科学态度。简易制备蒸馏水的装置改进,通过观察、对比、抢答等活动可以激发学生的创新意识。学习过程中学生学习积极性高涨,观察细致、气氛活跃。不仅丰富教材内容,激发学生学习兴趣,提高课堂教学效率。在这个过程中,教师作为指导者参与其中,与学生分享彼此的思考、经验和知识,交流彼此的情感、体验与观念,从而实现

教学相长和共同发展。

2.3.7.2 巧妙融和信息技术,实现多样化教与学

现代化信息手段进入教育教学,信息手段不仅要用,更要巧用妙用,恰到好处使用,教师在备课过程中要精心设计,将信息技术、互联网络等手段充分融合其中,辅助教学重难点得以有效突出与突破。

1.精制微课灵活学习方式

微课改变预习方式。教师可以事先制作生动有趣的预设型微课。让微课加成学习内容。教师对教材内容处理时根据备授课需要,根据教与学的需要,选取课本以外的素材进行补充和扩展并制作微课。软水与硬水是学生陌生的知识范畴,二者区别因为看不见摸不到,所以学生只靠课本给的资料预习是远远不够的。教师事先做好生动有趣的动画微课《硬水与软水》,涵盖硬水与软水的概念,以及如何定义等知识。具有小版块、针对性等优点,补充教材知识,开阔学生视野。在课前推送给学生进行预习,把知识点用更经验更有效的方式呈现表达出来,使微课与课堂紧密结合。还可根据不同类型学生的不同需求制作不同专题型微课,能够协助不同学习需求的同学作为补救教学的途径。经过进一步的学习巩固,取得很好的效果。

2.互联网络加成学习内容

网络时代提供给广大师生更多的教与学的优质资源,便于信息搜索,便于扩展视野。成为科技前沿、社会热门话题与课堂的纽带,感受化学来源于生活,更是要服务于生活。从互联网上搜寻有关素材,能够对课本知识进行补充与扩展,更能有效对教学重、难点的突破。硬水还有哪些危害等问题,课本给出的文字资料读起来比较枯燥,而且不是很全面。为了学生能有更广阔的学习空间,更有兴趣探究,精心设计学生乐于参与的网络探究活动,基于网络扩展探究,同学们课堂上利用电脑上网搜索资料,并将搜索信息加工、概括、总结归纳。增强信息采集、处理能力,枯燥讲解变为有趣探究,让化学课堂改变传统的"师授—生受"的模式,向着引导、互动、创新、体验的方向发展,提高了教学有效性。

3.网络平台实现教评互动

教育资源公共服务平台"人人通系统"为学生提供开放性的自主学习环境和

资源,是基于网络开展个性化学习有效方式,是师生的互动纽带。在线检测功能向学生推送练习题目,调动学生的积极性,引导学生自主思考。减少了一问一答式的教学模式,学生和教师都能及时看到对方反馈。更新了检测手段和评价方式,实现了将人网交互、人机交互引入教学过程。对于出现的个别问题进行一对一的辅导,帮助学生答疑解惑。实现即做即评即讲,这样的学习方式使学生学习更愉快,教师教学更轻松。基于网络的全新的教育方法在迅速的被广大教师和学生所接纳,此种评价方式为师生互动提供了新的途径,教学效果更高效,更利于学生个性发展。

互联网走进课堂,为教师与学生之间的互动提供了新的途径。恰当运用信息技术,教学便会发挥事半功倍的效果,善于应用网络环境,使化学课堂更加丰富多彩,实现高效课堂。

2.4 燃烧和灭火(李荣环)

2.4.1 教材分析

《燃烧和灭火》是人教版九年级化学第七单元的第一课题,本课题需要 2 课时,此案例为第一课时。在学生已有的知识基础上,引领学生从问题线、知识线两条主线入手,开展探究活动,进一步研究燃烧的条件和灭火的原理。通过探究活动学生在获取知识的同时,亲身经历学习过程逐步学会方法,形成情感、态度、价值观并实现三维目标的整合,增强学生解决实际生活中问题的能力。

2.4.2 教学理念

(1)学情分析:燃烧是学生最熟悉的一种自然现象,他们很少对这一现象产生疑问。在前面学习、实验中能了解到燃烧反应大多需要点燃这一条件。生活已有经验使他们初步掌握简单灭火方法, 同时通过学校组织的 "紧急消防疏散演习"和 "安全教育活动",学生学会了在危险环境中迅速逃生、自救、互救的基本常识,以及灭火器、消防水带的正确使用方法。

在信息技术这一层面,学生们对于手机和平板电脑这些电子产品的使用能力很强,互联网信息搜索,手机拍照和录像都很熟练。对于课上利用一些软件如希沃传屏功能很感兴趣,能熟练掌握。

(2)设计思想:本课题从学生的生活学习经验出发,设计了问题线和知识线两条主线开展探究活动,通过创设问题,启发学生思考。以学生自主学习为主,逐步进行分析问题、解决问题。在各个教学环节中,巧妙融合信息技术手段,学生的喜好特长得以发挥和锻炼,过程中让信息技术辅助教学,有效解决了演示实验有污染、实验探究太单一、实验操作不规范、火灾逃生靠背诵等问题。信息资源的共享实现同步交叉学习,不仅助力重难点的学习和突破,还有助于学生学习兴趣长久保持,实现我想学、我爱学的有效性学习。

2.4.3 教学目标

(1)知识与技能:认识燃烧的条件和灭火的原理。

了解火灾逃生的安全知识。

(2)过程与方法:学习运用比较、观察、实验、互联网搜索等方法获取信息。

通过活动探究对获得的事实运用比较、归纳等方法进行分析得出结论的科学方法。

(3)情感·态度·价值观:培养学生的合作交流意识和探索精神,利用化学知识解释生活问题,学生会对化学保持强烈好奇心和探究欲。

体会事物是一分为二的,燃烧有正面的作用也会有负面的影响。

(4)教学重点:认识燃烧的条件。

认识灭火的原理。

(5)教学难点:培养学生提出问题,分析问题和解决问题的能力。

实验探究活动培养学生进行知识迁移的能力。

2.4.4 教学准备

准备材料:木块、木炭、固体酒精、金属罐带盖子、镊子、酒精灯、石棉网、废物缸、火柴、电脑、手机、湿布、标签、烧杯、水、纸、蜡烛、剪刀、滴管、水、纸、沙子、扇子、药匙、木材、玻璃、红砖、坩埚钳、碎瓷片、板书贴图。

多媒体准备:人教版数字教材、课件、交互式电子白板希沃5、平板电脑、手机、互联网。

2.4.5 教学思路

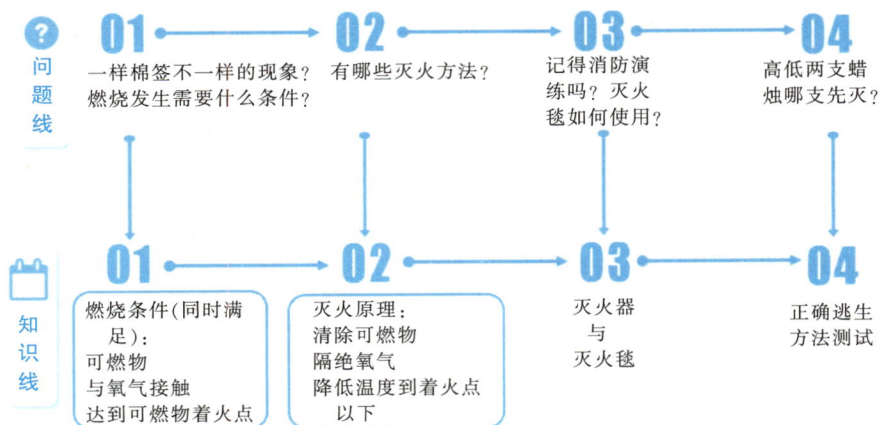

问题线

01 一样棉签不一样的现象？燃烧发生需要什么条件？

02 有哪些灭火方法？

03 记得消防演练吗？灭火毯如何使用？

04 高低两支蜡烛哪支先灭？

知识线

01 燃烧条件(同时满足)：可燃物 与氧气接触 达到可燃物着火点

02 灭火原理：清除可燃物 隔绝氧气 降低温度到着火点以下

03 灭火器与灭火毯

04 正确逃生方法测试

2.4.6 教学过程

2.4.6.1 创设情境引入新课

(1)演示魔术：自制教具创设问题情境，演示实验"一样不一样"燃烧的棉签：三支棉签一支蘸无色液体1(水)，第二支蘸另一种无色液体2(40%酒精)，第三支不做任何处理。点燃酒精灯，同时点燃三只棉签，对比观察不一样现象，学生仔细观察实验现象，对比思考棉签1不燃烧、棉签2燃烧后无损、棉签3烧焦碳化。观察棉签不同燃烧现象引入新课，为后面学习埋下伏笔。激发学生学习兴趣、激发探究欲望带着疑问进行学习，谜底在本课学习中由同学自己揭晓。

(2)介绍人类利用燃烧的历史：人教版数字教材128页图片点击放大图片展示，介绍与燃烧相关的历史，和社会发展史，了解火在人类进步中的重大意义，增强燃烧价值的认识。

2.4.6.2 活动探究一

1.分组实验

第一组实验项目名称：常见建筑材料点燃实验——木材、玻璃、红砖。

第二组实验项目名称：常见生活材料点燃实验——纸张、瓷碗、棉布。

第三组实验项目名称:常见生活燃料点燃实验——木块、木炭、固体酒精块。

阅读实验要求,检查实验用品,设计实验方案,按照实验步骤完成实验。同学们进行分工协作、实验操作、记录现象、录制视频、上网查阅资料等。利用实验仪器用品进行实验操作,利用平板电脑或智能手机在互联网搜索相关信息,录制实验过程。

为学生创造了动手实践机会,培养观察、分析和解决问题能力。同时开阔视野提升信息搜索、信息加工整理等综合能力。引导学生正确合理使用媒体设备,让其更好为学习服务,实现有效性。

2.燃烧条件

①第 1、2、3 组学生汇报。组长通过希沃传屏技术将录制本组实验过程的视频、互联网查得解释依据进行再现展示。由 1、2 组同学汇报了解到不是所有的物质都能燃烧,能燃烧的物质称可燃物。由 3 组同学汇报了解到可燃物燃烧要达到一定的温度即着火点。希沃传屏技术和网络搜索信息投屏分享,很好展现学生的信息技术使用能力,培养学生实事求是的科学探究精神和语言表达展示能力。

②播放人教版数字教材实验"燃烧条件探究"和讨论题目第 129 页。观看视频并思考:水中的白磷为什么不能燃烧?得出燃烧概念和燃烧第 3 个条件:可燃物与氧气接触。且必须同时具备,燃烧才能进行。观看实验视频有效地解决了白磷燃烧产物污染问题,学生由此学会了对比学习的方法。

③利用所学知识对课首魔术"一样不一样"进行揭密。与课首呼应,知识线与问题线相呼应,培养分析解决概括能力。

2.4.6.3 活动探究二

播放人教数字教材 130 页图片灭火场景,介绍消防队员在火灾现场把个人安危置之度外,把人民的生命和财产放在第一位。学生认真观看图片,感受火灾危害,对勇敢无畏、舍己为人的消防员产生敬仰之情,加强学会灭火方法的责任感。

(1)分组实验:第四组实验项目名称为熄灭燃着蜡烛实验,使用物品有剪刀、湿抹布、集气瓶。

第五组实验项目名称为熄灭燃着蜡烛实验,使用物品有沙子、扇子、水、烧杯。

(2)灭火方法:第4、5组学生汇报。利用希沃传屏将录制视频、搜索的信息投屏分享。展示本组实验过程,多种多样灭火方法,并解释灭火原理。合作交流,开动脑筋,培养创新思维。

(3)灭火原理:播放人教数字教材实验视频"灭火的原理",讨论数字教材第129页问题,交流灭火实例,分析其灭火原因。总结灭火原理:隔绝氧气、降低温度到着火点以下、清除可燃物。且具备一个条件即可抑制燃烧。整体设计与消防队员的灭火场景相呼应,体现学以致用,树立学好化学服务于生活的意识。

2.4.6.4 知识拓展

(1)播放人教数字教材实验:观看视频"自制灭火器"了解灭火器的设计原理,阅读教材第133页,掌握几类灭火器使用方法和适用范围。

(2)链接美篇引导观看:每年学校举行"紧急消防疏散演习"和"安全教育活动"。指导老师带领学生抱头弯腰,沿着生命安全通道快速前进。消防官兵讲解在危险环境中迅速逃生、自救、互救的基本常识以及灭火器、消防水带的正确使用方法……当学生打开美篇链接,看到这一幕幕珍贵的回忆时,更加增强了安全意识,提高了应对火灾突发事件的防范能力。

(3)补充实验"用烧杯罩住高低不同的两支蜡烛,猜猜谁先灭?"教师演示用事实说话,高的蜡烛先熄灭。归纳解释:蜡烛燃烧消耗氧气产生二氧化碳。根据对流原理,热空气往上走,因此烧杯上部的氧气先被耗尽。高的蜡烛由此而先熄灭。

(4)拓展联想:火灾现场,逃生的正确方法。在与学生建立的化学交流群微信群中推送优酷动画"火灾逃生正确方法"网址。模拟火灾现场,通过平板电脑和手机进行观看学习——遇到不同情况正确的逃生方法。模拟火灾现场,感受身临其境,体会火灾的危险,可以自动调节反复学习,提高安全逃生意识。

(5)介绍灭火毯及其使用。播放视频:灭火毯使用方法。补充常用灭火产品,请学生展示表演使用方法,开阔视野。让更多学生了解更多知识,体会化学就在身边,处处皆化学。

2.4.6.5 板书设计

课题1　燃烧和灭火

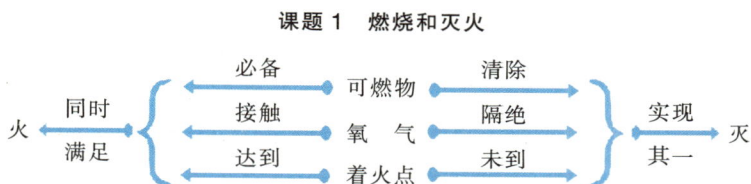

2.4.6.6 课堂检测

第1题可燃物与不可燃物质拖动分类:硫、木块、木炭、木材、大理石、蜡烛、瓷片、棉布、酒精、纸张、红砖、磷、水、玻璃。

第2题灭火器种类与适用范围拖动配对:参看教材131页。设难置疑,引起思辨。交互式电子白板希沃5,专用工具课堂活动中的超级分类和知识配对,学生拖动操作完成习题后,大屏自动呈现答案和评价。通过人机交互趣味习题训练,学生积极思考,踊跃参与。培养学生重视学习过程,做中学,学中思,再解惑的学习方法。激发并保持学习兴趣,巩固所学知识。

第3题正确逃生方法测试。优酷动画,模拟火灾现场遇到不同情况选择正确的逃生方法测试,提供模拟场景,积累经验。

2.4.6.7 课堂总结

学生派代表从所学新知、学习感受等不同方面积极发言。学生认真倾听,归纳总结,复习巩固。教师适当表扬鼓励,期望学生用所学知识帮助自己也帮助他人。最后进行知识梳理,感受学习快乐和多方面收获。

2.4.6.8 布置作业

(1)必写作业。完成课后习题第137页。

(2)开放性作业。调查身边不同场所如超市、私家车、实验室等使用灭火器的种类及使用方法。

2.4.7 教学反思

2.4.7.1 本节课采用了"创设情境"教学与"活动探究"教学模式

创设情境使学生产生好奇心和解惑揭秘的学习欲望，后面利用所学知识学生自己进行解密，贯穿课堂首尾呼应，让学生体会到学习快乐。活动探究过程中每组设计不同内容实验，遇到问题要在互联网查阅资料，然后向全体同学汇报实验情况。该环节学生们分工合作，树立责任意识。学生实验积极动手，操作规范，汇报详细清晰。各组汇报组间比较，树立竞争意识。为学生提供了和谐有序的发展空间。结合"数字教材"提供的视频材料和链接的网络平台资料，顺利突破了教学难点，并开拓了学生视野。不足之处：学生对火的使用停留在课本知识和理论层面，真的动手实验用火、灭火时，有些紧张。今后要注重理论联系实际，更要注意培养学生动手实践能力。

2.4.7.2 信息化手段应用与作用

1.教学中多次使用人教数字教材

介绍燃烧发展史图片，并点击放大进行强调，让学生感受燃烧发展的历史及给人类带来的进步。燃烧条件视频解决了白磷燃烧产物白烟五氧化二磷有毒，污染空气等因素，同时顺利突破学习难点——燃烧还需要氧气，燃烧需要同时满足三个条件。

灭火方法视频也是为学生自主探究进行及时补充。燃烧概念的展示统一学习进程，节省板书时间。灭火器视频更是为后面学习灭火器的原理打下基础。

2.电子设备使用

学生汇报实验利用手机和大屏幕的希沃助手实现传屏实验视频和图片，使活动探究更有趣。互联网络查阅资料和优酷视频火灾正确逃生方法学习，增强课堂容量，让他们体会信息化给学习带来的重要作用，引导正确使用电子设备。

3.交互式电子白板

电子白板教学是信息时代的产物，利用课堂活动中的超级分类和知识配对工具，进行课堂展示、交流、互动、合作。既构建了开放而有活力的课堂，提高了学生的动手操作能力。又激发并保持了学生学习兴趣，巩固所学知识。

4.数字教材的改进

建议添加灭火毯等常用灭火产品的介绍,让学生了解更多生活常识,更贴近生活实际,让化学来源于生活,服务于生活理念贯穿教材。

参考文献

[1]王海龙.高中数学学习中应用意识与思维能力的养成[J].新教育时代电子杂志(学生版),2019.

[2]韩云飞.新课程初中化学教学指导[M].哈尔滨:黑龙江人民出版社,2007.

[3]陆宏民.初中化学探究性学习实施策略[J].河池师专学报,2003(S1).

[4]张文龙.初中新教材全解[M].济南:济南出版社,2009.

[5]周小力.化学与生活[M].北京:中国电力出版社,2010.

[6]王宝庆.新课程教学研究与实践[M].哈尔滨:哈尔滨地图出版社,2006.

[7]高建萍.化学学科知识与教学能力[M].武汉:湖北人民出版社,2013.

[8]陈越峰.学科核心素养下的高中化学演示实验的改进[J].魅力中国,2020(12).

[9]侯丽梅.刍议微课在初中化学教学中的应用[J].中学教学参考,2018(35).

[10]王传湘.新课改 新理念 新实践[M].北京:光明日报出版社,2012.

2.5 单质碳的化学性质——基于 UMU 和电子白板实现课堂互动的教学(张欣梅)

2.5.1 教材分析

本单元在前面的学习的基础上,开始深入研究碳和碳的氧化物,并一类物质角度研究物质。在第一课时中学生体会到了碳单质的多样性,认识了它们的结构、物理性质和用途,并从微观上认识到物质的结构决定性质,性质决定结构。本课时继续学习碳单质的化学性质。教材中通过碳单质在生活中使用的实例、并让学生用化学知识解释生活现象,继续体会性质决定用途的学科思想。同时从原子结构的角度认识碳单质的化学性质,逐步建立物质的微粒观,在物质性质的学习中渗透学科思想的使用。

2.5.2 教学理念

2014 年 4 月 21 日,《人民日报》发表了署名马化腾的文章,首次明确提出"互联网+"这一概念,认为"互联网+"是大势所趋。在 2015 年的政府工作报告中,李克强总理首次提出了制定"互联网+"的行动方案,使得"互联网+"成为各方热议的词汇。教育与其他行业一起均感受到了来自互联网的巨大影响。全新的"互联网+教育"理念对传统教育观念产生了颠覆性的冲击。"互联网+教育"提倡的新型学习形式,给传统中学化学学科的"教"与"学"带来了新的挑战和机遇。

交互式教学最早由 Palincsar 于 1982 年提出,之后又得到了进一步的研究和发展, 它是在支架式教学理论的基础上发展起来的一种教学模式。课堂交互: "The patterns of verbal and non-verbal communication and the types of social relationships which occur within classrooms. The study of classroom interaction may be a part of studies of classroom discourse, teacher talk and second language acquisition."(Jack C. Richards, John Platt and Heidi Platt, 1992)根据这个定义,我们可以理解,课堂交互不仅仅包含课堂上语言和非语言的交流,还是一种课堂上社会关系的一种反映。课堂互动的学习亦或是课堂话语,老师语言以及第二语言习得的一部分。交互式教学是在宏观教学情景下,在多点自由切入的教

学平台上,教师的教与学生的学围绕某一个问题或课题进行平等交流和自主互动的一种教学方法。在交互过程构建新型的师生平等关系,交互式教学通过自我交互充实生命内容,实现个体自身的最佳发展,彰显人的发展本质,完成自我实现。

UMU网络平台(https://www.umu.cn)可以在课堂教学中有效的实现这种互动,教师在此平台上通过提前设定好微课、讨论、拍照、考试、提问等不同的小节,课上与学生实现互动。以《碳单质的化学性质》这节课作为例子,说明如何通过UMU和鸿合白板建立交互课堂,从而提升学生的化学核心素养。

学生在氧气的性质的学习中已经初步建立的研究物质性质的方法即通过物质的变化,基本学会了观察和分析实验现象的能力,知道能够运用化学方程式表示物质的化学变化,能够根据事实书写木炭在氧气中燃烧的化学方程式,清楚物质由微粒构成,有一定的微粒观的基础。但是学生由于刚刚学习化学方程式的书写,对于较为复杂的化学方程式的书写仍然存在问题,尤其对于当反应条件不同时生成物可能不同是学生知识上的新的增长点。

2.5.3 教学目标

2.5.3.1 三维目标

(1)知识与技能目标:学生通过对金刚石失踪案件的分析,认识碳单质的稳定性和可燃性;通过木炭还原氧化铜的实验了解木炭还原性。

(2)过程与方法目标:通过对案件的分析学生体验实验探究的过程。

(3)情感态度价值观目标:通过对碳原子结构的分析,学生对微粒观有了进一步的了解;能够运用元素观分析木炭和氧化铜反应后的产物,形成化学学科思想。古代炼铁术和炼铜的学习更是提升学生的民族自豪感。

2.5.3.2 教学重难点分析及解决措施

1.重点与难点

常温下碳单质稳定性、木炭可燃性、还原性。

2.解决措施

通过碳原子的微观结构解释碳常温下化学性质稳定。

通过生活中的事例认识木炭可燃性。

从氧元素的角度认识还原性。

2.5.4 教学过程

2.5.4.1 教学准备

提前在 UMU 网站上设计 5 个版块：

学生熟练操作手机并能够进行及时反馈,提前测试教室内网路信号。

2.5.4.2 教学流程图

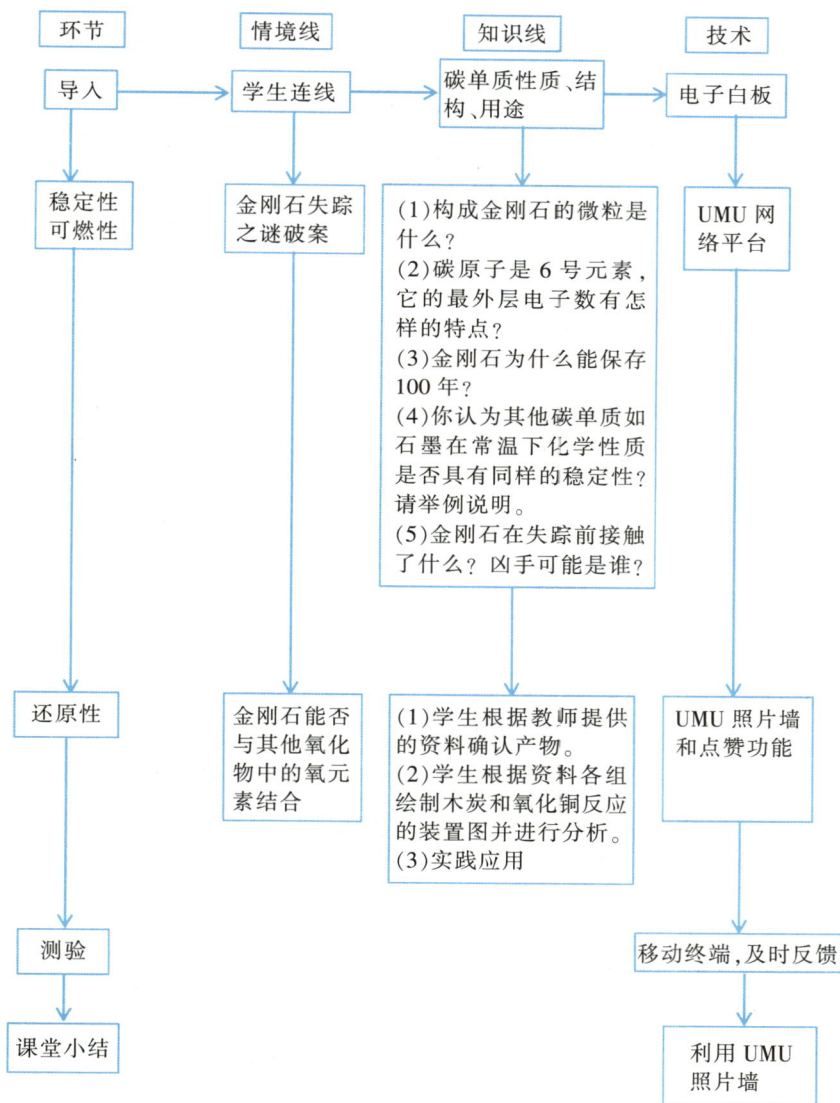

环节	情境线	知识线	技术

导入 → 学生连线 → 碳单质性质、结构、用途 → 电子白板

稳定性 可燃性

金刚石失踪之谜破案

(1)构成金刚石的微粒是什么?
(2)碳原子是 6 号元素,它的最外层电子数有怎样的特点?
(3)金刚石为什么能保存 100 年?
(4)你认为其他碳单质如石墨在常温下化学性质是否具有同样的稳定性?请举例说明。
(5)金刚石在失踪前接触了什么? 凶手可能是谁?

UMU 网络平台

还原性

金刚石能否与其他氧化物中的氧元素结合

(1)学生根据教师提供的资料确认产物。
(2)学生根据资料各组绘制木炭和氧化铜反应的装置图并进行分析。
(3)实践应用

UMU 照片墙和点赞功能

测验

移动终端,及时反馈

课堂小结

利用 UMU 照片墙

本课时分为 5 个环节。

导入环节,利用白板书写功能,提升学生课堂的参与和体验。

金刚石失踪案件环节：

利用白板"翻翻卡"工具了解金刚石"失踪"案件,利用教师提供的二维码对设置的讨论问题进行互动。能够清楚了解每位学生的想法,并且利用电脑把高频次的词提出,这样讨论更能表达学生真实的看法和想法。

在还原性环节：

学生根据资料绘制木炭和氧化铜反应的装置图。利用 UMU 的照片上墙功能,将图片发布在网页上。

在点赞其他组的时候可以反思本组绘制的装置图存在着什么问题,有助于学生的进步,同时体会反思这一个有效的途径。

课堂检测环节：

学生利用移动终端进行测验。教师利用教师端可以随时查看学生的答题进度和答题情况。这种测验更加有针对性,教师可以根据学生的课堂掌握情况对课堂教学及时进行调整。

2.5.4.3 教学具体实施过程

1.环节 1：导入

(1)活动目标：体会物质的结构决定性质、性质决定用途的化学学科思想。从微观结构解读物质的性质,学生从物质微粒观认识物质的结构、性质、用途。

(2)教学内容：复习不同碳单质的物质和用途。二者都是由碳原子构成,但是由于碳原子排列方式不是造成两者的物理性质不同,同时为碳元素组成单质的化学性质是否相同的思考奠定微观结构基础。学生要利用学习的微粒观解决该问题。

(3)活动设计：

学生完成连线,并回答以下问题：

①金刚石和石墨物理性质差异较大的原因是什么？

②金刚石和石墨的化学性质是否也不同？

③生活中用到了哪些碳元素的单质？

(4)媒体应用及设计意图分析：

利用白板书写功能完成连线题。学生在白板上完成,利用不同颜色的线条学生能够表达不同的意见;同时利用擦除功能,学生能够随时对自己的答案进行更正。学生在这个过程中体验课堂的参与,真正的享受课堂学习,在课堂上进行知识的生成。

3个问题的设定从同一种元素组成的物质的物理性质入手,到物质的微观结构,从微观结构分析物质的结构决定物质的性质。物质的性质分为物理性质和化学性质,再次讨论化学性质是否依然不同,学生做出猜想和假设,这个过程中学生的思维打开。学生会从物质组成元素角度分析,即从元素守恒角度分析,由于都是碳元素,在化学反应后元素种类不改变。学生能够从元素观进行分析,说明学生能够运用化学思维解决化学问题。

2.解密金刚石失踪案件

(1)活动目标:通过书写金刚石燃烧的方程式是与木炭燃烧方程式的对比,学生可以得出碳元素组成的单质燃烧后的产物是一样的,对化学反应的元素守恒观有了进一步的体会。化学性质:常温下碳单质化学性质稳定;可燃性。

(2)教学内容:

①自然界中最硬的金刚石"失踪"案件分析。

17世纪40年代,佛罗伦萨学院里几位院士在石桌旁,用放大镜观察研究已经被珍藏了几百年的金刚石。当金刚石所处的位置与凸透镜的焦点吻合时,金刚石折射出耀眼的强光,院士们纷纷掉头躲避。当他们回过头来时,金刚石不翼而飞!

设置意图:金刚石作为自然界中最硬的物质,这种物质的失踪激发学生的兴趣。设置认知矛盾的问题,引导学生分析释疑。

在该案件中设置以下5个讨论问题:

构成金刚石的微粒是什么?

碳原子是 6 号元素,最外层电子数具有怎样的特点?

金刚石为什么能保存 100 年?

你认为其他的碳单质如石墨在常温下化学性质是否有稳定性?请列举事文说明。

在金刚石失踪前接触到了什么? 凶手可能是谁?

设置意图:5 个问题的设置具有一定的递进性。前两个问题从微观角度分析金刚石的微粒构成,并从碳原子的电子排布进行分析,从微观上分析金刚石具有稳定性的原因,学生在分析过程中建立"宏观辨识与微观探析"的化学核心素养。能从碳元素和碳原子最外层电子数为 4,认识金刚石的性质和变化,形成"结构决定性质"的观念。能从宏观和微观相结合的视角分析与解决实际问题。

第 3 个问题和第 4 个问题,从宏观角度分析金刚石的物质性质(自然界中最硬的物质)以及常见由碳元素组成单质的化学性质,而化学性质的认识是学生从生活经验出发,由感性认识上升到理性认识,学生能够基于这个证据,对由碳元素组成的单质的化学性质提出可能性的假设,学生在这个逻辑推理的过程中通过对证据的分析,逐渐建立起相应的碳元素组成的单质的化学性质这个模型,并能运用学生的推理模型解释石墨等物质在常温下化学性质是否稳定。学生在这个过程中建立观点、结论和证据之间的逻辑关系,从而逐步形成"证据推理与模型认知"的化学核心素养。

第 5 个问题是对刚刚建立的模型"常温下,碳元素组成的单质化学性质稳定"的矛盾认知,金刚石能够"消失"一定发生了变化,而这种变化一定与其接触的物质有关,可以根据发生的现象推测"金刚石消失"的相关物质。

学生首先自己分析 5 个问题,然后进行小组合作探究分析出 5 个问题:在个人分析的过程中遇到的困惑或难点在小组合作过程中进行再次探究。

学生通过小组讨论,学生分组分析以上 5 个问题,并最终以"高频次"的形式呈现学生讨论的结果,再由不同的学生根据呈现的不同词条进行解释,进一步表达自己的见解。

解密金刚石失踪的密码

必修　　55次提交　1

讨论

学生在集体讨论中由于小组人员多为 5 人左右，每个学生都有发言的机会，这样就有更多的机会发表自己的看法。在讨论过程中教师根据学生的进度以及学生的疑惑处等信息有针对性地对学生进行指导，这种针对性地指导能够使学生对知识的掌握更加准确，更重要的是在这个过程中对学生进行更加规范和科学的学习方法的指导，学生能够有机会获得更加专业的学法指导。在小组讨论过程中增加了学生与学生之间的沟通和交流，对学生学习知识和建立方法有更深层次的指导意义。在合作学习的过程中感受到学习的乐趣，同时这种合作学习能够刺激学生之间的竞争，学生在学习过程中的积极性和主动性可以大大提升，对于课堂效率有极大地提高。

学生通过分析"揭秘真凶"：氧气。

②本环节得出的碳元素组成单质的化学性质：金刚石常温下化学性质稳定、金刚石能够燃烧。

教师活动：从化学角度揭秘"金刚石消失"的原因。

1797 年英国化学家欠南捉到了真凶！他将金刚石放进充满氧气的密闭容器中燃烧，反应结束后，测定密闭容器中的气体竟是二氧化碳，为了缉拿真凶，封闭容器中的二氧化碳中的碳元素的质量等于金刚石的质量！真凶是"氧气"！

学生活动：观看金刚石燃烧的化学反应的实验视频。并思考以下问题：从碳原子微观角度，温度升高时为什么碳单质的化学活动性增强？

设计意图：该问题的设置在于学生从碳原子的微观结构即核外电子排布角度思考最外层为 4 个电子的结构在一定条件下是稳定的，但当条件改变时，更趋向于变成 8 个电子的稳定结构。从化学变化的角度认识物质的组成的探究，即在化学反应前后元素的种类和质量不变。学生在分析的过程中能够认识和了解物质发生化学变化是需要一定的条件的，当条件改变时物质会出现不同的化学变化，这种化学变化遵循着一定的规律，学生认识并利用这些规律，能够从多角度、动态地分析化学反应，并能够运用化学原理解决实际生活中的问题，在这个分析推理过程中逐渐发展"变化观念与平衡思想"的化学核心素养。

学生活动：根据化学反应实验视频写出金刚石化学反应的化学方程式，然后再推测出碳 60 燃烧的化学方程式。

设计意图:化学方程式是反映化学反应的式子,宏微符三重表征是化学学习的独特的思维方式,这种思维方式对学生形成良好的化学学科观念和化学认知结构有重要的作用。学生再利用金刚石燃烧的反应推测碳 60 燃烧的生成物,是利用元素守恒并用符号表征表达出来。根据质量守恒定律中元素的种类在化学反应前后不变,碳元素组成的单质燃烧后的产物均为二氧化碳。

学生活动:学生根据教师提供信息书写化学方程式,并从物质的化学性质的角度分析两个化学方程式。

从氧气的角度:氧气具有氧化性,提供氧元素。

从碳的角度:碳具有可燃性,和氧元素结合。

教师活动:播放视频《冬日烧煤 一氧化碳中毒》,由碳元素组成的物质煤在一定条件下燃烧是会生成有毒的一氧化碳。同样是碳元素组成的物质燃烧产物为何会不同?

学生活动:学生分析产生这种问题的原因,主要和氧气的量有关。并用具体的化学事实解释得出的结论。如硫在空气和氧气中燃烧时现象不同,铁在空气中缓慢氧化和铁在氧气中燃烧产物不同等。

设计意图:这个问题与学生刚得出的"碳元素组成的单质燃烧产物为二氧化碳"相矛盾,冲突性认知的问题的设置能够实现学生新的认知平衡和发展,在解决这种认知冲突的过程中学生内化知识、发展学生的思维,激发学生学习探究的欲望。学生在探究过程中认识到化学反应条件对化学反应的影响,化学变化是一个动态的过程,条件影响和制约着反应的速率、产物等。

③学生活动:碳单质的这两条化学性质在生活中有什么用途?

设计意图:物质的结构决定物质的性质、物质的性质决定物质的用途,这是一个基本的化学科学观念。

(3)媒体使用以及设计意图:

①翻翻卡功能:白板上的"翻翻卡"功能一面是问题,点击后另一面是答案。我们就可以用白板的翻翻卡功能实现这种特殊教学,用游戏的方式让学生乐学、爱学。

金刚石神秘失踪	解密真凶
17世纪40年代,佛罗伦萨学院里几位院士在石桌旁,用放大镜观察研究已经被珍藏了几百年的金刚石。当金刚石所处的位置与凸透镜的焦点吻合时,金刚石折射出耀眼的强光,院士们纷纷掉头躲避。当他们回过头来时,金刚石不翼而飞!	1797年英国化学家大南捉到了真凶!他将金刚石放进充满氧气的密闭容器中燃烧,反应结束后,测定密闭容器中的气体是竟然是二氧化碳!为了缉拿真凶,密闭容器中的二氧化碳中碳元素的质量等于金刚石的质量!真凶是"氧气"!!!

②教师提前在交互平台上进行设置相关的问题,学生根据教师提供的二维码进行扫描后答题。

		移动	复制	删除
Q1.	构成金刚石的微粒是什么?	移动	复制	删除
Q2.	碳原子是6号元素,它的最外层电子数有怎样的特点?	移动	复制	删除
Q3.	金刚石为什么能保存100年	移动	复制	删除
Q4.	你认为其他的碳单质如石墨在常温下化学性质是否具有稳定性?请列举事实说明。	移动	复制	删除
Q5.	在金刚石失踪前接触到了什么?凶手可能是谁?	移动	复制	删除

交互平台的"讨论"设置能够清楚了解每位学生的想法,并且电脑能够自动把出现频次较多的关键词进行提出,这样学生在提出自己观点的同时也能看到其他人的观点,这样的讨论更能表达学生真实的看法和想法。同时学生通过"点赞"功能,可以用手机发布观点和表达对其他同学观点的认可。

媒体中呈现的是:

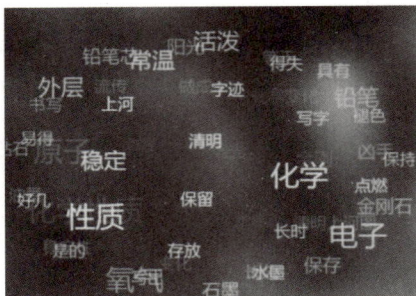

每个问题教师都可以看到学生的观点(以第一题为例):

Q1. 构成金刚石的微粒是什么?

1. 千坂冷葉:碳原子	👍1	👎0
2. 鲍国政:碳原子	👍0	👎0
3. monster:碳原子	👍0	👎0
4. 抓狗大队:碳原子	👍0	👎0
5. 橘子味小仙女:碳原子	👍0	👎0
6. 宇智波佐助:碳原子	👍0	👎0
7. Richard Clayderman:碳原子	👍0	👎0
8. 简:碳原子	👍0	👎0
9. 清雾涟:碳原子	👍0	👎0
10. Qcz:碳原子	👍0	👎0
11. 😊:碳原子	👍0	👎0

教师根据关键词让学生解释观点,最终形成整体的观点:常温下化学性质稳定,(碳原子最外层电子数为4),当改变条件时化学性质发生变化。

播放煤的燃烧视频。设置视频播放与学生的认知产生矛盾冲突,这样的冲突能够刺激学生进一步思考,反应物的量不同时产物不同。

从物质的角度分析,为下个环节还原性做铺垫。

③视频使用:本环节中使用了"金刚石燃烧""冬日烧煤 一氧化碳中毒"两个视频。

作为自然界中最硬的物质——金刚石,学生的感受就是化学性质稳定,虽然在通过"翻翻卡"得知科学家通过方法让金刚石燃烧,但是这样的化学实验毕竟离自己的认知较远,因此"眼见为实"的实验更能够说明问题,同时学生对于金刚石燃烧的现象、条件(尤其是装满氧气的装置中)印象更加深刻。

"冬日烧煤 一氧化碳中毒"新闻具有真实性,学生更加容易接受煤燃烧能够生成一氧化碳,而且对于一氧化碳的毒性在案例面前更加有冲击性,激发学生思考对于在冬日里常用的取暖材料煤"如何能够预防煤气中毒",保障安全。同时对学生进行了安全教育。

3.环节3:碳与某些氧化物的反应——碳的还原性

(1)教学目标:通过对木炭和氧化铜反应的物质的组成分析引导学生从元素角度认识物质的化学变化。

(2)教学内容:

①木炭和氧化铜反应的生成物的推测。

教师活动:教师从元素角度分析 $C+O_2 \xrightarrow{\text{点燃}} CO_2$,由于氧气为碳提供氧元素,氧气具有氧化性。具有还原性气体单质氢气和 CuO 反应,氢元素能够和氧化铜中的氧元素结合。推测 C 是否能和 CuO 反应?

学生活动:推测 C 是否能和 CuO 反应,写出二者反应的生成物。

设计意图:学生能够运用化学反应的规律解释化学反应的生成物,在这个过程中利用已有的证据进行推理,从而研究化学反应的实质,从而对物质的还原性揭示其本质和规律,建立氧化还原的模型认知,对于木炭还原其他金属氧化物的反应可以利用这个模型进行推测书写化学反应方程式。

教师活动:教师利用资料卡片给出学生信息。

资料卡片

(1)碳和氧化铜可以在高温下(大约 800 摄氏度)的条件下反应。

(2)一氧化碳与氧化铜在高温下反应生成二氧化碳和铜。

酒精灯火焰的温度大约为 400 摄氏度,酒精喷灯的火焰温度大约是 1000 摄氏度。

学生活动:学生根据教师提供过的资料,确认碳和氧化铜反应的生成物为铜和二氧化碳。

设计意图:学生阅读信息的能力,资料的阅读也是一种重要的积极的学习方式。能够根据对资料的分析,学生反思自己推测的结果。反思和及时更正是学生的重要的品质。

②学生绘制木炭和氧化铜反应的装置图。

学生活动:根据资料信息绘制木炭和氧化铜反应的装置图。

设计意图:化学是一门以实验为基础学科,实验探究既是一种学习方式也是一种重要的学习内容。设计实验方案是学生"科学探究与创新意识"化学核心素养的重要内容。本环节设计木炭和氧化铜反应的装置图,目的是学生在绘制装置图的过程中发展学生的实验思维。在化学实验过程中实验原理、装置原理、操作原理是化学实验学习过程中必备的实验技能,而装置原理又是围绕"实验原理",实验装置的选择包含仪器、组装等。仪器的选择主要考虑反应药品的状态、反应条件、生成物的检验等。学生装置能够选择后对于气体的制备实验会形成比较系统的实验思路和步骤。仪器的组装主要是考虑实验的需要,仪器如何进行搭配等。学生在阐述装置图中的仪器和连接方法时对于化学反应原理有了更加深入的认识,能够从物质的角度认识化学反应。

学生展示:每个组上传一张实验装置图,并分析所画装置图的原因。学生从不同的角度阐述所画的装置图,然后学生各组针对装置图进行点评。

③学生分析实验装置图:

教师活动:教师展示装置图片,并思考以下几个问题:

试管口如何放置?其目的是什么?

酒精灯的火焰上方有一个金属网罩,其目的是什么?

如何保证木炭和氧化铜两种固体充分反应?

实验完毕,应先熄灭酒精灯还是先把导管从石灰水中取出?为什么?

设计意图:第1、2两个问题主要是针对装置图的连接过程中的注意事项,针对学生在仪器连接过程中存在的主要问题;第2个问题又是针对前面资料中给出的信息,考查学生对资料信息是否能够灵活运用,用给出的资料信息解决问题,尤其是对比自己设计的实验装置图,优化实验装置图;

第3个问题是学生在实验过程中药品的使用方法,尤其是两种以上反应物

时,保障药品充分反应的问题,促进反应的发生;

第4个问题是实验安全。实验安全教育是化学教学中非常重要的一项内容,学生的安全素质同样是学生核心素养的一个重要组成部分。在化学教学过程中对学生安全意识、安全知识、安全技能等方面的教育对学生终生发展具有重要的意义。

④木炭还原氧化铜实验:

教师活动:播放"木炭还原氧化铜实验"视频。

学生活动:学生观察并描述实验现象,指出每一个现象对应的化学原理以及每一个现象发生的原因,并写出相关的化学反应方程式。

设计意图:"观察"是学生学习化学必备的一项基本技能,只有观察得全面才能够发现问题、解决问题。实验的观察有一定的方法可寻。在"探究蜡烛的燃烧实验"中学生初步了解到观察可以有不同的方法,比如可以按照空间的顺序(从上而下、从左至右),也可以按照时间的顺序(反应前、反应中、反应后)。该实验中的现象有多个:试管中固体的状态、颜色的改变、澄清石灰水的变化、使用的酒精喷灯的火焰和普通酒精的区别(或是是酒精灯的火焰上方的金属网罩作用图和体现的),等等。学生在描述的过程中语言组织是否专业规范,这是发展学生核心素养的重要的方式之一。

⑤木炭还原氧化铜反应的微观示意图:

教师活动:教师利用白板的克隆拖拽功能,设计碳原子、氧原子、铜原子微观图片。并提供不同颜色或大小的磁力贴。

学生活动:学生分小组用老师提供的磁力贴在自己的桌子上模拟出木炭和氧化铜反应的微观过程。

学生模拟完成后选择一组同学在白板上进行,并讲解其微观变化过程。分子分化为原子,原子重新组合成新分子。

设计意图:学生利用实物模型,模拟化学变化中的微观过程,能从碳原子、氧原子、铜原子的角度认识了碳、氧化铜的微观构成,能从原子角度解释物质的化学反应即原子的重组,并能从原子角度进一步理解和应用质量守恒定律解释物质的化学变化。

铜原子　　　氧原子　　　碳原子

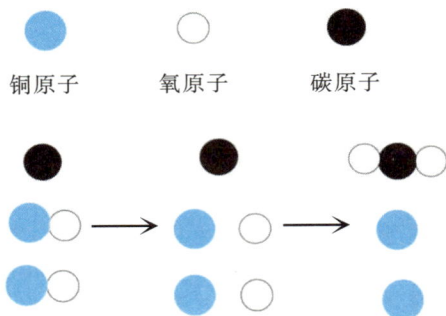

在这个过程中,学生能够认识到在这个化学反应中碳原子、氧化铜分子之间的微粒个数比为 1:2,生成的二氧化碳分子、铜原子之间的微粒个数比为 1:2。微粒个数比是一个定值,微粒的质量也是一个定值。这样进一步理解,化学方程式能够表示化学反应中各物质之间的质量比,即物质的相对分子质量乘以相应的化学计量数所得数值之比。同时进一步解决学生的化学方程式的计算的难点。在这个动态模拟过程中学生从物质微粒种类、微粒数目等角度解读该化学反应,从而逐步建立起物质变化观、微粒观、元素观等化学基本观念,最终形成“宏观辨识与微观探析”“变化观念与平衡思想”等化学学科核心素养。

教师活动：教师引导学生从元素组成解读该化学反应方程式 $C+2CuO \xlongequal{\text{高温}} 2Cu+CO_2\uparrow$。在这个反应中氧化铜为碳提供氧元素,具有氧化性。碳和氧化铜中的氧元素结合,生成二氧化碳,发生氧化反应。这个性质和氢气的化学性质相似,同样具有还原性。

学生活动：学生思考木炭的还原性在实际生产中有何应用？

设计意图：还原性是重要的化学性质,在初中阶段主要学习的具有还原性的物质氢气、木炭、一氧化碳,木炭和一氧化碳的还原性在实际生产中应用较为广泛,同时在冶金工业中起到重要的作用,为一氧化碳的性质、冶炼金属等内容奠定基础。还原性的原理学习后学生能够解决木炭和其他金属氧化物的反应。

⑥古代炼铁技术：

教师活动：教师提供“中国古代青铜冶铸技术 _360 百科(https://baike.so.com/

doc/4797687-5013855.html#4797687-5013855-5）"资料信息。

学生活动：学生阅读资料后，分析出其中的化学原理。利用木炭还原氧化铜进行冶炼铜。学生书写出其中的化学方程式，同时写出木炭炼铁的化学方程式，利用木炭和氧化铁反应。

设计意图：在化学教学中利用优秀的传统文化，能使课堂锦上添花，也能让化学课堂不再是枯燥的科学知识，让学生能够正确地认识化学知识的应用对社会发展的利和弊，从多角度辩证的进行反思，认识到科学的发展与人的发展、社会的发展的统一性，这与"核心素养"的核心是围绕"人的全面发展"具有一致性。在化学学科教学过程中，加强科学精神与人文精神的教育，有助于学生不断提升自我，从而超越自我，追求更高的人生境界。让教育回归本真，回归生活。我们要站在哲学的高度，立足于国情和世情解读杜威，反思历史，为中国现代教育制度的改革提出新思路，让教育向生活世界回归。教育必须回归本真，教育必须回归生活，从而使生活方式富有教育意义，教育方式富有生活情趣，保持教育与生活之间的必要张力。

（3）媒体使用及设计理念：

①利用 UMU 的照片上墙功能展示部分组学生绘制的图片。

学生在手机端上传自己绘制的"木炭还原氧化铜的实验装置图"，这样功能的设置使教师能够及时了解学生完成的进度和效果，同时由于增加了点赞功能，学生之间可以相互点评学习，增加了及时有效的互动。

学生把自己的学习成果展示出来，对学生的自信心也是一种提高和认可，通过大屏幕展示能够反映学生的思维品质，比如有的同学绘画功底较高，作品较美观、可观性高；有的学生注重科学性，学生的思维非常严谨；有的同学画面干净清晰；有的学生页面相对可观性不高。学生在观看其他同学作品的同时对自己的作品也有一定的促进和反思。

②学生观看"木炭还原氧化铜"视频：增加视频播放的方法。

化学实验视频是学生学习实验的一个重要的方式，在实际教学过程中视频的播放方式要和教学目的相辅相成。锻炼学生的语言组织能力的同时可以把视频的声音关掉；强化实验步骤或重点操作时可以在视频的关键处暂停；可以录制学生的实验视频让其他学生来"找茬"或"选优"等等。

本视频播放时，学生有一定的实验基础、并且由于学生已经绘制的实验装置图、重点是学生观察能力的训练，因此在播放过程中将声音关掉，学生描述实验现象和实验操作方法的描述以及注意事项。

③链接到网络：中国古代青铜冶铸技术_360百科（https://baike.so.com/doc/4797687-5013855.html#4797687-5013855-5.）。

信息化的今天，学生可以利用网络找到任何可以想得到的信息，因此在教学中增加网络信息、有效利用网络是非常有必要的。同时中国传统文化的渗透是增强学生文化自信的重要手段，提升民族自豪感。

4.环节4：碳和二氧化碳反应

①教学内容：学生根据信息写出碳和二氧化碳反应的化学方程式，并能从元素角度分析这个化学反应。

②教师活动：

提供资料信息：煤炭的主要成分是碳。在煤炉上方的蓝色火焰是一氧化碳在燃烧。在下部碳和氧气充分反应，在中部是一氧化碳生成的过程即二氧化碳和灼热的碳反应。请写出下部和中部反应的化学方程式。

设计意图：学生能够根据信息写出相应的方程式，从元素角度分析物质的变化过程中对碳的还原性有更加全面的认识，不仅能够和金属氧化物反应，还能和二氧化碳反应。

5.课堂检测

①试题测验：

设计意图：利用 UMU 考试功能，设计 6 个问题。教师可以随时了解学生答题结果。包括本题的正答率、每一个选项的人数等内容。通过对问题的设置，学生在完成每一道题目后都能看到解析，随时了解自己的答题状况。这样的课堂检测能够帮助教师快速高效地调整上课状态，利用学生的答题情况对课堂生成及时进行解决。

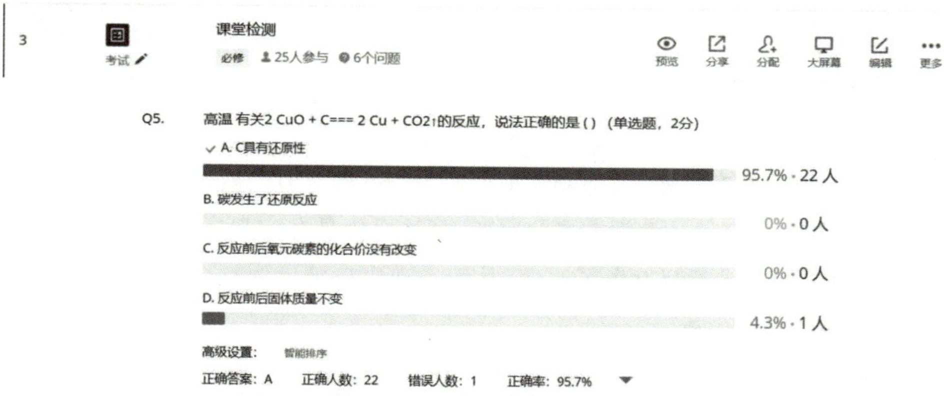

②利用 UMU 提问功能，同学之间相互提问环节。

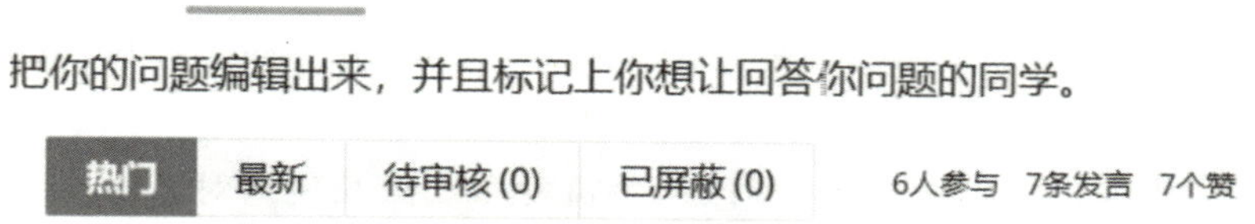

设计意图：学生之间的相互提问的过程可以帮助学生进一步加深对知识的理解，有问才会有思，学生在编辑问题的过程中会在头脑中将所学知识进行整合，对知识有一个再认识的过程。

6.课堂总结

学生利用 UMU 的拍照功能，利用思维导图进行总结本课内容。随时将学生的

书写过程进行拍照展示,同学间的交流时间延长到课下。

7.拓展阅读

教师提供一些碳单质的应用,拓展学生的视野。学生扫描二维码进行阅读将化学的知识延伸至生活。

课外阅读材料

2.5.5 教学效果与反思

本节课综合运用 UMU 交互教学方式进行,学生的参与度、体验感、参与效果等大大提高,反馈及时有效,教师能够根据学生的反馈及时对教学进行调整。

交互式教学不仅仅是教学方式的改变,更重要的是在交互过程中师生关系和学生获取知识的方式等都发生了改变,从而实现信息技术的整合,课堂效率的提升,学生学科素养的生成。

在环节 2 中,学生利用教师提前平台上设置 5 个讨论问题,每个问题教师都可以看到学生的观点,最终呈现在学生面前的是,教师根据关键词让学生解释观点,最终形成整体的观点。交互平台的"讨论"设置,能够清楚了解每位学生的想法,并且能够自动把出现频次较多的关键词进行提出,这样学生在提出自己观点的同时也能看到其他人的观点,这样的讨论更能表达学生真实的看法和想法。

同时学生通过"点赞"功能,可以用手机发布观点和表达对其他同学观点的认可。

在环节 3 中,学生根据教师提供的资料,再次确认产物。学生根据资料各组绘制木炭和氧化铜反应的装置图。(利用 UMU 的照片上墙功能)展示部分组学生绘制的图片,找两组的学生说出实验装置图选择的依据。

利用 UMU 中的照片墙环节的设定,学生在本环节可以为其他组进行点赞和点评。在点赞其他组的时候可以反思本组绘制的装置图存在着什么问题,有助于学生的进步,同时体会反思这一个有效的途径。

在这个过程中学生的设计以及学生的点评都是一个课堂生成的过程,有助于学生的深层次反思。

在课堂检测环节:学生利用移动终端进行测验。教师利用教师端可以随时查看学生的答题进度和答题情况。这种及时的反馈,教师可以根据学生的课堂掌握情况对课堂教学及时进行调整。

新技术的应用是为教学服务的,应该根据教学内容和教学效果选择最合适的技术,不能为了技术而选择技术。新技术为了提高课堂效率和课堂效果服务。因此,教师的备课,选择合适的素材更加重要。

第**9**章

基于项目式学习的教学设计

第 1 节　项目式学习的意义

1.1 项目式学习

　　PBL(Project-Based Learning)即项目式学习,通过项目的选择、有组织分组合作、转变师生关系、多元化多层次评价机制的完善等,打造以学习者为中心的学习模式,培养学生自主学习能力,提升学生的学习力。项目式学习是一种动态的学习方法,通过 PBL 学生们主动的探索现实世界的问题和挑战,在这个过程中领会到更深刻的知识和技能。项目式学习模式基于五大核心要素,即选择的项目与实际生活相联系,能够转化为核心问题的核心知识,以学生为主导,有组织的合作,多层次的测评。

　　山东科学技术出版社 2019 年出版的高中化学教材首次将"微项目"作为栏目,为项目式学习提供教学资源,包含了与社会生活相关的问题解决、社会性科学议题等项目式学习内容,值得借鉴和参考。

1.2 常见项目式学习模式

1.2.1 真实问题解决式教学

一个真实的有情境的问题往往蕴含在一定的教学情境中,形成项目式学习。

问题解决式教学是有明确的学习目标,在真实的情境下,需要学生在"问题空间"内协作、探究,进行思维活动,使问题解决。问题解决教学模式指在教师的指导下,学习者在真实的情境中发现问题、提出问题、分析问题和解决问题。问题解决式教学的特征:有情境,在真实复杂的情境中,合作解决问题;有操作序列,解决问题是从问题的起始状态到目标状态,螺旋上升的过程,复杂多变,在此过程中需要一系列的思维操作序列,包括对问题的表征、分析、假设、验证、评价等,不同的问题在解决的过程中有着不同的序列;有认知,问题与学生已有知识经验相联系,又能激发学生认知冲突,进而促进思维进阶。

1.2.2 社会性科学议题

所谓社会性科学议题(Socio Scientific Issue,简称 SSI)是指因科学技术的发展与应用,而对社会产生冲击和影响的议题,社会(尤其是伦理道德与价值观)和科学因素在解决该类议题时均扮演着核心角色。

科学教育以培养学生的科学素养为目标,核心是培养其解决实际问题的能力。基于此信念,社会性科学议题教育强调既要关注科学和技术对社会决策的影响,同时要关注社会因素对科学与技术发展的影响,尤其要关注解决科学议题时涉及的伦理道德问题。社会性科学议题教育被认为是解决学生应用科学知识、理解科学本质、形成正确的科学观、培养参与社会决策能力以及道德伦理发展的有效途径。所以,每一个社会性科学议题都可以形成一个项目式学习。

1.3 STEM

STEM 教育是一种以项目学习、问题解决为导向的课程组织方式。它打破了传统的分科教学体系，鼓励学生运用多学科知识解决实际问题。STEM 教育不应成为一门新学科。STEM 教育需要适应不同教学场景的灵活课时，包括大小课、长短课、阶段性课时等。STEM 教育要打破"坐着不动的课堂"，把知识学习与社会实践、社区服务、参观考察、研学旅行等结合起来，让学生在真实情境中开展深度学习。

STEM 教育带有明显的跨学科特征，倡导学生在多学科交叉中开展项目式学习；它关注的不是某一个学科内部的知识，而是不同学科之间的联系及其相互影响。比如，数学建模简化了人们对自然体系的认识和控制，促进了技术的运用，这是数学与技术的联系。STEM 教育的核心，就是在分科教学体系中建立一座沟通的桥梁，发现学科之间的内在联系，鼓励学生运用多学科知识解决问题，为他们提供整体认识世界的机会。

第 2 节　教学设计案例

2.1 一氧化碳(康永军)

2.1.1 教材分析

2.1.1.1 教学内容分析

（1）本课题是义务教育教科书（2012 版）九年级化学上册第六单元二氧化碳和一氧化碳第 2 课时一氧化碳性质的内容，教材中对于本节课教学内容的描述篇幅较少，首先从一氧化碳无色无味的物理性质入手，紧接着转入一氧化碳的化学性质——可燃性，通过煤炉中一氧化碳的燃烧说明一氧化碳具有可燃性。然后介绍了一氧化碳的毒性和使人中毒的原因，并以讨论的形式提出"煤气厂为什么常在家用煤气中掺入微量具有难闻气味的气体""如发生煤气泄漏应当怎么办"等一些实际问题。最后重点介绍了一氧化碳的还原性及其用途。

（2）本节内容与生活、生产联系紧密，有利于提高学生的学习兴趣。同时一氧化碳是学生初中学习的第一个有毒物质，是典型的环保素材、自我保护素材。对一氧化碳的学习，既可满足九年义务教育对知识普及的要求，同时又可提高学生自我保护、环保的能力。

（3）本节内容上承单质碳、二氧化碳的结构、性质、用途等知识，下跟第七单元燃料及其利用，是初中化学元素化合物的知识中重要的一部分。它是对前面所学元素化合物知识的补充和完善，同时为第七单元燃烧及其利用知识的学习起到了铺垫作用，其中一氧化碳与氧化铜的反应的介绍也为高中阶段氧化还原反应的学习奠定基础。

2.1.1.2 学生情况分析

九年级的学生已经具备了一定的抽象思维分析能力，并且通过前面二氧化碳的性质和用途、碳的还原性的学习，掌握了利用物质的性质来判断其用途的规律方法。知道了碳燃烧的两种不同产物，对于一氧化碳的可燃性，学生在以前的学习和生活中已经有所了解，现象也经常看到，所以学习难度不大。但是学生对家庭生活中燃气的一些使用常识缺乏全面细致的了解。一氧化碳的毒性在以前的生物的学习中已经了解，但是一氧化碳中毒后应采取什么措施还不是很清楚。对于一氧化碳和氧化铜的反应现象，学生通过视频中的实验再现能做简单分析，但是不能认清一氧化碳还原性的本质。

2.1.1.3 媒体辅助分析

由于教材中对于一氧化碳的可燃性和还原性没有安排特定的演示和探究实验，学生对一氧化碳的可燃性和还原性缺乏感性认识。而且由于一氧化碳具有毒性，实验涉及的内容较多、仪器复杂，对于一些学校来说，还存在着实验条件不具备，通风设备不完善等情况，一氧化碳性质的实验很难真正做到让每个学生动手操作，这就造成多数学校采取的都是老师直接讲授的方式，如实验原理是什么、实验装置如何搭建、需要什么仪器、如何连接等问题。这种教学方法学生听完一头雾水，无法获得理想的教学效果。因此本节课针对多数学校的化学实验存在的这种死板单一的教学模式，将计算机科学技术中的"可视化"教学方法和教学模式引进化学实验课的教学过程，以期获得较好的教学效果。可视化实验

教学是一种新型的教学模式,是指课堂授课增加"看"的比重,从枯燥的听课变为"看听结合"。本节课针对当前化学实验教学中存在的教学模式单一的问题,选择了基于图片、PPT、flash 及视频等多媒体的可视化教学方法,力求增加学生的学习兴趣,提高学生的学习积极性,加深学生对知识的理解,最终获得更好的教学效果。

借助"可视化"的教学手段,采用 PPT、flash、视频等多媒体技术进行教学可突破时间及空间的束缚,将无法演示的、微观的、极快的变化过程,进行逼真的模拟、灵活地放大,并以生动形象的方式呈现在学生面前,这种教学方法可将抽象思维具体化,起到转换思维模式、降低思维难度的作用,使学生对实验的认识更深刻、理解更透彻。

2.1.2 教学理念

2.1.2.1 设计意图

未来已来,过去未去。进入新世纪,人类社会快速发展,不确定性越来越明显。如何让现在的孩子适应未来的世界,是教育面临的巨大挑战。在当今信息技术 3.0 的社会里,项目式学习植根于课堂,又同时指向课程的结构性变革,有力地促进了学生大脑的发展,知识、能力与态度的整合,对于未来教育发展具有深远的意义。

"互联网+"的时代,人们的认知方式不断地发生着变化,秒拍、抖音、快手、火山小视频等一系列短视频风靡世界。《2019 年中国移动互联网秋季大报告》显示,截至 2019 年 9 月,短视频 APP 月活跃用户规模已达 8.1 亿。可见,当今世界已然变成了一个视觉的世界,图像已经成为了人们表达、交流、传递信息的重要载体,成为了新一代青少年生活、学习中不可缺少的一部分。正如贝尔所言"当今文化正在变成一种视觉文化,而不是一种印刷文化"这必然会给我们教育工作者带来新的思考:"在课堂教学中如何有效、科学、智慧地运用可视化手段以顺应时代的发展、学生认知方式的改变,更好地促进学生的主动学习和思维发展?"尝试在多媒体技术支持下的可视化教学设计与项目式学习的结合,是一条值得推广的路径。借助"可视化"的教学手段,采用 PPT、flash、视频等多媒体技术进行进行项目式学习时可突破时间及空间的束缚,起到良好的教学效果。下面以"一氧化碳性质"一课为例进行说明。

2.1.2.2 项目主题

随着社会的进步与发展，人文教育与科学教学的相互融合已成为时代的要求，加强人文教育已经成为基础教育改革的主要内容之一，科学人文素质教育对学生的成长无疑是极其重要的，它不仅可以提高学生的科学文化素质与人文素质，还可以引导学生对社会伦理，环境文化等问题进行深层的思考与探究，《名侦探柯南》是"九零后""零零后"学生中认知度高的动漫之一，与其他动漫不同，它是一部蕴含着丰富的科学知识特别是化学知识的推理动漫，并且看过《名侦探柯南》的学生都知道，动漫主角柯南是一名当之无愧的学霸，不光是化学，物理、数学、天文、地理、音乐等知识几乎是无所不知的，因此，一氧化碳这节课就选用《名侦探柯南》中"密室杀人事件"作为项目式学习的主题，通过立案——引入学习的主题；破案——学生通过可视化的多媒体技术、讨论等手段进行取证；结案——用所学知识解决实际问题。其中破案过程中又为学生提供了"放大镜"——学习一氧化碳的毒性、可燃性、还原性；"显微镜"——学习一氧化碳与二氧化碳化学性质不同的原因；"望远镜"——学习一氧化碳的发展前景。一氧化碳性质的学习就是围绕"名侦探柯南——密室杀人事件"这一案件进行破案的过程，学生的代入感非常强，激发了学生的学习兴趣，进一步提升了课堂的趣味性，同时也为课堂形成了一个心理上的探究氛围，名侦探柯南与化学探秘的教学过程中，学生在情境中浸润动漫片段背后蕴含的化学知识，培养科学探究与辩证意识；取得了非常好的教学效果。

2.1.2.3 教学流程

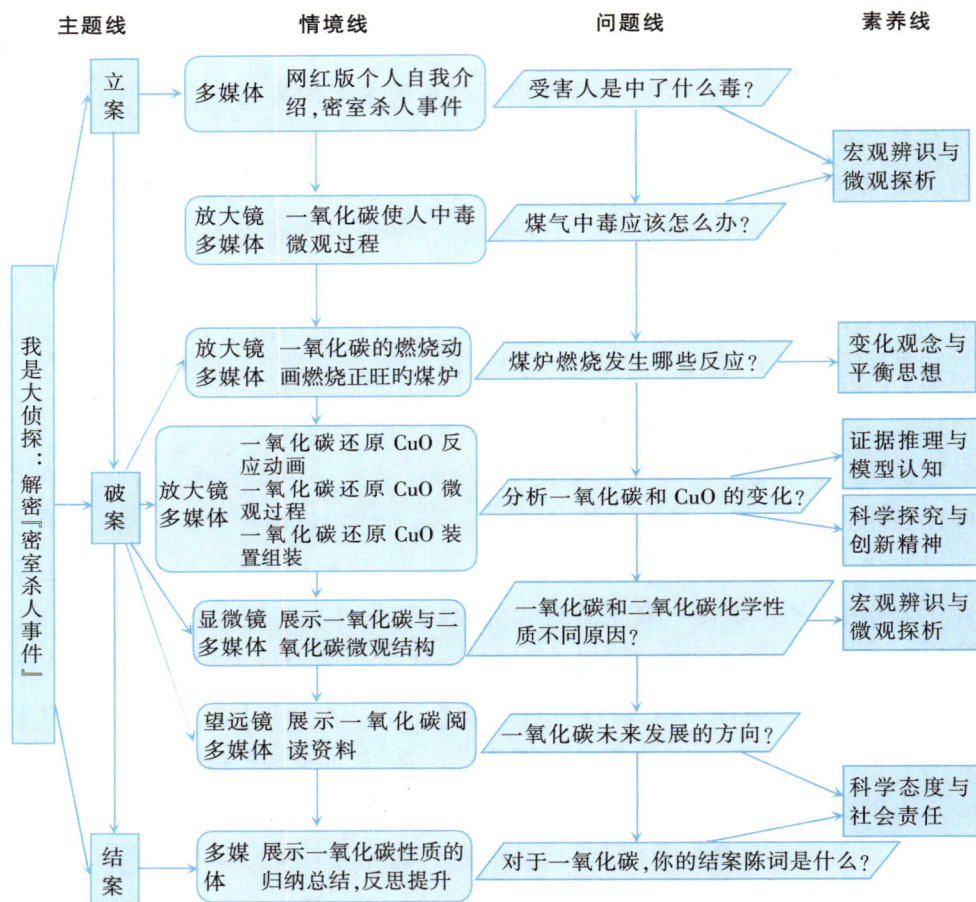

主题线	情境线	问题线	素养线

主题线：我是大侦探：解密「密室杀人事件」

立案：
- 多媒体 网红版个人自我介绍，密室杀人事件 → 受害人是中了什么毒？
- 放大镜 多媒体 一氧化碳使人中毒微观过程 → 煤气中毒应该怎么办？ → 宏观辨识与微观探析

破案：
- 放大镜 多媒体 一氧化碳的燃烧动画燃烧正旺的煤炉 → 煤炉燃烧发生哪些反应？ → 变化观念与平衡思想
- 放大镜 多媒体 一氧化碳还原 CuO 反应动画 一氧化碳还原 CuO 微观过程 一氧化碳还原 CuO 装置组装 → 分析一氧化碳和 CuO 的变化？ → 证据推理与模型认知 科学探究与创新精神
- 显微镜 多媒体 展示一氧化碳与二氧化碳微观结构 → 一氧化碳和二氧化碳化学性质不同原因？ → 宏观辨识与微观探析
- 望远镜 多媒体 展示一氧化碳阅读资料 → 一氧化碳未来发展的方向？ → 科学态度与社会责任

结案：
- 多媒体 展示一氧化碳性质的归纳总结，反思提升 → 对于一氧化碳，你的结案陈词是什么？

2.1.3 教学目标

2.1.3.1 知识与技能

（1）能用化学方程式表示一氧化碳的化学性质(可燃性、还原性)。并能用一氧化碳的性质解决简单的实际问题。

（2）借助多媒体展示一氧化碳中毒机理的微观分析，了解一氧化碳的剧毒性。

（3）通过对一氧化碳用途的判断，初步认识物质性质与用途之间的关系。

(4)通过燃气使用须知和燃气泄漏的检验的交流与讨论,初步学会正确使用燃气的方法。

2.1.3.2 过程与方法

(1)通过设计虚拟探究实验,培养学生的观察能力、提取信息能力和解决问题的能力。

(2)通过一氧化碳性质及用途的学习,体会结构决定性质,性质决定用途的化学思想,培养良好的思维品质。

(3)通过观察一氧化碳还原氧化铜反应的微观过程,培养学生透过现象看本质的科学态度。

2.1.3.3 情感·态度·价值观

(1)通过引导学生对一氧化碳的全面认识,培养学生辩证、全面地认识事物,养成勤于思考的科学习惯。

(2)通过如何检查煤气泄漏以及煤气泄漏后应采取措施的讨论,对学生进行环保和安全意识教育,提高学生作为未来公民的素质。

2.1.4 教学过程

2.1.4.1 立案:创设情境、导入新课

教师:同学们,为了让大家尽快熟悉我,我先做一下自我介绍。

播放:教师个人介绍课件,引用网红版的自我介绍,吸引学生的注意力。

教师:好了,同学们已经认识我了。那么柯南大家认识吧?今天我们就做一回大侦探柯南,来一起破解密室杀人事件的奥秘。请同学们观看视频。

播放:《名侦探柯南》中"密室杀人事件"的视频。

教师:被害人死亡的原因是什么?

学生:中毒。

教师:是什么物质使被害人中毒了?

学生:一氧化碳。

教师:也就是说死亡与一氧化碳有关,一氧化碳到底有哪些性质呢?让我们一起来寻找证据,用事实说话,密室杀人事件正式立案。

设计意图:课的一开始就非常吸引学生的眼球,利用学生们都非常喜欢看的

《名侦探柯南》中"密室杀人事件"创设教学情景,激发了学生的兴趣和求知欲,本节课所选的教学情景具有以下几个特点:1.紧密与主题吻合,具有全局性、真实性,它不是用来举例子说明观点的,而是向学生提供学习材料和环境的,并贯穿于整个课堂,成为课堂问题产生的源头,使得整个课堂围绕这个情景展开,优势的教学任务得以轻松实现,向学生提供学习材料和环境并贯穿整个课堂成为课堂问题产生的源头,使得整个课堂能围绕这个情景展开,又使得教学任务得以轻松实现。

2.具有合理性,在时间上没有占用太多的课堂时间;在难度上合适,能够依托学生已有的知识,促进知识的迁移与发展,吻合学生知识结构中的"最近发展区"。3. 具有生活化特征,案件来自于学生非常熟悉的动漫人物——柯南,贴近学生的生活。

2.1.4.2 破案:启发诱导、探索新知

　　教师:为了更好的调查案件,老师送给同学们三件调查案件的工具,一个是放大镜,借助它能更清楚地了解一氧化碳的性质有哪些;一个是显微镜,借助它能明白一氧化碳和二氧化碳为什么性质会有那么多的不同;一个是望远镜,借助它能看清一氧化碳的发展前景在哪里。下面我们就用放大镜研究一氧化碳的性质。

探究一:一氧化碳的毒性

　　教师:现在我们根据案件现场清楚的知道了被害人中毒身亡的物质是一氧化碳,那么一氧化碳有哪些性质呢?下面我们就开始今天的破案——探秘一氧化碳的性质。我们先一起研究一下一氧化碳为什么能使人中毒?

　　播放一氧化碳中毒的机理,从微观角度分析一氧化碳中毒原因。

　　整合一:播放一氧化碳与血红蛋白结合卡通动画视频。

整合点	常规手段的困难	整合方法	整合效果
一氧化碳中毒原因	通过语言叙述一氧化碳中毒机理	播放一氧化碳与血红蛋白结合视频	通过形象的一氧化碳分子与血红蛋白分子结合卡通视频,使学生深刻体会到一氧化碳使人中毒的原因,进一步加深对一氧化碳毒性的认识

设计意图:根据所立案件进行破案,借助多媒体的可视化教学,很好地突破了传统教学中只是单纯对于一氧化碳毒性的叙述,通过学生的看与听,加深了对一氧化碳毒性的理解和认识。通过从宏观物质到微观分析的分析,发展学生"宏观辨识与微观探析"的素养。

探究二:一氧化碳的物理性质

投影展示:问题讨论。

(1)有人说他的鼻子很灵,一闻到煤气气味就起快将煤炉搬到室外去。所以不会煤气中毒。这种说法为什么不对?

(2)有人说在屋里放一桶水,就不会煤气中毒。这种说法为什么不对?

学生:分组讨论,交流评价,总结出一氧化碳没有气味和难溶于水的物理性质。

设计意图:通过学生分组对问题的讨论,使学生的思想火花互相交流、撞击,体现了合作学习的特点,很好地弥补了教学过程中难以面向有着差异的众多学生分别教学的不足,从而有助于因材施教,真正使每个学生都得到发展。

探究三:一氧化碳的可燃性

学生:观看一氧化碳燃烧模拟实验动画,认真观察现象并记录

整合点二:通过多媒体播放一氧化碳燃烧的实验,使学生进一步对一氧化碳的可燃性加深感性认识。

整合点	常规手段的困难	整合方法	整合效果
可燃性	学生阅读教材,缺乏感性认识	播放一氧化碳燃烧的实验动画	克服了实验室通风条件的限制,加深了对一氧化碳可燃性的的理解

学生:讨论交流实验现象,分析反应并判断其用途。

设计意图:学会观察实验现象,并由现象得出结论,渗透性质决定用途的思想。

学生:观看燃烧正旺的煤炉的动画,分析发生的反应,写出反应化学方程式。

设计意图:通过煤炉中发生的反应,学生总结 C、一氧化碳、二氧化碳之间的相互转化的反应及化学方程式,发展学生"变化观念与平衡思想"的素养。

探究四:一氧化碳的还原性

学生:观看一氧化碳还原氧化铜实验视频,讨论交流实验现象,分析燃烧产物并完成化学方程式。观看一氧化碳还原氧化铜的微观动画。

整合点三:播放一氧化碳和氧化铜反应的微观过程。

整合点	常规手段的困难	整合方法	整合效果
分析一氧化碳的还原性	教师根据化学方程式进行分析,学生缺乏直观感受,很难认清还原性的实质	播放一氧化碳和氧化铜反应的微观过程的 flash 动画	直观、形象地展现了一氧化碳还原氧化铜的微观过程使学生深刻理解了一氧化碳的还原性

学生:利用动画组装一氧化碳还原氧化铜的装置,并进行实验模拟操作。

整合点四:操作一氧化碳和氧化铜反应的模拟实验过程。

整合点	常规手段的困难	整合方法	整合效果
一氧化碳还原氧化铜的装置及实验操作	无法进行实物组装及实验操作,学生缺乏直观感受,很难记住实验用品及步骤	学生操控一氧化碳和氧化铜反应的模拟 flash 动画,有类似于真实实验操作的体验	直观、形象地展现了一氧化碳还原氧化铜的实验过程使学生深刻理解了一氧化碳还原氧化铜的装置和步骤

设计意图:一氧化碳还原 CuO 充分体现了 PPT、flash 和视频技术在化学实验教学中的应用,具体教学过程中的多媒体辅助展示说明如下:

在具体的实验教学过程中,首先展示第一页 PPT(见下图),并说明本实验的教学目标和实验目的,重、难点等,然后提出问题1——该实验的实验现象是什么? 写出反应的化学方程式。问题提出之后,预留几分钟时间让学生观看实验视频,让其对所做实验心中有数,并整理实验现象及相关化学方程式。

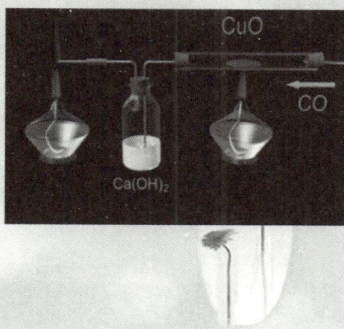

1. 实验现象如何？产生了什么物质？
2. 写出反应的化学方程式？

现象：黑色的氧化铜粉末变成亮红色，产生无色气体可使澄清石灰水变浑浊。

$$CuO + CO \xrightarrow{\triangle} Cu + CO_2$$

学生完成整理后，展示第二页 PPT（见下图），这张 PPT 通过在 PPT 中插入 flash 的方法展示一氧化碳还原 CuO 的微观过程，向学生说明一氧化碳夺取 CuO 中的氧原子的微观变化过程，具体的讲解过程，是以 flash 动画显示一氧化碳从 CuO 中夺取一个 O 原子，生成二氧化碳和 Cu 单质。

3. 从得失氧的角度分析氧化铜与一氧化碳发生了什么反应？一氧化碳具有什么性质？

一氧化碳的还原机理

$$CO + CuO = Cu + CO_2$$

随后提出问题 2，即实验需要什么反应仪器？让学生思考后，展示第三页 PPT，即反应装置图（见下图），同时讲解安装仪器的顺序（从左到右，从上到下）和仪器的名称、用途、药品加入方法，同时请同学进行动画模拟实验步骤（一氧化碳通入、撤离顺序，酒精灯的点燃、熄灭顺序等），学生如果操作错误就会有相应危险效果

出现,非常清晰直观。而且在 PPT 中插入 flash,通过反复进行模拟操作,让学生全面了解实验的流程时,在模拟操作过程中老师再次对实验步骤和注意事项进行重点强调,加深学生对知识的理解.学生通过这种色彩、图文、声音、图像等多种方法结合的教学模式,获得更加直接和真实的实验感受,加深对理论知识的理解和掌握。通过一系列的多媒体可视化教学,发展了学生"证据推理与模型认知"以及"科学探究与创新精神"的素养。

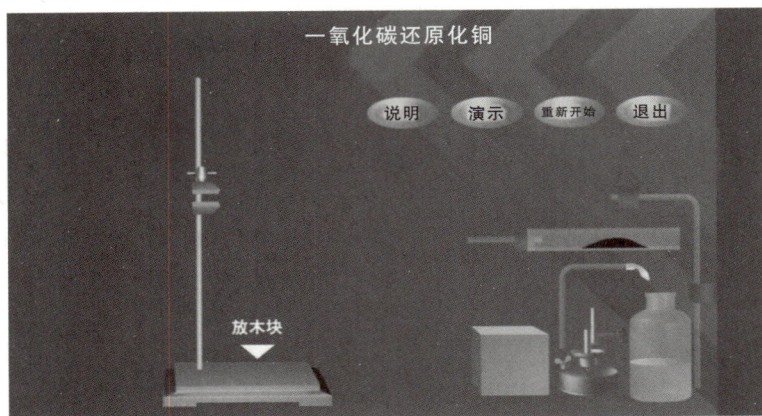

教师:同学们,我们利用放大镜看清楚了一氧化碳具有的性质,通过对比我们会发现一氧化碳和二氧化碳化学性质具有很大的不同,这是为什么呢?我们接着用显微镜来观察一下它们性质不同的原因到底是什么?

学生:观察 PPT 中一氧化碳分子与二氧化碳分子的构成不同,总结原因。

设计意图:通过展示分子结构,既能激发学生学习兴趣,又能更直观地知道一氧化碳和二氧化碳分子结构。通过对结构进行观察分析,渗透结构决定性质的化学思想,发展学生的"宏观辨识与微观探析"的素养。

教师:今天我们探究了许多一氧化碳的性质,但并不是一氧化碳的全部,对于一氧化碳还有许多未解之谜。下面我们就用望远镜来看一下一氧化碳的发展前景。

PPT 展示:一氧化碳的最新研究成果。

学生:观看 PPT。

设计意图:通过对一氧化碳最新研究成果的阅读,提出对于一氧化碳的认识,我们要进一步讨论、科学认真分析其利与弊,揭示更多的奥秘,让一氧化碳为人类造福的观点,培养学生辩证的看待事物的世界观的认识方法,提高学生作为未来公民的素质,发展学生"科学责任与社会意识"的素养。

(3)结案:归纳总结、巩固提高

教师:通过今天对于一氧化碳的整个立案过程的调查,你觉得对于一氧化碳这种物质,你的结案陈词是什么?

学生:梳理、归纳一氧化碳的性质与用途。

设计意图:通过结案环节的设计,引领学生再次对本案的元凶——一氧化碳的性质进行总结与归纳,既是对引入环节的首尾呼应,又是对所学内容的再复习、巩固及应用。同时发展了学生"科学意识与社会责任"的素养。

2.1.5 教学反思

2.1.5.1 多样化的教学方式促进学生的有效学习

1.教学环境媒体化,使学生"活学"

本节教学设计将不方便用真实实验演示的实验,通过 PPT、视频、flash 动画生动、逼真的向学生展现出来,在进行超出正常实验范围的不恰当操作时,能够产生爆炸等真实实验无法展现出来的不良后果,通过重复实验,有利于学生理解实验,注重实验安全与实验操作规范意识,通过让学生们创设实验方案,进行实验装置的连接,促进学生的探究能力与科学素养,在节约误堂实验时间的同时,提高学生的课堂积极性与参与感。

2.教学内容项目化,使学生"愿学"

本节课通过选取与学生生活实际相联系动漫人物——柯南,作为项目学习的主题内容,使学生有的可想,有的可分析,可以引发学生高水平的思维活动,而且项目主题与核心教学内容——一氧化碳性质密切联系,促使学生建立基于生活背景的化学知识的形成和化学核心素养的发展。最重要的是项目主题能够贯穿教学的始终,驱动学生不断思考,从而获取知识和方法,发展核心素养。

3.教学过程问题化,使学生"乐学"

本节课始终注意通过问题驱动学生层层深入分析问题、解决问题,问题的设计注意联系学生已有的生活经验,学生知道一些,但是凭已有的知识又不能完全解决问题,在"新旧知识的结合点"上产生的问题,能激发学生的认知冲突,具有启发性,驱使学生有目的的积极探索。在教学中教师通过提问的方式,引导学生积极主动思考问题,突出教师主导、学生主体地位,通过与之前相关知识点联系起来,进行比较,加深知识点之间的融合,将一氧化碳与现实生活紧密联系起来,树立学生珍惜资源、爱护环境、合理使用化学物质的可持续发展观念。

2.1.5.2 深度化的教学促进学生核心素养的发展

1.深度化教学有利于促进学生的思维发展,发展学生核心素养

在深度化教学中,教师结合学生的认知特征、生理特点、学科知识和先前知识基础等因素,充分利用图像、声音、动画、视频等信息化手段表征知识,将零散的文本知识进行筛选、排列和再生,重新更迭为能够激活学生的大脑,促进学生的思维具有"丰富、有趣、灵动"意义的"信息组",以便于学生能够利用图像、声音等超文本数据中解释信息、创建模型、表征知识、解决问题。在学生与可视化教学内容的持续互动中,学生的学科思维、学习策略和积极的学习心向都得到积极的发展,发展了核心素养。

2.深度化教学有利于促进学生学习方式的转变,进入深度学习状态

深度化教学有效地避免了传统课堂教学方式的弊端,通过声、光、电等技术手段,帮助学生"亲身"经历知识的发现与建构过程,掌握学科的核心知识,理解学习过程,把握学科的本质及思想方法,形成积极的内在学习动机、积极的态度、正确的价值观,进入一种深度学习的状态。

3.深度化教学有利于促进学生对核心知识的理解,认识学习的本质

深度化教学依据教学目标和教学内容,从学生经验或自然、社会生活中选取典型的场景、事物,利用多媒体技术,辅以教师的语言描绘,为学生展现一个模拟真实或者就是真实的"开放、多元、动态的精彩世界",让学生进入学习的惯性状态,形成强烈的求知欲望和浓厚的探究氛围,并能利用情境提供的条件开展学习活动,最后能形象生动地呈现出学习成果,使学生体验到学习成功的愉悦,这正是

学习的本质。

2.2 "溶液的形成"微项目式教学——低血糖晕倒后引起的简单表皮挫伤处治(付金泉)

在日常体育锻炼中,运动损伤时常出现,其中以表皮的挫伤最为常见。由于低血糖引起晕倒后,造成的表皮挫伤如何进行简单的处治,其中包含了化学、生物等学科知识的综合应用。在解决这个问题的过程中涉及多个与溶液形成有关的知识点,拆分、重组成多任务组成的微项目中,完成本节课的学习。

2.2.1 教材分析

"溶液的形成"是义务教育《化学课程标准》中身边的化学物质(一级主题)水与常见的溶液(二级主题)中的内容。本课题是关于溶液的一些初步知识。学生经过一段时间的化学学习后,对于常见的化学观念有了初步的了解,具备一定的实验操作能力,对于一些科学研究的方法有一定的了解,对于自主探究和合作学习的方式也有一定的体验。同时,学生对于过酸溶液并不陌生,他们不仅在学校日常生活中经常都会接触使用过酸溶液,在前期的溶液实验中也多次遇到使用过酸的溶液(例如,过氧化氢氢钠溶液、硫酸铜氢钠溶液、稀盐酸、稀硫酸等),而且知道很多化学反应是在溶液中进行的。然而对于溶液,学生只停留于感性认知阶段,对于溶液本质特征的了解,溶液在化学科学研究、工农业生产和日常生活中的作用和价值的了解还远远不够。通过本课节的学习,学生要了解溶液的组成,认识溶液的本质特征。

本节课涉及两个微项目:低血糖的快速处治和简单表皮挫伤的处治。其中主要包含溶液的概念、影响溶解性的主要因素、溶解过程中液体热量的不断变化等许多相关化学知识。在微项目学习过程中,学生需要对于补充糖分溶液的配制、伤口抗菌处治等进行实践操作。学习活动过程中,学生在探究选择快速有效补充动物糖分的化学方法和医疗用品、伤口进行抗菌处治等技术过程中,运用定量比较、分析等多种科学探究方法,提高了在探究解决与现代化学研究相关真实化学问题中独立判断能力和自主创新能力,达到学生科学知识思维的双向发展;同时,在体验学习活动过程中,多项科学任务、多个微化学项目的结合完成,进一步充分提升

了学生科学知识探究与理论实践结合能力;最后,整个体验学习活动过程更集中学生能够通过亲身体验参与者并利用现代化学相关知识探究解决真实化学问题,进一步充分激发了广大学生自主探究的积极性和其对化学知识学习的一种浓厚兴趣。由此,本节从化学观念、科学思维、科学实践探究与理论实践和社会科学态度与社会责任四个不同方面对其进行有效的有机结合,形成相互紧密联系的有机化学整体,发展了化学课程核心素养。

本课题,除了相应的化学知识,还涉及生物学科、医疗常识等内容。学生在前期生物学科学习中了解到人体内营养物质的吸收与代谢,知道快速补充葡萄糖的方法,为了解溶液在生活生产中的应用形成了前期的知识铺垫,促进教学的顺利实施;在处治表皮挫伤中,学生通过创口消毒剂的对比,判断出碘伏优于常见的酒精消毒剂、红药水、紫药水等消毒用品。由此,让学生体会到应用化学知识可以提高生活质量,进而感受到化学学习的价值。

2.2.2 教育理念

2.2.2.1 项目式学习

项目化学习起源自杜威的"做中学"和克伯屈的设计教学法。其核心包括两个方面:一是用来组织和推进活动的真实问题;二是最终形成的问题解决方案或产品。

在"立德树人"的根本目标的指引下,在发展核心素养的视域下,做事与做人的教育备受关注。关键能力需要通过学会"做事"的项目来实现,必备品格和价值观念要通过"做人"的项目来培养。通过合作解决真实情境中的复杂问题,培育学生的合作交流能力、动手操作能力和批判性思维,以实现在做事中达到育人的目的。

2.2.2.2 微项目化学习

微项目化学习不同于学科项目化学习、跨学科项目化学习,主要是在课堂教学中进行的。一般在课堂中为学生提供10~15分钟时长的探索性项目任务,通常包含驱动性问题、探究性实践、成果的表达这几个要素。在有限的课堂教学时间内很难完整的进行项目式学习的完整过程。但微项目化学习的核心价值取向和设计思路是与学科、跨学科项目化学习是一致的。

2.2.3 教学目标

（1）通过氯化钠、蔗糖的溶解，以及溶解过程中微观动画的观察，初步认识溶解现象。知道溶液由溶质、溶剂组成（化学观念）；

（2）通过高锰酸钾、碘的溶解对比实验，了解影响物质溶解性的因素（科学思维）；

（3）在分析伤口冷敷的过程中，了解物质在溶解过程中通常伴随着热量的变化；尝试合作完成氯化钠、硝酸铵、氢氧化钠溶解过程中热量变化的对比实验设计（科学探究与实践）；

（4）在快速补充糖分方案的选择中，了解溶液在生活、生产和科学研究中的广泛用途（科学态度与责任）。

2.2.4 教学过程

情境导入：体育中考备考火热的进行，同学们都在积极的投入到各项考试项目的训练中。九年级 7 班的王弘同学在慢跑的时候突然晕倒，其他同学快速围拢过来，检查她受伤情况。经过老师的不断呼唤，王弘慢慢转醒，经了解发现她是因为长期不吃早餐造成血糖过低而晕倒，晕倒后面部、胳膊、膝盖不同程度地出现了表皮挫伤。我们要如何帮助王弘快速补充血糖，恢复体力。同时，针对多处的挫伤，我们要如何处理呢？

【学生活动】学生进行思考、讨论，逐步归纳，形成各自观点。

〖学生观点 1：通知家长〗普遍认为，在校期间出现问题，应该交由家长处理。通知家长后，由家长决定后续的治疗方案。

〖学生观点 2：及时就医〗经过小组内讨论，认为将王弘及时送到医院，交给医生处治，更加安全、专业。

〖学生观点 3：自我救治〗根据已经学习的知识并结合生活常识，尝试自己进行处理。

【教师点评】首先，大家的不同观点都是没有问题的；各种观点的出发点都是为了让王弘尽快恢复，并接受治疗。其实，我们可以静心分析一下当下的状况，判断出我们能解决的是恢复体力和处治伤口的两个问题。因此，建议通过分析和判断，先尝试自我救治。

【设计意图】以学生身边,真实、常见的事件为切入口,学生不会感到陌生,更加容易进入到设定的场景中,更加真实地参与到学习过程中,进一步提高了学生参与解决问题的体验感和解决问题的成就感,有利于激发学习化学的浓厚兴趣和认识学习化学的实际价值。

微项目一:快速补充糖分,恢复体力

项目任务 1.了解糖分在人体内的吸收与代谢。

【学生活动】根据教师提供的资料,阅读、查阅关于人体内糖代谢的过程以及补充糖分的方式。

〖学生观点:液体补糖〗根据糖在人体中吸收的情况,选择葡萄糖,相较蔗糖、麦芽糖、淀粉更易于人体吸收;并且,葡萄糖水又较葡萄糖粉末更容易吸收。因此,鉴于王弘的情况,想要快速补充糖分,则选择葡萄糖水。

【教师支持】提供人体内糖代谢的资料,提供果糖、葡萄糖(固体)等实物。

【设计意图】学生通过阅读资料,结合要解决的实际问题,分析、判断出解决问题的可行方法,提高学生分析问题解决问题的能力,在科学思维层面体现化学课程核心素养。

项目任务 2.认识溶解现象,形成溶液概念。

驱动问题 1:葡萄糖水中,葡萄糖与水混合后,葡萄糖'消失'在了水里,葡萄糖真的'没有'了吗?

【学生活动】阅读教材,观看葡萄糖溶解的微观动画,回忆食盐的溶解过程。

〖学生观点 1:认识溶解〗通过阅读教材和观看动画演示,发现物质在溶于水的过程中分子(或离子)不断运动后,均匀的分散到水分子之间,形成稳定的状态,外界条件没有改变的时候,溶解的物质不析出。

〖学生观点 2:溶液概念〗物质溶解后,均匀分散到水中,形成均一、稳定的混合物,称之为溶液。被溶解、能溶解其他物质的称为溶质、溶剂。

〖学生观点 3:溶解因素〗糖、食盐能溶于水,是否能溶于其他物质里?还有什么物质也能做溶剂?

驱动问题 2:什么因素影响了物质的溶解性?

【学生活动】阅读教材第 27 页,实验 9-2,明确实验操作要求,合作完成观察、记录、分析过程。

　　〖学生观点1：溶质种类的影响〗碘、高锰酸钾在水中溶解情况不同，对比实验说明：同一溶剂不同溶质，溶解情况不同。据此可知，溶质种类影响溶解性；

　　〖学生观点2：溶剂种类的影响〗碘在水、汽油中溶解情况不同，对比实验说明：同一溶质不同溶剂，溶解情况不同。据此可知，溶剂种类影响溶解性。

　　【教师支持】教师提供完成实验9-2所需仪器和药品，指导学生正确进行实验操作。

　　【设计意图】由快速补充糖分使用葡萄糖水，将溶解、溶液的内容生活化，学生易于接受与理解。学生通过阅读、查阅资料、观看微观动画原理、完成对比实验等方式从多角度认识物质的溶解以及溶液的组成，从而顺利归纳出溶液的概念。对比实验的完成拓展了只有水才能作溶剂的认识，酒精等其他物质同样可以当作溶剂，进一步拓宽了溶液的界定范围。

　　通过将微项目分解成不同的项目任务，再细分成若干个驱动问题，在教师提供的资料、实验器具与药品等的帮助下，学生顺利完成溶液概念的形成。将原本枯燥的概念学习转化成解决生活中问题，在解决问题中理解概念并应用，同时也极大地激发了学生的学习兴趣。

　　补充葡萄糖溶液并短暂休息后，王弘逐渐恢复了一些体力，可以简单的活动一下。接下来针对她多处挫伤，我们要马上进行处治。

　　微项目二：表皮挫伤的处治

　　项目任务1.挫伤创口的清洗与消毒。

　　【学生活动】①观看表皮挫伤处治流程视频，了解常见伤口清洗、消毒使用的药品、操作规范以及药品应用范围和注意事项。②分组讨论就王弘的挫伤情况选取合适的清洗药品和消毒药品，并进行展示交流。③利用关节模型，模拟伤口的清洗与消毒操作。

　　〖学生观点1：伤口清洗〗王弘摔倒在塑胶跑道，地面较为干净。因此伤口用生理盐水清洗即可。

　　〖学生观点2：伤口清洗〗王弘摔倒后，体表皮肤与地面有摩擦，必然有泥沙附着于伤口，伤口比较脏，要选择高锰酸钾溶液对伤口进行清洗。

　　〖学生观点3：伤口清洗〗几种清洗药品都能达到清洗的目的，因此都可以使用。

　　〖学生观点 4：伤口消毒〗清洗过的伤口，使用哪种消毒药品都可以，都能达到消毒防感染的效果。

　　〖学生观点 5：伤口消毒〗清洗过的伤口，避免刺激皮肤选择应该选择碘伏；

　　〖学生观点 6：伤口消毒〗选择酒精进行消毒，酒精最为常见；

　　〖学生观点 7：伤口消毒〗为了更好的实现消毒效果，可以将多种消毒液同时使用；

　　【教师点评、引导】我们对伤口的清洗与消毒是伤口处治必须的两个步骤。清洗中结合挫伤的伤口情况，高锰酸钾、双氧水等的使用情况与王弘的情况不符，因此不作考虑；生理盐水虽无抑菌作用，但对皮肤没有刺激作用，因此可以考虑用来清洗。

　　在消毒药品的选择中，我们还是要考虑到伤口部位所在的位置，伤口是否有表皮的破损等因素。因此，我们对于面部和胳膊、膝盖的处治应该选择不同的消毒用品。

　　在进行清洗、消毒的操作的时候，棉签擦涂伤口的方式也是要注意的。例如，挫伤的伤口中部较周围要干净一些，因此在清洗、消毒的过程中，可采取由中心到边缘的擦涂方式，避免泥土等污物污染伤口。

　　驱动问题 1.思考一下，我们使用的清洗、消毒用品中哪些属于溶液？在这些溶液中溶质、溶剂分别是哪种物质，溶质都是什么状态？

　　【学生活动】学生对高锰酸钾溶液、医用酒精、碘酒、碘伏、双氧水、生理盐水等用品进行判断，并区分出溶质、溶剂，并归纳溶质物质的状态

　　〖学生观点 1：溶质〗上述溶液中，溶质可以是固体的，如氯化钠、高锰酸钾、碘等；也可以是液态的，如乙醇。

　　〖学生观点 2：溶剂〗上述溶液中，溶剂不仅仅是水，酒精也可以作为溶剂，例如碘酒就是单质碘溶于酒精中形成的溶液。

　　【教师总结、点评】我们分析、归纳、总结后发现溶液不仅仅是溶解于水形成的，还可以溶解于酒精、汽油等溶剂中。同时，溶质可以是固态的、液态的，甚至气态的。例如，第二单元学习中氧气的溶解性为不易溶于水，说明氧气可以溶在水中，只是溶解的量很少。另外，我们在学习二氧化碳的实验室制取的时候，使用的试剂——盐酸，就是氯化氢气体溶于水形成的溶液。

【设计意图】由实际问题引发思考、判断，认识溶液由溶质、溶剂组成，而溶质、溶剂的状态不局限于固体或液体。学生通过解决实际问题，完成对溶液中溶质状态的了解。同时，通过已学知识的回顾、分析、提升，加深对溶液的认识。

驱动问题 2.我们刚刚判断的都是物质溶解于水、酒精等溶剂中形成的溶液，那些不能溶于水的物质与水混合后，形成的混合物又该如何分类呢？它们在实际生活中有哪些重要的应用和价值呢？

【学生活动】阅读教材，了解有关乳浊液、悬浊液的概念、应用。

驱动问题 3.生活中经常遇到沾有油污的餐具，如何洗去呢？

【学生活动】结合生活经验，交流、讨论除去餐具油污可行的方法，并根据结论进行餐具油污洗去的操作。

［学生观点 1：乳化］用还有洗洁精的水，洗去油污。能够看到油污迅速与水混合，油滴快速变小与水混合后较长时间不分层。经过乳化，油与水形成的乳浊液的稳定性得到增强，通过冲洗可以实现将油污洗去。

［学生观点 2：纯碱］家中老人在清洗餐具上油污时，时常使用纯碱。洗过的餐具光洁如新。

【教师总结】我们常用含有洗涤剂成分的洗洁精清洗油污，其实是利用了洗涤剂的乳化作用。纯碱等碱性物质在水中与油污发生反应，从而将油脂除去。我们会在后续的学习中学到。其实，对于油污我们还可以选择使用酒精、汽油等溶剂溶解油污，例如在进行机械维修后，清洗手上较多油污时通常选择溶解的方法进行初步的清理，然后才是用洗涤剂进行清洗。但酒精汽油是不适合清洗餐具的。

【设计意图】以生活经验为出发点，将生活中的化学知识作为课堂教学的微情景，有利于增强学生的参与和感受，有利于激发学生学习化学的兴趣，利用化学知识解决生活实际问题能力的发展，可有效的发展学生科学实践的精神。

项目任务 2.挫伤伤口的冷敷消肿。

驱动问题 4：伤口表面的清洗、消毒可以保证伤口不再感染。挫伤后伤口附近的毛细血管出血，伤口及附近组织肿痛，我们如何帮助王弘缓解肿痛问题呢？

【学生活动】利用手机、平板电脑等设备收集造成肿痛的原因和解决方案。

［学生观点 1：冷敷］用毛巾包着冰块或者是冰袋敷在挫伤处，可以消肿止疼。

［学生观点 2：服药］可以外用一些消肿止疼的药膏和气雾剂，或者可以口

服一些消肿止疼药物,缓解疼痛。

【教师总结、引导】我们通过查阅资料知道了消肿止痛的方法,针对王弘的挫伤情况和所处学校的环境,我们首先选择冷敷进行消肿止痛,然后根据王弘的实际情况再进行外服药物或口服消肿止痛的药物。

在进行冷敷时,我们要注意使用冰块时避免长时间接触,以免造成冻伤。选择冰袋时,一定要注意使用说明,避免对伤口造成二次伤害。

驱动问题5:冰袋的制冷原理是什么?

【学生活动】利用手机、平板电脑等设备搜集冰袋的分类、成份、制冷原理及使用注意事项。

〖学生观点1:分类〗冰袋可以分成一次性使用和重复使用两大类。其中,一次性冰袋多用于易腐物品、生物质剂等降温、冷藏。而重复使用的冰袋可以广泛应用于冷藏食物、疫苗等,还可以用于医疗退热等。

〖学生观点2:原理〗部分冰袋利用了化学反应吸热,以达到快速降温的目的;部分冰袋采取物理方式,冷藏(或冷冻)后通过热传递达到降低温度的目的。

驱动问题6:大家对于冰袋的分类、成分、原理等信息整理归纳得十分到位,接下来我们通过"摇摇冰"来了解一下物质在溶解时温度的改变,并且合作设计实验验证溶解时溶液温度的变化。

【学生活动】小组合作,观察"摇摇冰"的成份,使用的注意事项等。分析其制冷的原理。小组讨论完成验证实验的设计。

〖学生观点1:方案〗

步骤1:在三只100毫升的烧杯中,各取50毫升的蒸馏水,使用温度计测量水温并记录;

步骤2:向烧杯中分别加入等质量(不超过18克)的氢氧化钠、氯化钠、硝酸铵三种固体,并用玻璃棒不断的搅拌,至固体完全溶解;

步骤3:用温度计再次测量三只烧杯中溶液的温度并记录。

步骤4:对比三只烧杯中溶解前后温度的变化并总结。

〖学生观点2:方案〗

在一只100毫升的烧杯中,加入50毫升的蒸馏水,用手感受其温度;首先加入10克氯化钠固体,用玻璃棒搅拌至完全溶解,用手感受烧杯的温度变化;再向其中加入 10 克硝酸铵固体,用玻璃棒搅拌至其完全溶解,用手感受其温度变化;最后向烧杯中加入 10 克氢氧化钠固体,用玻璃棒搅拌至其完全溶解,用手感受其温度变化。通过手感受温度的变化,初步判断溶解时吸放热现象。

【教师点评】第一种方案思路清晰,科学严谨;第二种方案构思巧妙,操作简便。然而,第二种方案中忽视了氢氧化钠与硝酸铵在溶液中可以发生反应的事实,因此,第二方案是不严谨的。如果三种物质之间不发生反应,则第二种方案是十分便捷的。

【学生活动】根据第一种方案完成相应的实验操作、观察并记录。

【设计意图】由伤口冷敷引入,通过实际问题的解决认识物质溶解中的吸放热现象。通过分析问题中的化学知识,感受化学学习的实际价值。该知识点的学习,以解决实际问题为引,激发学生解决问题的潜在动机,培养学生科学严谨的科学态度,内化初中化学学科核心素养。

【课堂小结】我们在帮助王弘的过程中学习到了溶液的概念及组成、溶解吸放热现象以及乳化作用等许多化学知识,同时,我们还了解到处治挫伤等伤口的一般操作流程、药品的选择依据以及伤口清洗消毒的具体操作和注意事项。通过化学学习我们可以正确处理身边常见的问题,提高我们解决问题的能力。

2.2.5 教学反思

本节课以《低血糖晕倒后引起的简单表皮挫伤处治》的微项目进行展开,以驱动问题为引导,通过完成若干项目任务以完成此微项目。采用基于真实情境的微项目学习是前期对大量文献资料进行搜集、整理,对比近些年有关项目学习的研究成果。当前,国内外对于项目式学习的研究情况,基于项目的学习理论及其应用开始于美国。美国新型学校一直在课堂中实行项目式学习的教学模式,希望以项目体验式学习,培养学生深度学习的技能以及批判性思维的技巧。例如,成立于 2014 年的 Khan Lab School,学生通过测评,按照自学能力等级分层后,被安排教学项目式课程学习, 让不同学生年龄和特点拥有不同知识自学能力不同等级的在校学生积极参与投入到教学项目的规划设计和设施实践中, 以有效培养他们的自学创造力和实现个性化的发展。而由一家 facebook 公司投资组建成立于 2003 年的学校通过建立个性化课程学习反馈平台的课程管理工具, 由授课老师对在校学生每个学业学习内容和每个项目的学习完成实际情况,实时提出学习反馈。这些基于项目式课程

学习的教育实践活动方式虽各自都有不同侧重，但是在本质上都只是希望通过与解决现实问题紧密结合的一种项目学习形式，最大限度调动广大学生参与学习的主动积极性。目前，项目式课题学习在国外被认为是一直备受各界关注的一种创新教学方式，是高校开展教学研究性课题学习的主要一种学习活动模式。其研究重点关注的是项目自动学习本身及其实际应用，以及研究项目自动学习过程中的应用信息处理技术及其应用。

项目学习在 20 世纪 90 年代末引入我国，最早出现还在高等职业教育这个领域。我国基础教育中，多元智能下项目学习的综合实践，最具代表性的有夏惠贤与上海世界外国语小学合作的长期专题作业，和杨洁与上海东方小学合作的跨学科项目学习。在具体学科中，项目学习也有一些应用的典型例子，盛建国在《依托"项目学习"的初中物理教学实践研究》中提出，在物理教学中以项目为核心驱动学生对真实问题的理解，并将典型的项目学习案例分成三类；江西师范大学杨荣米在《中学化学教学中基于项目的学习模式的理论探索与实践研究》中，重点分析设计并详细评析了"铅中毒预防意识调查"和"摄影初步—黑白相片制作"两个典型项目学习案例。2009 年以后，项目理论学习在我国的科学研究领域进入了基础理论与国际实践结合并存的发展阶段。有关论文的相关研究在中国知网上分别以关键词"项目学习""基于项目式学习""项目学习模式""项目学习法""PBL"等检索，结果如图：

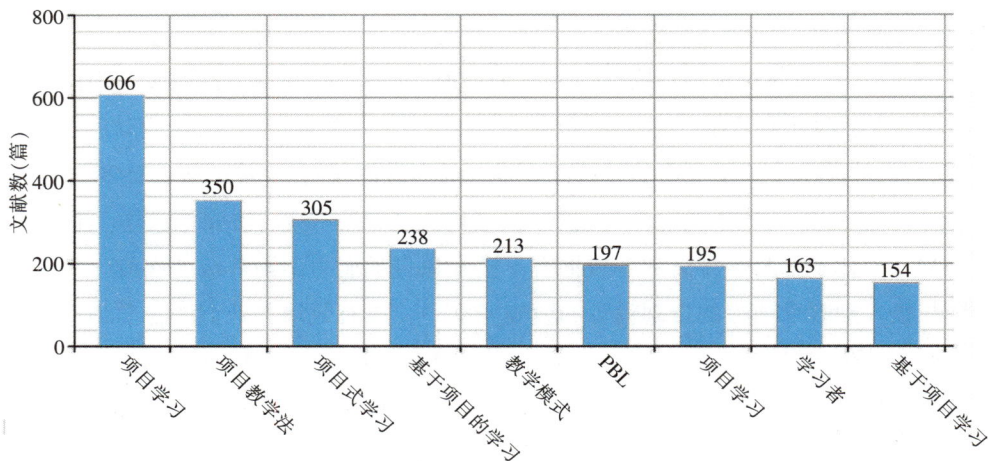

中国知网收录的国内从 2009 年至 2019 年 10 年间关于项目学习的论文共 4031 篇。从论文发表的年限看,如下表。

以"项目学习"为主题的论文在近 10 年中发表情况统计

年份	2009	2010	2011	2012	2013	2014	2015	2016	2017	2018	2019
篇数	148	214	218	281	307	306	350	385	507	638	672

从总数上看,每年论文的的数目逐年递增,说明有关"项目学习"的研究越来越受到关注。

国内对于项目式学习的研究起步较晚,理论研究体系尚未形成,研究多集中于理论研究,课堂实践应用较少。对"项目学习""微项目学习"有关的论文检索、汇总如下:

近 5 年有关"项目学习""微项目学习"论文发表对比

年份 篇数 关键词	2016	2017	2018	2019	2020
项目学习	160	207	209	378	350
微项目学习	4	7	5	6	13

由上表可看出,我国近 5 年对于项目式学习的研究正在呈现出逐年递增的态势,且增加幅度显著。而在同一时期,关于微项目的研究却少之又少。通过知网查询,在有限的关于"微项目学习"的研究,又多集中于小学 STEAM 教育、职业教育、高中阶段教育等,聚焦义务教育阶段的"微项目学习"更是凤毛麟角。

鉴于此,根据项目式学习的特点和教学实际的需要,逐步形成了"微项目学习"。微项目学习是围绕核心概念开展,通过真实情景将核心知识情境化、问题化,通过将微项目分解成相应的任务、若干的驱动性问题以完成学习。实施流程如下图。

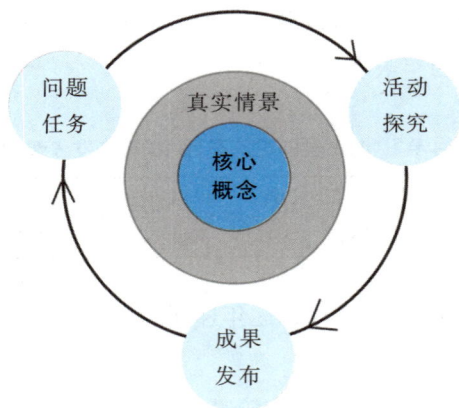

优势表现为：①可行性高。微项目学习的切入点是基于维果斯基的"最近发展区"理论，通过对学生已有能力和要学习的核心概念的分析，确定学习策略、制订学习计划。微项目学习着眼于单位课时内的小问题展开，体量小适于在课堂教学中实施。②操作性强。微项目学习实施中，将微项目学习的内容分解为若干任务，再将任务分解成若干驱动性的问题。以问题为引导，支持学生完成学习。教学过程中，通过驱动性问题的设计、关联初步完成的一个微任务，汇聚后即为微项目。③占用时间少。与项目学习相比较，动辄需要几天，甚至几周的时间才能完成完整的一个项目的学习，而微项目学习往往只用 15~20 分钟，完成针对性较强、学生感兴趣的内容。

基于真实情境的微项目学习的设计，是通过对课标、教材的分析，和学生学习起点的确定，将学习内容重新整合为若干个微项目，学生通过小组协作的方式完成微项目的任务，在应用知识的过程中完成对知识的理解，从而达成学习目标。基于"微项目学习"的教学设计流程如下：

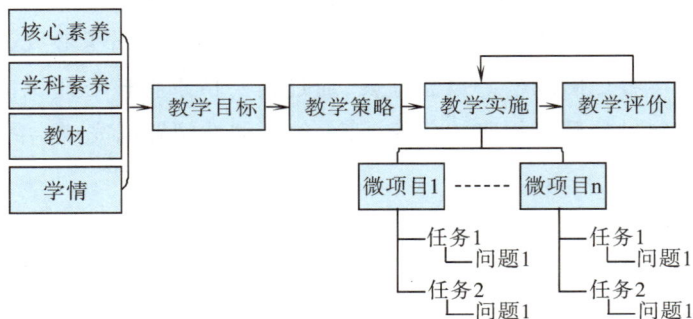

根据以上的分析和设想完成设计。

这节新课在方案设计之初本着以考察学生个体发展特点为主的教学思想,力求充分挖掘学生身边的事件并成为本次新课的教学素材,由此从学生身边真实存在的一个事件出发引入一节新课,进行具体教学方案设计并同时实施互动教学。整节课活动力求以全体学生自己为学习主体,充分调动全体学生的学习积极性、主动性。根据科学教材内容,设置一定的真实的科学生活实践问题解答情景,激发学生浓厚的科学求知欲,调动学生自主探究的学习主动性和学习积极性。体现"让学生在熟悉的生活情景中感受化学"的教学理念,通过化学联系社会生活中常见化学现象,让学生深刻感受到生活化学就在身边,体会掌握化学基础知识在我们解决家庭生活、社会实际中的化学问题过程中的重要指导作用,从而充分激发学生的积极求知欲和培养学习上的兴趣。教学以"问题—实验探究—结论—应用"为主体结构,引领全体学生在实际探究问题中的情景中积极展开参与实验活动探究,教学中以实验小组合作、自主探究、合作参与探究为实验活动开展主线,让全体学生在参与实验活动探究开展活动中,通过观察、讨论、交流,体会实验知识的不断产生与形成的全过程,学生在实验活动开展过程中的内心自主参与探究意识、合作探究精神、实验实践操作、探究实践能力都在此得到了最大的发挥。对科学知识点的理解和提高认识实际水平、分析实际问题和研究解决实际问题的综合能力,在科学探究中已经得到了很大提高。这样的课程设计不但使学科知识与专业技能培养目标得到了有效落实,而且学习过程与思维方法、情感生活态度与人生价值观也因此得以较好的综合体现。

在课堂教学研究过程中,适当地使用多种现代信息教育技术进行辅导课堂教学,运用现代多媒体技术通过色彩动画形式,让学生形象、直观地感受化学物质快速溶解的具体微观教学过程,引导学生从传统微观教学角度深入理解物质溶解教学过程,帮助学生快速完成从传统宏观到具体微观、从具体感性到微观理性的教学过渡,从而有效突破课堂教学的重重难点。检测蔗糖被水溶解的科学实验,可以让在校学生进一步用肉眼观察蔗糖水溶液形成的溶化过程。由微观现象图来分析蔗糖溶液分子形成的微观过程原理。课堂中,学生通过多种方式、渠道获取信息,并对信息进行加工,从中分析出所需内容并进行表达与交流。这种改变被动接受为主动获取、探究、分析、判断的过程,有助于学生学习能力的

提升。

　　本节课内容较多,将原先 2 课时的内容合在一起,故事情节连贯完整,且符合逻辑,合情合理,能够引导学生不断突破新的知识点,虽然是学习新知识,却能够密切与生活相联系,理解起来也比较容易。教材中的很多内容都是在学生的探究活动中完成的,这样便可以鼓励学生参与,鼓励学生交流,培养学生观察、记录、分析实验现象的能力。

参考文献

[1]夏梦雪.项目化学习设计[M].北京:教育科学出版社,2018.

[2]王磊.项目学习实验教材化学[M].太原:山西教育出版社,2018.

[3]吴莉霞.活动理论框架下的基于项目学习(PBL)的研究与设计[D].武汉:华中师范大学,2006.

[4]金陵.翻转课堂与微课程教学法[M]. 北京:北京师范大学出版社,2015.

第10章

基于基本观念的教学设计

第1节 观念为本的教学

1.1 化学基本观念

化学基本观念是指学生通过化学学习,在深入理解化学学科特征的基础上所获得的对化学总观性的认识。具体表现为个体主动运用化学思想方法认识身边的事物和处理问题的自觉意识或思维习惯。

化学基本观念不是具体的化学知识,也不是知识的简单积累,是对具体知识的概括提升,具有超越事实的持久价值和迁移价值。化学基本观念是学生基于自己的认知基础,对化学科学的深刻理解,是学习者深入思考和内心体验的结果,它影响着人们分析和解决实际问题的价值取向和行为方式。化学基本观念是化学观念体系中最本质、最基础的,需要在不断的学习、思考和实践中而逐渐丰富、完善和发展。所以,观念为本的教学可以促进学生学习方式的转变,增进学生对知识的理解,促进知识向能力的转化。

毕华林教授认为,所谓观念,简单讲就是"客观事物在人脑里留下的概括性认识"。初中化学主要包括元素观、微粒观、变化观、实验观、分类观和化学价值观等。

1.2 观念为本的初中化学教学

1999 年起我国实行新一轮基础教育课程改革，将培养学生的化学基本观念纳入了课程改革的重要内容中。新颁布的初、高中化学课程标准均将化学观念的教学作为中学化学教育的重要组成部分。义务教育化学课程标准在前言提出："义务教育阶段的化学教育，要激发学生学习化学的好奇心，引导学生认识物质世界的变化规律，形成化学的基本观念。""基于化学核心观念"的教学是化学课程的基本要求，需要教师对化学基本观念的内涵进行解读。在理解化学基本观念的基础上进行教学设计并进行教学实践。

化学基本观念具有包摄范围广、概括性程度高的特征，并决定着学生对化学知识的深入理解和灵活应用，对提高学生科学的素养具有重要价值。在中学化学教学中倡导观念建构的教学，就是教师在教学中要把握本质，关注整体，不要过分注重细节；要超越具体事实，引领学生通过深刻思考，从本质上认识和理解所学知识，形成化学学科的思想、观点、方法。

如何进行基于化学观念的教学设计？中学化学教学必须超越对具体知识本身的追求，从传授事实、掌握知识转变为使用事实、发展观念，即要从"知识为本"的教学转向"观念建构"的教学。化学基本观念的形成既不可能是空中楼阁，也不可能通过大量记忆化学知识自发形成，它需要学生在积极主动的探究活动中，深刻理解和掌握有关的化学知识和核心概念，在对知识的理解、应用中不断概括、提炼而形成。一方面从形成基本观念所需要的素材来看，必须有合适的、能有效形成化学基本观念的核心概念以及形成这些核心概念的具体的化学知识；另一方面，从基本观念形成的过程来看，需要充分调动学生思维的积极性，使学生在积极主动的探究活动中，深刻理解有关的知识，并通过具体应用，不断提高头脑中知识的概括性水平。

第 2 节 教学设计案例

2.1 溶液的形成 第一课时(赵春华)

2.1.1 教材分析

本单元是《化学课程标准》中"身边的化学物质"这一级主题的重要组成部分,是学生定性和进一步定量认识和探究后续学习中的酸、碱、盐的基础。因此本单元的教学为后续更深层次地研究物质的结构、性质提供重要的知识储备。

在学生走进化学世界,从化学视角认识了身边一些常见物质的组成、性质及应用,初步了解物质构成的奥秘,形成基本的化学实验技能之后,这一课题深入、细致地探究了另一种"身边的化学物质"——溶液,与空气相似,是混合物,但又不同于空气,具有一定的性质。"溶液"是初中化学中一类重要的混合物,又是一个非常重要的概念。

本课题教学内容多,且在对"溶液"进行学习研究的各个方面体现了化学观念。在宏观表象和实验现象的特征上认识、区分溶液和浊液,体现了化学分类观;从物质形成的微观过程中认识溶液形成的本质,体现化学微粒观;了解溶液、溶质、溶剂概念的形成并理解其辩证关系,通过实验简单认识乳化现象,体现化学实验观;以激发学生学习兴趣为目的的教学过程,蕴含化学深刻的价值观。多维度、多角度、全面地学习概念,并渗透化学观念教学、培养化学学科思维,是本节课重点解决的问题。

2.1.2 教学理念

2.1.2.1 学情分析

(1)已有认知:学生在生活中经常接触并使用溶液,在实验中多次用到,因此能列举出常见溶液,也对反应在溶液中进行有初步的认知,这为进一步学习溶液的形成起到了有益铺垫。

(2)学习能力:已掌握基本实验技能,初步具备合作探究能力。

（3）学习期待：对溶液的认识只是停留在感官认识上，感性而不系统，且存在着很多的误区，如认为溶液都是液态的，只有水才能作溶剂等。期待进一步加深在学习中采用分类、归纳的研究方法，学会使用不同种溶液。

2.1.2.2 解决途径

为了解决在大容量教学内容中寻找知识间联系、形成化学基本观念的问题，以实验为基础，以问题为导向，以探究为方法，以信息技术为辅助，采用逐级创设生动的问题情景让学生在不断深入的实验探究的过程中进行科学研究的方法。实现提高学生实验能力、学习能力，帮助学生自主建构知识的目标。从而真正改变被动接受的学习方式、深化学生对知识的理解、促进知识向能力的转化。

2.1.3 教学目标

2.1.3.1 教学目标

教学目标的表达方式采用 KUD 模式（Know、Understand、Do），目的是更清晰地表述希望学生知道哪些事实层面的知识、理解哪些概念层面的内容、在技能和过程层面可以做到什么。

（1）学生将知道（K）：溶液是由溶质和溶剂组成的。

常见的乳化现象及用途。

溶液和浊液在生产、生活中的重要意义。

（2）学生将理解（U）：溶解现象。

溶液形成及具有均一性的微观原因。

生活中溶液的重要性、化学与生活紧密联系。

（3）学生将能做（D）：运用设计、观察和分析实验的方法对问题进行科学研究和实验验证。

形成独立思考、团结合作的科学探究态度及化学价值观。

2.1.3.2 教学重难点及解决措施

1.重点与难点

①教学重点：溶液概念的建立；溶液、溶质、溶剂的关系；乳化作用。

②教学难点：从微观角度理解溶液的形成及特征。

2.解决措施

采用情景教学、实验探究、启发式教学。引导学生以分组实验和探究学习的方式对教师创设的问题情境进行深入探讨、分析推理和比较归纳,建构溶液的概念体系,锻炼实验能力,培养探究意识,体验用化学的眼光看世界的方法。

2.1.4 教学过程

2.1.4.1 重要教学环节

环节一:创设情境、开启思考

创设情境:(请班级中一位同学帮助录制视频)主人公小明同学,周末完成作业后帮妈妈做饭,但不小心弄脏了围裙,围裙上的污渍和菜肴一样丰盛,这让小明同学犯了难。请同学们一起想办法帮小明同学洗围裙。通过一系列循序渐进的问题:在家洗衣服最常用的物质是什么?它们都起到什么作用呢?这里边的化学原理你能说清吗?引出本节课的核心问题"物质的溶解—溶液的形成"。

设计意图:"学习活动的情境是知识的生长点和检索线",源自真实生活的学习情境的创设,有助于学生明确学习主线,是学生研究的指挥棒,通过情境的创设促进知识的有效迁移。以学生熟悉的同学为主人公创设情境,不仅可以快速吸引学生的注意力,还能让他们感受到今天所学与每个人生活实际的紧密关系,从而激发他们的学习兴趣和探究欲望。

环节二:启发质疑、实验研究

活动探究:模拟围裙上的污渍,探究这些污渍是否都能用水洗去?请同学们一起来洗一洗。

设计意图:学生通过实验,直观的感受物质形成溶液的首要条件——物质的溶解。学生形成用对比分类的思维方式,就会自然而然地将其分为溶液和浊液,体会化学实验观和分类观。

抛出问题、引发思考、继续实验:溶液和浊液各自有什么样的特征?请利用教师提供的实验药品和仪器进行对比分析。

设计意图:为了更好地突出重点、突破难点,教师将教材进行了整合。在第二

环节,没有按教材顺序进行设计,而是根据情境发展的规律进行调整,通过启发质疑、设置问题、动手实验等手段来解决本课题的重难点。

借助实验和图片,结合大量的生活经验事实,对比突出溶液的均一性、稳定性的特点,引导学生大胆给溶液定义,修正概念,形成更科学准确的溶液概念,感受自主学习带来的成就感。这种通过相同性和不同性寻求物质规律的方法,不仅加深了学生对概念的理解,更有助于学生形成化学的学习思维。

学生小品:热情似火与冷淡如冰的溶液。

设计意图:帮助学生理解在溶液的形成过程中伴随吸放热的现象,结合在生活中的用途,体会化学价值观,并为第二课时的进一步探究做铺垫。

环节三:总结归纳、建立联系

提出问题、引发讨论:熟知的溶液都是由物质溶于水得到的,人们习惯于把水称之为溶剂,而被水溶解的则称之为溶质。那么到底什么是溶质?什么是溶剂呢?是不是只有水才可以做溶剂?

设计意图:围绕溶液这一核心概念,将核心问题拆分成一个又一个的相互关联的子问题提出,逐步把学生引导到正确答案上;针对子问题分层、分步设计实验,让学生初步认识物质溶解的概念;借助生活中常见的混合物海水、苏打水、牛奶、空气等实例,让学生深入认识溶液、溶质、溶剂之间的关系从而突破本节课的重点。该环节设计,不仅可以培养学生的合作探究意识,提高学生对信息加工、分析归纳的能力,还从化学角度重新认识了生活中最常见的一类物质"溶液"。

环节四:探究本质、微观解析

创设情境:研究并没有在概念建立后停止,继续追问物质溶于水,为什么消失了?假如有一个放大倍数足够的显微镜可以观察到构成物质的粒子,那么当把氯化钠投入到水中,微粒之间会发生什么样的变化呢?

讨论交流:学生结合前期学习中有关物质构成的内容进行猜想交流,观看氯化钠溶解的微观过程后,进行深入探讨、分析、总结。

追问:蔗糖的溶解过程又是怎样的呢?请同学们把它表演出来。

设计意图:以直观的形式模拟溶解微观过程,让学生更真切地感知物质溶解时构成物质的粒子均匀分散的过程,由此溶液在外观上有了均一性和稳定性的特点,又一次验证了结构决定性质这一规律。连贯宏观与微观,培养了学生宏观辨识与微观辨析的化学学科素养。

环节五:首尾呼应、解决问题

活动探究:焦点转回小明同学的脏围裙,继续引发思考,可以用水溶解的污渍用水来洗,而水不能洗去的油污该怎么办呢?学生大胆设想用汽油溶解、用洗洁精洗去,并用实验模拟两种去污方式进行对比。

请情景主人公小明同学总结本节课的学习,他掌握了哪些知识,并打算选择什么方法来洗围裙,结束这一环节。

设计意图:通过循序渐进的问题设置,继续深化溶液和浊液的区别,继而引出乳化作用的原理。体现了化学来源于生活,并用化学指导生活的科学理念。

环节六:总结、评价

反思:引导学生从 KUD 三个维度反思本节课的收获。鼓励学生课余时间,像小明同学那样多帮家长做家务,体验生活中的化学原理,用化学知识解释生活中常见的现象,将化学课堂延伸到生活。

评价:设计不定项选择题,利用答题器进行同步练习,完成学习效果测试。帮助学生复习重难点,巩固知识、培养能力。必要的测试也是教师获取学生学习进程的重要手段,是有效课堂中必不可少的一环。

作业:作业的设置分为知识测试和技能测试两部分。知识测试:分层布置练习,学生根据学习效果自主选择完成。技能测试:尽可能多地寻找生活中的溶液,介绍他们的形成和用途;本周内至少帮妈妈刷一次碗、洗一次围裙。将成果或产生的质疑拍成视频或图片与同学分享。目的是让学生将思考拓展到知识、理解和技能的更深层次。

2.1.4.2 板书设计

下图为本课题板书设计,采用图形模式,加深学生对教学重点的印象。

第九单元 课题1 溶液的形成

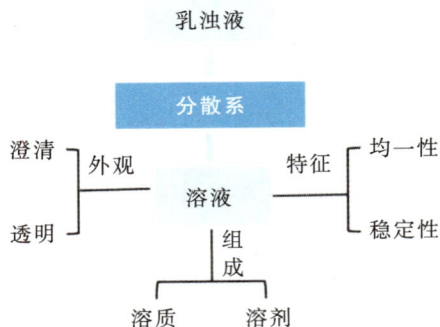

乳浊液

分散系

澄清 ─┐
       ├─ 外观 ── 溶液 ── 特征 ─┬─ 均一性
透明 ─┘   └─ 稳定性

组成

溶质　溶剂

2.1.5 教学设计反思

本节课是基于化学观念教学通过对核心问题的分层解构进行的教学设计,预期达成的观念教学如下:

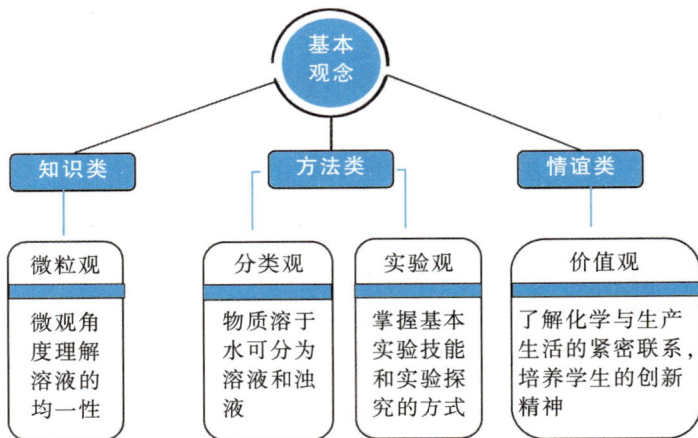

基本观念

知识类　　方法类　　情谊类

微粒观　　分类观　　实验观　　价值观

微观角度理解溶液的均一性

物质溶于水可分为溶液和浊液

掌握基本实验技能和实验探究的方式

了解化学与生产生活的紧密联系,培养学生的创新精神

各环节的设计以问题导向为主线,在活动中融入化学观念的教学为辅线,激发学习兴趣,培养创新能力和实践能力。在教学过程中,注重从已有的生活经验迁移到化学课堂,用事实教,而不是教事实。通过实验探究,使学生在不断地对比观察,在不断地质疑、对比分析的过程中形成概念、辨析概念,使学生对概念的内涵和外延有深层次的了解,将研究物质过程中的微观层面与宏观层面有机

地结合起来。

 适当的分组实验与小组合作学习为学生提供了自主开放的学习环境,激发学生创新性思维,而且强化了学生对学习的责任感、培养了学生合作学习的能力。而探究式学习可以解放思维,为学生留足学习空间的同时,还能通过创设悬念,激发学生探究欲望和进一步学习的兴趣。

参考文献

[1]中华人民共和国教育部.义务教育化学课程标准(2011 年版)[S].北京:人民教育出版社,2011.

[2]毕华林.对高中化学学科核心素养的认识和理解[J].化学教学,2021(1).

[3]杨玉琴,倪娟.深度学习:指向核心素养的教学变革[J].当代教育科学,2017(8).

[4]安富海.促进深度学习的策略研究[J].课程·教材·教法,2014(11).

[5]何玲,黎加厚.促进学生深度学习[J].现代教育,2005(5).

[6]皮普斯.深度教学[M].北京:中国青年出版社,2020.

[7]埃里克森,兰宁.以概念为本的课程与教学[M].上海:华东师范大学出版社,2018.

[8]毕华林,万延岚.化学基本观念:内涵分析与教学的建构[J].课程·教材·教法,2014(4).

2.2 复分解反应以及发生的条件（靳宇）

2.2.1 教材分析

2.2.1.1 内容分析

本节课主要的内容是进行复分解反应的教学,关于复分解反应的内容有三个教学层次,结合碳酸盐性质引出复分解反应的概念;二是通过实验补充生成沉淀反应实例强化复分解反应的概念,进而以讨论形式归纳得出复分解反应发生的条件;三是通过实验探究,让学生体会如何利用必要的信息(如溶解性表),应用复分解反应发生的条件解决实际问题。

复分解反应是继酸碱盐学习后安排的内容,在学习几种常见的酸碱盐时会复习到学过的基本反应类型,包括化合反应、分解反应和置换反应,而初中阶段要学习的还有复分解反应。复分解反应是学生学习的重要反应类型,复分解反应发生的条件是本节课题学习的难点。教师在设计学生活动时要步步推进。首先,让学生观察与酸的反应、碳酸钠与氢氧化钙反应的化学方程式的特点,总结复分解反应的类型;然后再现以往学过的化学反应类型,以巩固学生对复分解反应类型的理解;之后,让学生通过实验及讨论,认识复分解反应发生的条件,最后,给出两种物质,让学生判断能否发生复分解反应。通过步步推进的学习活动,让学生的认识逐渐深入。

复分解反应是继前面学过的多个反应类型又一种新的反应类型,是重要的四种基本化学反应类型之一,复分解反应发生的条件是本课学习的难点。复分解反应涉及的反应多,应用范围广,贯穿于酸、碱、盐学习的始终,在教材中占有很大的比例,同时也是酸、碱、盐相互反应的核心内容。本节课内容也是对酸、碱、盐之间相互反应知识的有效归纳,学生对其的有效掌握会帮助他们有效提高逻辑思维和推理判断能力。所以本节课内容在教材中的地位和作用是非常重要的。

2.2.1.2 学情分析

对于初中学生,分子、原子单元的学习会加大学习成绩的差距,比如分子是由原子构成的,化学变化中分子能够再分,原子是化学变化中最小粒子等,很多学生就是无法建立微观粒子的概念。以水分子的构成为例:水是由氢元素和氧元素组成;是由水分子构成;水分子是由氢原子和氧原子构成;每个水分子是由两个氢原子和一个氧原子构成。电解水时水分子分解成氢原子和氧原子,每两个氢原子结合成一个氢分子,每两个氧原子结合成一个氧分子,这些内容就成了部分学生的学习难点,更别提离子的概念,但随着知识的一点点积累,学生对离子是构成物质的一种微观粒子已有初步的认知,但是在酸碱盐的溶液中离子是如何反应的,还需要进一步的探究。初中学生对一切未知领域都充满了好奇,他们有比小学生心细胆大的优点,面对未知领域的探索加着小心,一小步一小步地探索,但也不排除他们的无知与无畏,知识方面的一定欠缺,致使探究过程有些莽撞。不过酸碱盐的离子反应的实验探究具有一定的安全性,只要发挥初中学生的大胆猜想、假设、实验、反思的优点就都能解决。

碱和盐的溶解性是学生难以记忆的,需要帮助学生自主归纳、自主理解,达到牢固记忆的目的。由于前期加强了对常见酸、碱、盐的微观认识的铺垫,已经有很多的碱和盐的溶解性,对于其他的物质,教学中要结合它们的组成特点,要求学生查阅附录四的"碱、酸、盐的溶解性表(20 ℃)",提示学生依次从"溶""不""微"的角度寻找某类物质的共性以及某些特殊性,慢慢让学生尝试归纳记忆方法,教师帮助修改,最终回归教师给出的记忆口诀,这个过程只要舍得花时间,不着急,学生记忆就比较牢固。例如,在介绍了盐类的常见分类方法以后,呈现以下问题和任务:①根据已经学习的知识,有哪些盐是不溶于水的?②说出常见的钾盐、钠盐、硝酸盐,它们的溶解性如何?③碳酸盐和磷酸盐中有哪些是溶于水的?④钙盐、钡盐、银盐中有哪些是不溶于水的? ⑤化学物质的种类繁多,对于物质的某些性质的记忆往往抓住某类物质的共性,或记住某类物质中的特例。请根据这个思路,尝试记忆"碱、酸、盐的溶解性表(20 ℃)"中的"溶""不""微",并与小组内同学交流记忆方法。

2.2.2 教学理念

2.2.2.1 深度学习的理论基础

党的十八大上提出了"立德树人"的教育任务,同时将培养学生核心素养作为落实立德树人教育根本任务的重要举措。教育工作者研究表明,深度学习是学生深入探究学科知识,发展核心素养的主要途径。因此,在组织初中化学教学的时候,教师要把握时代发展要求和趋势,应用多样的策略引导学生深度学习。

深度学习是一种相对于浅层学习的学习方式,因为浅层学习采用低水平的认知加工,是简单记忆或者机械记忆,所以深度学习的提出具有创造性,可以将简单的学习进行高水平加工,而且这种理解体现在学习者对学习内容的批判性与怀疑,这种经验注重对已有知识与经验的联结,学习者注重逻辑关系和结论的证据。深度学习的特点重点突出在批判意识,主要体现在以下三个方面:第一,强调学习内容的有机整合;第二,看重学习过程的建构反思;第三,加强学习的迁移作用和问题解决。

2.2.2.2 复分解反应以及反应条件的教学策略

对于初中学生,已经建构离子是构成物质的一种微观粒子,但是在酸碱盐的溶液中离子是如何反应的,还需要进一步的探究。本节课就是从微观的角度来深度学习复分解反应,以及反应发生的条件,即当溶液中存在的某些离子能互相结合而迅速降低浓度的话,那么反应就向减小离子浓度的方向进行。本部分知识的掌握有利于学生从更广的宏观角度把握酸、碱、盐之间的反应规律,有利于学生对复分解反应实质的理解,即复分解反应是电解质在溶液中发生的离子间的互换反应。

本节课之前已经学习了酸碱盐三类物质定义的由来,在学生已经有了溶液中存在的离子的概念,后又学习了两酸(盐酸、稀硫酸),两碱(氢氧化钠、氢氧化钙),四盐(氯化钠、碳酸钠、碳酸钙、碳酸氢钠)以及教师补充的硫酸铜的部分性质与用途,所以大部分学生已经能够书写多个化学方程式,但是对于这些物质反应的实质还是意识模糊的,根据学生的具体情况,要对复分解反应发生条件进行深度学习,教师采用以下教学模式:

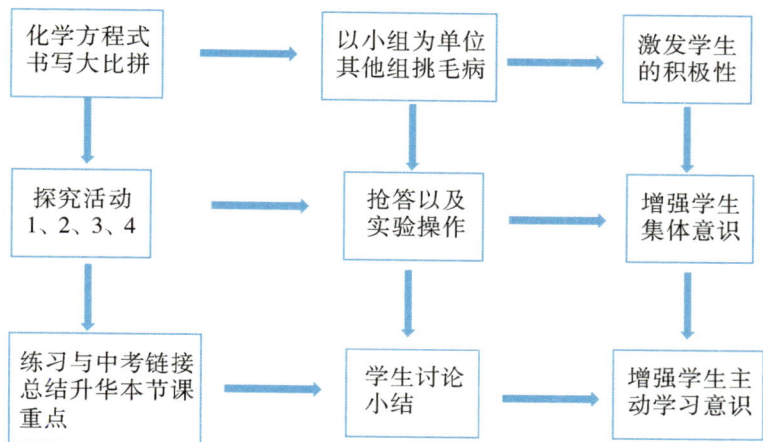

```
┌─────────────┐      ┌─────────────┐      ┌─────────────┐
│ 化学方程式    │ ───→ │ 以小组为单位  │ ───→ │ 激发学生     │
│ 书写大比拼    │      │ 其他组挑毛病  │      │ 的积极性     │
└─────────────┘      └─────────────┘      └─────────────┘
       │                     ↑                    │
       ↓                     │                    ↓
┌─────────────┐      ┌─────────────┐      ┌─────────────┐
│ 探究活动      │ ───→ │ 抢答以及     │ ───→ │ 增强学生     │
│ 1、2、3、4    │      │ 实验操作     │      │ 集体意识     │
└─────────────┘      └─────────────┘      └─────────────┘
       │                     ↑                    │
       ↓                     │                    ↓
┌─────────────┐      ┌─────────────┐      ┌─────────────┐
│ 练习与中考链接 │ ───→ │ 学生讨论     │ ───→ │ 增强学生主    │
│ 总结升华本节课 │      │ 小结        │      │ 动学习意识    │
│ 重点         │      │             │      │             │
└─────────────┘      └─────────────┘      └─────────────┘
```

2.2.3 教学目标

2.2.3.1 知识与技能

(1)理解并掌握复分解反应的概念和反应的条件；

(2)能利用复分解反应的条件判断复分解反应是否能够进行；

(3)能够正确的书写复分解反应的化学方程式；

(4)能从微观的角度,即离子之间的互换反应角度认识复分解反应的本质。

2.2.3.2 过程与方法

(1)通过对具体复分解反应的探究,归纳复分解反应的条件；

(2)以问题解决过程为线索,培养学生的探究能力；

(3)重视师生交流和生生互动,培养学生学习的自信心,增强学生自主学习能力。

2.2.3.3 情感态度与价值观

(1)让学生感受概念探究的过程,激发学习兴趣；

(2)让学生在讨论交流中增长知识,培养相互合作的精神。

2.2.4 教学过程

环节一：书写化学方程式大比拼

以小组为单位，看谁书写的化学方程式速度快，准确率高。

（1）盐酸与氢氧化钠溶液反应。

（2）稀硫酸与氧化铜反应。

（3）碳酸钠溶液与盐酸反应。

（4）氢氧化钙溶液与碳酸钠溶液反应。

（5）碳酸钠溶液与氯化钙溶液反应。

投影分别展示每一组学生代表书写的化学方程式，请不同组别的同学来挑毛病。

设计意图：通过比赛可以调动学生参与的积极性，挑毛病以强化学生书写的规范化。

视频展示：动画展示氢氧化钠和盐酸反应的微观过程。此视频既复习旧知识，又形象具体的展示物质解离的过程，为学生归纳复分解反应的定义提供了依据，对复分解反应的本质作了铺垫。同时，为复分解反应方程式的写法打下了基础。

环节二：探究活动

活动 1：

结合以上五个化学方程式，让学生归纳复分解反应的定义。

设计意图：锻炼学生的语言表述及总结归纳的能力。

活动 2：

教师出示化学方程式，学生按小组抢答，判断是否为复分解反应，并说明原因。

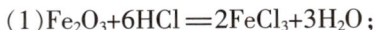

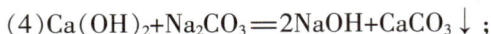

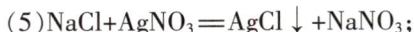

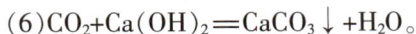

（1）$Fe_2O_3+6HCl=2FeCl_3+3H_2O$；

（2）$Cu(OH)_2+H_2SO_4=CuSO_4+2H_2O$；

（3）$Na_2CO_3+H_2SO_4=Na_2SO_4+H_2O+CO_2\uparrow$；

（4）$Ca(OH)_2+Na_2CO_3=2NaOH+CaCO_3\downarrow$；

（5）$NaCl+AgNO_3=AgCl\downarrow+NaNO_3$；

（6）$CO_2+Ca(OH)_2=CaCO_3\downarrow+H_2O$。

设计意图:通过抢答以增强学生学习的积极性,同时增强学生的集体荣誉感。

在这一活动中,学生应该大部分能够分析出哪些属于复分解反应,但不排除(3)和(6)学生会有疑问。

解释:从复分解反应的定义入手,必须是两种化合物互相交换成分后生成另外两种化合物。如果没有成分的交换,就不能满足复分解反应的条件,所以就不属于复分解反应。所以(6)没有成分的交换,不属于复分解反应。而(3)中虽然在方程式中生成物为三种,但水和二氧化碳是碳酸分解得来的,可以看成是一种物质,这样就满足复分解反应的定义了。

活动 3:

根据每一组桌面上给出的试剂,完成反应实验并总结反应的实验现象。

第一组:盐酸与氢氧化钠溶液;

第二组:稀硫酸与氧化铜;

第三组:碳酸钠溶液与盐酸;

第四组:氢氧化钙溶液与碳酸钠溶液;

第五组:碳酸钠溶液与氯化钙溶液;

第六组:氯化钠溶液与硝酸钾溶液。

设计意图:锻炼学生的动手能力、团结协作能力以及语言表述能力。

提出问题:通过第一组和第六组的实验现象汇报,讨论这两组实验的本质一样吗?

设计意图:通过讨论以引导出学生自主学习,总结本节课另一个重要知识点,即复分解反应发生的条件,生成物中有沉淀或气体或水生成。

教师边动画视频展示微观反应,边讲解:

复分解反应的实质,实际上是电解质在溶液中发生的离子间的互换反应。当溶液中存在的某些离子能互相结合而使其浓度迅速减小的话,那么反应就向减小离子浓度的方向进行。如果用离子方程式来表示发生的复分解反应,就更能反映实质。例如,酸和碱发生的中和反应,实质就是 H^+ 和 OH^- 结合生成了难电离的水,而使溶液中 H^+ 和 OH^- 的浓度迅速降低,反应便瞬时完成 $H^+ + OH^- = H_2O$。

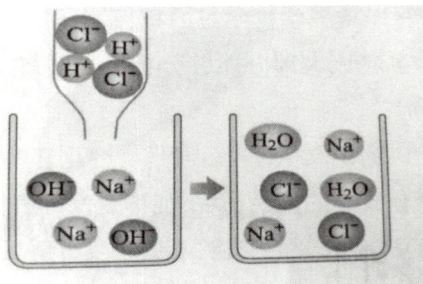

如果几种离子混合后，离子的浓度不发生变化，那么，反应也就没有发生。氯化钠溶液与硝酸钾溶液混合，就会如下图所示，离子的浓度不会减小，所以这两种物质就不会发生反应。

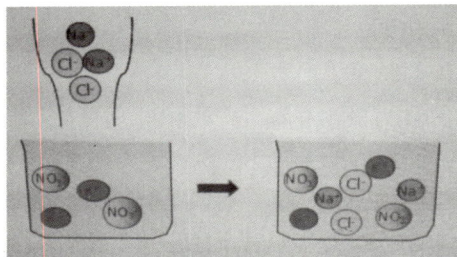

在复分解反应中，能使溶液中离子浓度减小的情况大致有三种：①在反应里有溶解度极小（产生沉淀）的物质生成；②在反应中有气体放出；③在反应中有弱电解质（包括水、弱酸、弱碱等）生成。这就是复分解反应可以发生的条件。只要符合其中一种条件，反应就能发生。

活动4：

教师出示一组物质，学生判断能否发生复分解反应。如能，试着写出反应的化学方程式，如不能，请说明理由。

①稀盐酸和碳酸钙。　　　　　②氢氧化钡和碳酸钠。

③稀盐酸和硝酸钠。　　　　　④稀硫酸和铁锈。

⑤氢氧化铜和硫酸镁。　　　　⑥氢氧化钾和硫酸铜。

⑦氯化钙和硝酸银。　　　　　⑧氯化钙和碳酸银。

设计意图：巩固学生从离子浓度减小的方面理解复分解反应发生的条件。

学生质疑:③不能,是因为离子浓度没有变化,不能发生反应,但是⑤和⑦是为什么不能发生反应的呢?

针对此问题,教师引导学生看教材 114 页的常见酸碱盐的溶解性表,引导学生学会应用溶解性表。

盐和盐、碱和盐反应的条件是:首先反应物必须溶解于水,交换成分后有沉淀或气体或水生成。所以课本 114 页部分酸碱盐溶解性表是学生解决问题的关键,强调其重要性。

根据以上反应,学生讨论总结酸、碱、盐的反应。

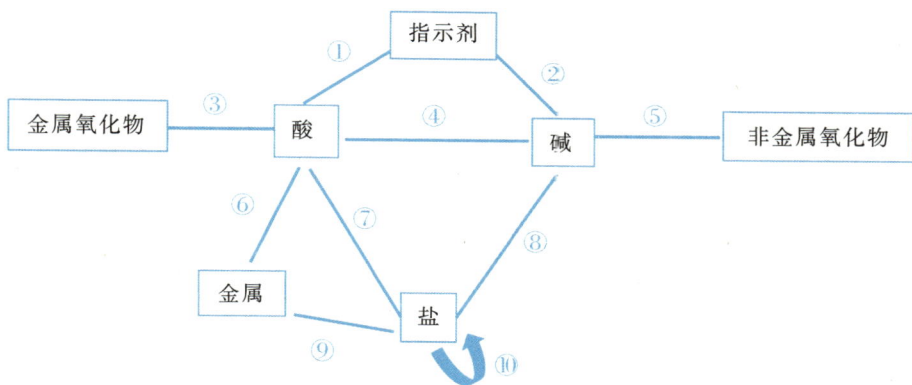

提问:(1)能写出化学方程式的有哪些?

(2)属于复分解反应的有哪些? 分别举例说明。

(3)能生成盐和水的有哪些?

(4)属于中和反应的有哪些?

设计意图:巩固复分解反应的概念以及发生条件。

溶解性表是学生记忆的一个难点,所以教师可以编成儿歌帮助学生记忆。

碱类:氢氧溶四位,钾、钠和氨、钡。

盐类:钾、钠、铵盐都可溶;硝酸盐遇水影无踪;氯化物中银不溶;硫酸盐不溶硫酸钡;碳酸盐只溶钾、钠、氨。

微溶物有四种:氢氧化钙、硫酸钙、硫酸银拉着碳酸镁。

此环节进一步加深学生对复分解反应发生条件的理解,不仅对生成物有要求,对反应物也有要求,在判断复分解反应能否发生时,一定要兼顾。

环节三：学以致用，巩固提高

多媒体展示习题以及学案中中考链接，以巩固复分解反应的定义及条件，使学生与中考紧密联系。（采取小组竞答的形式。）

设计意图：能运用复分解反应发生的条件判断复分解反应能否发生，会写出复分解反应的化学方程式，加深对复分解反应的理解，进而解决物质共存，离子共存问题。

练习：

1.现有 Fe、CuO、$MgCl_2$、$Ca(OH)_2$、H_2SO_4 等五种物质，在常温下它们两两相互发生的反应有（　　）

A.7 个　　　　　　B.6 个　　　　　　C.5 个　　　　　　D.4 个

此题刚好应用以上总结内容，学生答题应该不会出现大的失误。

2.现有铁、氧化铁、稀硫酸、氢氧化镁、氢氧化钠溶液、氯化铜溶液六种物质两两混合能发生的反应有（　　）

A.4 个　　　　　　B.5 个　　　　　　C.6 个　　　　　　D.7 个

依次写出反应方程式：＿＿＿＿＿＿＿＿＿＿＿＿＿＿＿＿＿＿＿＿＿。

设计意图：此两题所涉及的物质包括金属、金属氧化物、酸、碱、盐，它们之间能发生哪些反应需要学生参看以上总结的图示，由于复分解反应学习时间不长，所以第 2 题会选出 D 答案，忽略了氢氧化镁与氯化铜不会发生反应。化学方程式的书写依旧采取让其他组的同学挑毛病的形式，既巩固了知识，又帮助了同学，同时还增强了学生的集体荣誉感。

3.下列各物质能在溶液中共存的是（　　）

A.HCl　Na_2SO_4　Ca(OH)_2　　　　　　B.Ba(NO_3)_2　KCl　H_2SO_4

C.NaCl　ZnSO_4　KNO_3　　　　　　　　D.CuSO_4　NaOH　Na_2SO_4

4.下列物质在溶液中能够大量共存，且形成无色溶液的是（　　）

A.CuSO_4　NaOH　KNO_3　Mg(NO_3)_2　　　　B.FeCl_3　H_2SO_4　KCl　NaNO_3

C.NaHCO_3　KCl　NH_4NO_3　H_2SO_4　　　　D.Mg(NO_3)_2　Na_2SO_4　NH_4Cl　KNO_3

设计意图：首先，学生要知道此两题的解题原则是：共存即不反应，反应即不共存。所以需要学生判断哪些物质能够反生反应，那些物质不能反生反应，还是得依靠复分解反应的发生条件。其次,3、4 题采用依次难度增加的原则,3 题只问是否能够共存,4 题在无色溶液中共存,此两题如此设计的目的就是提醒学生在解题时一定要注意审清题意,看清题目的具体要求。

中考链接:

1.下列溶液无色,在 pH 值=1 时能大量共存的是(　　)

A.$CuSO_4$　NaCl　KNO_3　　　　　　　B.NaOH　NaCl　$NaNO_3$

C.Na_2SO_4　NH_4Cl　$ZnCl_2$　　　　　D.K_2SO_4　$AgNO_3$　NaCl

2.下列各组离子在水中一定能大量共存,并形成无色透明溶液的是(　　)

A.Fe^{2+}　OH^-　SO_4^{2-}　　　　　　B.H^+　Na^+　HCO_3^-

C.NH_4^+　H^+　NO_3^-　　　　　　　D.K^+　H^+　MnO_4^-

设计意图:通过第 1、2 两题映射中考题型,第 1 题在前面练习中第 4 题的基础上又增加条件,既有条件为无色,还有条件 pH 值为 1 的要求;第 2 题是离子共存问题,共存即离子间不会结合成沉淀、气体和水等难电离的物质,不共存就是离子能够结合生成沉淀、气体和水等难电离的物质。

学生在做练习中的后两道题与中考链接中的题时会感觉出难度大,在竞答时可能会出现蒙答案的可能,但是为了调动学生们的积极性,教师可以适时地带有着重的语气读题,又或者适当提醒离子的颜色等。

讨论总结:为了能够顺利解题,老师让学生讨论总结溶液中带有颜色的离子以及离子间的关系。

浅绿色:Fe^{2+};黄色:Fe^{3+};蓝色:Cu^{2+};紫色:MnO_4^-。

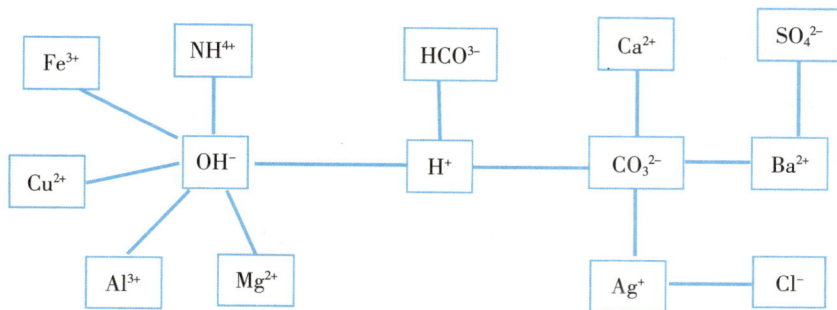

环节四:板书设计

复分解反应及发生条件

1.复分解反应

由两种化合物互相交换成分,生成另外两种化合物的反应。

2.复分解反应发生的条件

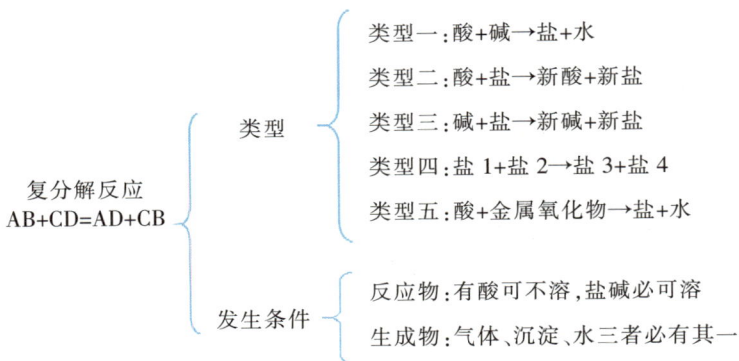

复分解反应
AB+CD=AD+CB

类型
- 类型一:酸+碱→盐+水
- 类型二:酸+盐→新酸+新盐
- 类型三:碱+盐→新碱+新盐
- 类型四:盐 1+盐 2→盐 3+盐 4
- 类型五:酸+金属氧化物→盐+水

发生条件
- 反应物:有酸可不溶,盐碱必可溶
- 生成物:气体、沉淀、水三者必有其一

2.2.5 教后反思

通俗来讲,深度学习就是指教师在教学过程中,通过对学生的科学指导,帮助学生对新知识进行透彻理解和把握,并让学生将前后知识联系起来,构建更为完整的知识体系。学生通过长期深度学习,自身的思维水平、知识迁移能力等会不断提高,这对于学生后续核心素养以及进行操作能力的提升都极为有利,所以在初中化学教学中实施深度学习十分必要。义务教育阶段的化学教育,是要激发学生学习化学的好奇心,引导学生认识化学,理解科学的本质,提高学生的科学素养。酸碱盐这部分知识虽然庞杂,但我们可以围绕上面提到的"液体线",适时地引导学生梳理知识。形式可以多样化,如思维导图、知识树、课堂笔记、手抄报等。学生在梳理的过程中,形成知识网络,加强理解记忆。同时,在做题时,教师要引导学生及时查看自己梳理的知识点,查漏补缺,在理解的基础上灵活运用。就本节课我的教学反思如下:

首先,总体来说,这节课实现了课堂的有效性。教师通过学生书写化学方程式以引导学生,学生能够通过自己的观察总结出复分解反应的定义,并学会举一反三;能够随着老师的问题提出质疑,培养了学生严谨的科学态度以及不怕困难的坚毅精神;学生能够从微观角度对复分解反应发生的条件进行分析,实现了本节课的教学目标。在问题处理时,教师采用学生竞答的形式能够充分调动学生学习化学的积极性,在很大程度上提高了学生的参与度;再通过小组比赛的形式,增强了学生的集体意识,培养了学生的集体荣誉感。最后巩固提高环节中,学生通过中考链接亲身体会到中考习题类型,对中考有了初步认识,学生还能通过讨论总结出解题"秘方",在一定程度上实现了学生的自主学习。

其次,在探究实验时,老师让学生亲自操作,体现化学是一门以实验为基础的自然科学,真正把课堂还给了学生。学生们大胆心细的操作,以及在整个过程中的互帮互助的精神甚是感人。在完成探究实验时,其中一位同学在滴加稀硫酸的时候不小心滴到了自己的手上,由于害怕,手抖得更厉害了,结果弄得手上全是硫酸了,然后吓得把试管等仪器全都扔到了桌子上,以至于到处都是玻璃渣子。这时候其他同学并没有袖手旁观,而是有的同学帮忙找东西处理手上的硫酸;有的同学拿抹布等清理桌子;有的同学安慰受伤的同学。虽然场面有些混乱,但也体现出学生互相关心、爱护的良好氛围。所以就此次实验事故,教师给学生再次提出实验不是用嘴说的,是用行动实践出来的,从而让学生知道了化学学科实验的重要性。

第三,就本节课也有一些遗憾。首先,在本节课中,要想探究复分解反应的发生条件,学生就必须有常见物质的溶解性为基础做铺垫,在这方面老师有所忽略,以至于学生在判断反应发生不发生时,无从下手。其次就是,有的同学酸碱盐的概念还不是分得很清楚,所以在判断是哪些物质在反应时,根本就不知道是怎么回事。所以在以后的教学中,应加强酸碱盐定义的理解,以及常见物质的溶解性表的熟悉。第三,本节课的内容较多,而且难度较大,所以对中考题型练习得比较仓促,有些学生还没有通过溶解性表真正地应用于实践中,所以教师在实际课堂教学中还应多从学生实际出发,给学生充足的时间来理解,这样才能更好地实现教学的有效性。

参考文献

[1]张利梅.初中化学教学中引导学生进行深度学习的途径[J].新课程,2021(29).

[2]中华人民共和国教育部.义务教育化学课程标准(2011年版)[S].北京:北京师范大学出版社,2011.

[3]课程教材研究所.人教版义务教育教科书教师教学用书(2016版)[M].北京:人民教育出版社,2016.

[4]钱海如."复分解反应"的核心问题分析与教学策略[J].化学教育(中英文),2017(38).

[5]段少科.例谈基于深度学习的初中化学酸碱盐教学策略[J].中学课程辅导(教师通讯),2021(12).

本篇小结

这里只介绍了几种常见的理念,形成了八个不同的教学设计主题,每个主题也有不同的教学模式,但初中化学教学的基本理念要更丰富、更有内涵,在一线教师的研究基础上,以上七种教学理念进行课例研究,形成了不同主题的教学设计,希望通过教学设计实现不同层面的有效教学。

参考文献

[1]董广庆.基于初中生三重表征及转换能力勘查的教学策略研究[D]. 延边大学,2014.

[2] NATIONAL RESEARCH COUNCIL.National Science Education Standards[M].Washington,DC: National Academy Press,1996.

[3] 魏少兴.帮助学生有序地初步构建微粒观——以"分子和原子"课堂教学为例[J].化学教与学,2015(3).

[4] 张丙香,毕华林.中学生化学反应三重表征的困难及原因分析[J].教育科学研究,2013(6).

[5]CHANDRASEGARANAL,TREAGUSTDF,MOCERINOM.An evaluation of a teaching intervention to promote students' ability to use multiple levels of representation when describing and explaining chemical reactions[J]. Research in Science Education,2008,38(2).

[6]廖荣滔,高中化学"盐类水解反应的应用"的项目式学习——探秘泡沫灭火器[J],化学教

与学,2021(6).

[7]辛涛,姜宇,刘霞.我国义务教育阶段学生核心素养模型的构建[J].北京师范大学学报(社会科学版),2013(1).

[8]王德明.项目式学习的五大核心要素[J].今日教育,2021(4).

[9]周成海.怎样才算"理解"了所学知识:三位国外学者的意见及启示[J].外国中小学教育,2015(7).

[10]冯亮.核心素养下的初中化学教学探究[J].科学咨询,2020(45).

[11]吴秀云.基于化学史的初中化学教学实践研究[D].桂林:广西师范大学,2019.

[12]唐忠民.基于思维导图的初中化学概念的教学设计[D].天津:天津师范大学,2012.

[13]杨东移,沈理明.对中学生化学概念学习的调查研究[J].化学教育,2011,32(10).

[14]许翔杰,陈李娜.高中生的社会性科学议题解决能力及其与科学本质观的关系[J].教育学报,2016,8(12).

[15]张洁.问题解决式教学培养高中生化学高阶思维能力研究[D].天津:天津师范大学,2020.

[16]曹培杰.STEM教育的关键:跨学科、灵活课时与深度学习[J].中小学管理,2018(10).

第 **3** 篇
课例研究的实践与反思

第11章

课例研究的实践

2007 年,天津市教委发布《关于实施天津市中小学"学科领航教师培养工程"的通知》(津教委人〔2017〕2 号),确立了"搭建团队合作平台、提升教学科研能力、解决实践真实问题、发挥示范引领作用"的工作目标,进一步加强天津市中小学骨干教师队伍建设。通过对"学科领航教师培养工程"的解读,领会通知的重要意义,确立了课题"课例研究促进初中化学教师专业发展",拟通过课例研究的模式实现以上四个工作目标,为天津市培养学科领航专家。

天津市初中化学学科领航工程学员共计 16 名初中化学一线教师,来自天津师范大学和天津市南开区教师发展中心的两名专家,共 18 名成员组成攻坚团队。根据天津市继续教育中心的总体工作部署和安排,全体学员经过两年多的学习、研究、实践与创新,在两位导师的指导下,圆满完成各阶段学习任务,在理念更新、教学实践、教育科研、创新发展等方面均取得了长足的进步,为学科领航工程的学习画上了圆满的句号。

通过两年的项目研究,取得了一定的成果,老师们在有效教学和教学研究两个方面得到提升,但是也存在很多的局限性和不足。

1.1 实践研究

1.1.1 项目实施方案

专家引领形成研究共同体：课例研究强调形成研究共同体，以促进教师团体的共同提高。研究共同体有以下成员：专家（2人），初中化学一线教师（16人）。

教师合作研讨与反思：教师合作强调教师之间的合作精神是教师专业团队工作的核心。它鼓励一种来自教师内部相互促进教学成长的合作方式；合作更容易为教师所接受，并且激发教师在教学创新方面的内在潜能和动力。

1.1.2 项目实施具体计划

该项目计划三个学期（一年半）完成。教学效率的提高和教育研究能力的提升，需要一个循序渐进的过程。每一个学期共分三阶段：①研修阶段：通过专家讲座，为老师们介绍一些基本的教育研究方法以及课例研究方法，介绍有效教学的教学设计理念以及行动研究的方法及可行性。②研究阶段：分三步，诊断阶段——课例分析，改进阶段——课例分析，汇报阶段——课例研究总结。③反思、总结阶段：教师撰写课例研究体会或课例研究论文，负责人撰写研究报告。

1.2 项目成果及项目特色

通过初中化学不同主题的课例研究，发现课例研究能够有效地促进教师的教学和教研。借助天津市中小学"学科领航教师培养工程"，组建了研究团队，在专家引领和学员积极参与的过程中，得到了相应的研究成果，体现了学员的教学能力和教研能力。

1.2.1 成果简介

1.2.1.1 教学成果

学员在研究期间，不断提升自己的教学能力，形成了有代表性的成果。一些老师的教学展示获得了奖励，做了多次展示课。一些老师根据研究主题形成了教学设计，教学设计形成了案例集。

1.2.1.2 研究成果

学员在课例研究过程中将自己的优秀研究成果在学术期刊发表,共发表论文三篇。

(1)团队获得四项双新课题:

①杨欣欣,深度教研助力精品课例研究;

②刘贺红,初中化学 STSE 教育的课例研究;

③付金泉,微项目学习,基于真实情境的初中化学课堂教学课例研究;

④程颖,初中化学核心概念深度学习的研究。

(2)发表文章:

①杨欣欣.浅谈中学化学"金属滤渣滤液问题"的课例研究[J]和平教育,2021.3。

②康永军.初中化学运用元问题引发学生深度学习的实践探索——以"溶液的浓度"一课为例[J].中小学教材教学,2020。

③康永军.基于化学史教学发展初中生化学学科核心素养[J].天津师范大学学报(基础教育版),2021。

④柴本倩.粗盐提纯中可溶性杂质的除去[J/OL].《化学教育》微信公众平台精品微课,2020。

⑤柴本倩.应用信息技术开展初中化学在线教学的实践研究[J].学校教育研究,2020。

(3)获奖:

①赵春华,化学方程式书写及质量守恒定律,天津市疫情期间九年级化学精品课程资源建设;

②赵春华,2020—2021 学年度第一学期骨干教师校级展示课;

③毛振芳,常见离子的检验,获河西区教育系统第十七届"建树杯"技能大赛优秀奖;

④柴本倩,金属与盐酸的反应,在"2020 年南开区中小学实验教学说课活动"评选中获二等奖;

⑤柴本倩,化学实验是发展学生核心素养的重要途径,入选 2020 年天津市基础教育区县级教育教学成果;

⑥柴本倩,创设生活化问题情境促进化学学科核心素养发展的实践研究,2020 年南开区中小学课堂教学成果评选活动中获得二等奖。

(4)优秀课例:

一些学员在研究过程中也形成了一些优秀的课例。

①基于发展化学学科核心素养的教学设计——以《水的组成》为例(学员朱运兴);

②初中化学深度学习的课例研究——以碳单质为例(学员程颖);

③单质碳的化学性质(学员刘贺红);

④《燃烧与灭火》探究思维的培养(学员苏湘);

⑤提高化学教学有效性课例的研究——以"水的净化"为例(学员李荣环);

⑥复分解反应以及发生的条件(学员靳宇);

⑦实验专题复习——《实验室气体的制备》教学设计(学员刘彤);

⑧初三年级碳的化合物复习课(第一课时)(学员毛振芳)。

第 **12** 章

课例研究的反思

1.1 项目特色

本次天津市初中化学学科领航工程的学习主要包含以下几方面的特点。

1.1.1 加强学员学习针对性的过程培训

在两位导师的精心设计下,根据不同教师的教学基础、教学风格、教学特点和案例研究的实际进行了针对性的研讨,并开展了近 20 余项专题培训、学习讨论,全体学员全部能够参与其中,尤其是专题培训、专项研讨和紧密结合课堂实践的案例研究,使大家能够更新教育理念、教学观念、教学方法、教学策略,实现了教育思想的跃升。

1.1.2 开展基于教学关键问题的研讨交流

两位导师和 16 位学员之间开展了不同主题、不同层次的交流,这种交流最主要的特点是能够基于教学的关键问题开展研究和交流,特别是基于案例研究的实际开展的主题性研究,使广大学员能够结合教育教学实际发现教育教学的真问题,寻找到了独立解决问题的路径,使研究、学习、实践成为了一个有机的整体。

1.1.3 不同的学员之间开展了横向的交流与合作

学员之间横向的交流和合作也是本次领航工程学习的特点之一,这种横向交流与合作主要表现为:一种方式是在研讨班当中以小组合作的方式就各自发现的教学问题进行畅所欲言的沟通、交流、学习和研讨。另外一种方式就是在培训班研讨活动之外,不同的学员之间根据案例研究的主题进行了相互的听课、评课,开展了校际间的交流,并把相互交流、学习的成果以视频的方式展示出来,供大家分享,起到了以点带面、辐射引领的作用。

1.1.4 充分发挥了案例研究的功能与特点

本次学科领航工程的学习,初中化学学科将研究的分析定位为案例研究,极大地激发了全体学员学习研究的积极性,他们将案例挖掘的范围逐步扩大,确定的案例主题更加明确和具体,研究方向更加具有代表性,更加具有贴近一线的研究价值,这些都有利于通过关键问题的分析、研讨、实践和创新,形成带动整个化学学科学习关键因素掌握的链接点,从而使学员逐步掌握寻找化学关键问题的基本思路和有效路径。

1.1.5 在案例研究中提升自己的理论水平

案例研究、教学实践以及教育教学经验的不断反思总结,使全体学员在案例研究中提升了自己的理论水平。许多学员在学习过程当中把自己的教育教学经验撰写成了论文或者教育科研的文章,在省市级以及国家级报纸、杂志上发表,实现了教育教学经验的理论提升和教育教学理论的实践化完善的有机结合,克服了盲目教,也克服了无意学。

1.1.6 深入一线进行现场指导与培训

两位专家深入课堂,深入名师工作室,深入学校,进行现场的听评课、进行现场的培训指导,充分把理论指导和教学实践有机结合,同时,能够把培训和部分学员的名师工作室结合起来,不仅使广大学员在一线课堂能享受到教育专家亲自指导,还能够让工作室的成员一并接受现场辅导、解答疑问,这种送教服务受到了学员老师的一致好评,也起到了示范引领、辐射带动的作用。

1.1.7 研究成果具有了一定的推广性

本次案例研究成果具有一定的代表性、借鉴性和推广性,许多学员通过两年多的学习,对自己的案例研究进行了成果的总结梳理和提升,形成了具有一定的理论基础和坚实实践经验的成果,这些研究成果是从教育教学实践中来,并在教育教学实践中进一步完善和提升,可以说是一笔宝贵的教学资源,对于广大一线教师学习和借鉴教育教学的先进经验具有重要的推广价值。

1.2 研究的不足

同时,初中化学学科领航工程全体学员和导师,也针对案例研究过程中存在的一些问题进行了认真的反思,这些问题主要包括以下方面的内容。

1.2.1 研究内容和课标的对照性尚有不足

案例研究的内容距离课程标准的要求还存在着一定程度距离,这反映了学员在学习课程标准、研读课程标准、分析课程标准、把握课程标准、实践课程标准、创新课程标准等方面,还存在着不同程度的问题,而这些问题都是涉及目标落实的关键,可能会给我们的教育教学效果带来不同程度的影响。

1.2.2 与核心素养内容的结合尚有不足

在学习过程中,由于我们过分关注案例研究本身的体系构建与落实,导致案例研究的内容与核心素养培育目标之间还或多或少的存在着问题。尤其是在教育教学过程中,将教学的过程、教学的内容、教学的目标、教学的方法和核心素养培育有机结合,使教学过程真正成为学生核心素养培育的过程,这仍然是衔接的创新点、务实的落脚点的不足。

1.2.3 对案例自身特点认识尚有不足

由于我们着力想通过案例研究解决教育教学的关键问题,所以导致对案例研究本身的认识还存在着不足。案例研究必须是着重对一个相对独立的教学内容进行研究。所谓相对独立就是指研究对象的教学的目标、教学的内容、教学的过程、教学的方法、教学的评价等都具有主体的相对性和其他章节之间的关联性,否则研究就会增加过多的变量而无助于对案例自身特点的深刻认识,也无助于对案例自身的内涵、特点进行完整性研究。

1.2.4 案例研究的系统性尚有不足

反思研究过程,案例研究过程的系统性还存在着不足,一般来讲,案例研究主要包括问题的提出,也就是研究问题的缘由背景是什么;进行案例研究的原则、基本思路、基本方向是什么;研究的重点问题和研究的过程是什么;在研究过程中进行怎样的教学设计、教学实践和教学创新;围绕着重点问题进行怎样实事求是地分析、总结;基于主题性分析和专题性讨论的论证过程,要对教学的设计过程、实践过程、实践效果等进行主次分明的分析和研讨,在研讨过程中要把握好分析的方法、主要包括比较的方法,分类的方法,原因解释的方法等;还有重要的一部分就是结论和思考,这部分着重阐述结论和案例研究之间的关系,也就是二者的紧密度问题。上述这些过程应该是科学的、完整的,尤其是要有定量分析和归纳推理的过程。

1.3 研究的展望

1.3.1 对现有案例的完善和改进

概括起来,就是对案例研究的基本结构还不完善,案例研究不同于教案的设计,它有自己的编排结构,一个完整的案例研究应该主要包括以下几个部分:

第一,案例研究的背景、原理与问题的提出;

第二,研究的核心概念与基本命题;

第三,研究的事件、过程与结果;

第四,对问题的认识、研讨实践方法及基本要求;

第五,关键问题的分析与讨论;

第六,研究的结论与思考。

而这些问题就是我们今后应该加强和改进的。

学然后知困,本次天津市中小学"学科领航教师培养工程"初中化学学科领航工程的学习虽然告一段落,但是对广大学员的学习历程来讲,还远没有结束,这仅仅是一个节点,也是一个新的起点,我们衷心希望全体学员能够认真分析和总结本次学科领航工程的重要意义,分析自己在学习过程中存在的问题和

不足，找准改进点，找准结合点，找准创新点，在新的起跑线上迈入新的征程。为此，我们对全体学员提出以下努力方向：

一是要进一步提升把握新课程理念的能力，把这种能力贯穿于学科教学的全过程，使教育教学真正能够落实新课改理念，逐步由学科知识走向学科教学、由学科教学走向学科教育、由学科教育走向教书育人。

二是进一步深化对案例研究的学习和实践。案例研究的学习和深化永远在路上，我们要注意区分教学设计和案例研究的区别与联系，广大学员要在教学设计中深化案例研究，以案例研究促进教学的整体设计，从而优化课堂教学，提高课堂教学质量。

三是进一步加强和提升教育科研能力，在教育教学实际生活中，善于发现教育教学的关键问题，善于将关键的问题转化成重要的课题，善于将课题研究贯穿于教育教学的全过程，使之真正成为教育教学的生产力，在理念引领、实践创新等方面成为提高教育教学质量的动力。

1.3.2 研究更多的教学理念形成更多的课例

教育改革是永远的主题，新的国家教育政策、新的课程改革、新的教学理念不断的提出，将这些教育政策、课程理念、教学理念落实到课堂中，课例研究是永远的研究模式，以教学内容为载体将科学素养和核心素养落实到课堂教学中，实现立德树人的根本教育任务。

例如，2020 年 9 月 28 日教育部印发《大中小学国家安全教育指导纲要》的通知，7 月 24 日中共中央办公厅国务院办公厅印发《关于进一步减轻义务教育阶段学生作业负担和校外培训负担的意见》，为了贯彻国家的教育方针政策，教师应该有什么样的教学理念？如何对课堂教学进行改革？如何将这些教育政策落实到课堂教学？这些是每一个一线教师值得思考的问题。

再例如，为了落实素养教育，随着教育的理论发展提出的概念教学、大概念教学、核心概念教学、单元教学、大单元教学、跨学科教学、高阶思维教学等，都是值得探索的教学新理念，也需要以教学内容为载体进行教学研究，探索课堂教学的创新设计。

最后，让我们记住陶行知先生的话"我以为好的先生不是教书，不是教学生，乃是教学生学。教学生学有什么意思呢？就是把教和学联络起来：一方面要先生负指导的责任，一方面要学生负学习的责任，对于一个问题，不是要先生拿现成的解决方法来传授学生，乃是要把这个解决方法如何找来的手续程序，安排停当，指导他，使他以最短的时间，经过相类的经验，发生相类的理想，自己将这个方法找出来，并且能够利用这种经验理想来找别的方法，解决别的问题"。